BusinessVillage

Philipp Karch

WAS MICH ÄRGERT, ENTSCHEIDE ICH!

Konflikte klug bewältigen

BusinessVillage

Philipp Karch
Was mich ärgert, entscheide ich!
Konflikte klug bewältigen
4. Auflage 2024

Bestellnummern
ISBN 978-3-86980-442-2 (Druckausgabe)
ISBN 978-3-86980-443-9 (E-Book, PDF)

Direktbezug unter www.BusinessVillage.de, PB-1047

Bezugs- und Verlagsanschrift
BusinessVillage GmbH
Reinhäuser Landstraße 22
37083 Göttingen
Telefon: +49 (0)5 51 20 99-1 00
Fax: +49 (0)5 51 20 99-1 05
E-Mail: info@businessvillage.de
Web: www.businessvillage.de

Lektorat
Katja Hille

Layout und Satz
Sabine Kempke

Autorenfoto
George Tedeschi, www.georgtedeschi.com

Illustration auf dem Umschlag und im Buchblock
Daniel Stieglitz, www.danielstieglitz.de

Grafische Umsetzung des fünfstufigen Anti-Ärger-Modells
Sebastian Mai, www.mediendesign-mai.com

Inhalt

Über den Autor

Philipp Karch ist Coach, Trainer und Speaker für Ärger-Minimierung. Er studierte Landschaftsökologie in Münster und Environmental Studies in Los Angeles. Als Verlagsredakteur, Politikberater eines Wirtschaftsverbandes und Projektleiter in Agenturen war er immer wieder konfrontiert mit der Komplexität von Ärger- und Konfliktdynamiken.

Seit 2010 leitet Philipp Karch Führungskräftetrainings und Seminare, hält Infotainment-Vorträge und bietet Konfliktklärungsgespräche sowie Einzelcoachings an. Für sein Kernthema »Schwierige Gesprächssituationen meistern« vermittelt er Schlüsselkompetenzen in den Bereichen Emotionale Kompetenz, Motivation und Feedback.

Wenn nötig, bricht er hierfür auch Tabus.
Sein Motto: Tacheles reden. Und das mit Takt.

Kontakt

E-Mail: mail@philipp-karch.de
Web: www.philipp-karch.de

Einleitung –
Wer hat was von diesem Buch?

Dieses Buch ist *nicht* für dich geeignet, wenn du dich fast nie ärgerst. Solche Menschen soll es ja geben. Nicht viele, aber vielleicht gehörst du zu ihnen. Dieses Buch ist auch nichts für dich, wenn du Ärger sogar geil findest. Solche soll es ja auch geben. Menschen, die Ärger als angenehme Lebendigkeit erleben und ihr Leben als langweilig einstufen, wenn Ärger fehlt. Und es ist wahrscheinlich auch nichts für dich, wenn dir Förmlichkeit und Höflichkeit wichtig sind. Wenn dich zum Beispiel dieses Duzen hier schon aus der Bahn wirft, leg das Buch lieber weg.

Wenn du allerdings zu jenen Menschen gehörst, die sich weniger oft oder weniger lange oder weniger heftig über andere ärgern wollen, dann wirst du in diesem Buch viel Nützliches finden. Und wenn du sogar zu jenen gehörst, die sich nicht nur über andere ärgern, sondern über den Ärger selbst, dann wird dieses Buch auf jeden Fall für dich richtig sein. Es wird dir die Augen öffnen für die eine oder andere Selbsttäuschung und dich dabei unterstützen, dir selbst auf die Schliche zu kommen.

Doch beginnen wir erst einmal mit dem, was uns alle umgibt. Wo stehen wir gerade in unserer Berufs- und Arbeitswelt? Früher war nicht alles besser, aber vieles einfacher. Vor allem im Hinblick auf Konflikte und Konfliktangebote. Die Situation am Arbeitsplatz war weniger komplex und weniger kompliziert: Deine Position war klar, dein Aufgabenspektrum konstant, dein Arbeitsvolumen erträglich. Zwar gab es schon immer Missverständnisse und Auseinandersetzungen. Doch Tragweite und Umfang waren anders: Die Dinge waren erwartbar, überschaubar und handhabbar.

Und was hat sich nicht alles in den letzten Jahren geändert! Das Arbeitstempo: Immer schneller prasseln Anforderungen auf uns herein. Ob Anrufe, E-Mails oder Deadlines. Wir müssen öfter und schneller liefern. Dazu das Arbeitspensum: Für viele war es vor nicht allzu langer Zeit normal, dass sie die Arbeit spätestens ab 17 oder 18 Uhr verließen und mit ihren Familien zu Hause den Abend verbrachten. Nicht nur physisch, sondern auch psychisch. Die Arbeit blieb da, wo sie hingehört: im Büro, am Arbeitsplatz.

Heute fehlt in vielen Familien oft ein Elternteil beim Abendessen, und wenn doch beide da sind, denkt einer wahrscheinlich immer mal wieder an die liegen gebliebene Arbeit. Loslassen ist schwer geworden, weil der Schreibtisch einfach nicht mehr richtig leer werden will. Und schließlich die Rollenbilder: Früher hattest du wahrscheinlich eine eindeutige Stellenbeschreibung, ein konstantes Team, einen klar umrissenen Tätigkeitsbereich und einen einzigen Arbeitsort. Alles an seinem Platz. Tagein, tagaus. Heute weißt du manchmal morgens noch nicht, welche Verantwortlichkeiten und Zuständigkeiten dich den Tag über erwarten. Die von dir verlangte Rollenflexibilität ist hoch. Mal Konzeption, mal Produktion, mal Vertrieb. Mal musst du Entscheidungen allein treffen, mal auf Augenhöhe mitdiskutieren, mal nur informiert sein. Denk nur an die vielen E-Mails im CC, die du täglich ablegst und hoffst, nie darauf angesprochen zu werden.

Wir halten fest: Arbeit als solche hat sich für viele gravierend verändert. Doch neben Arbeitstempo, -umfang und Rollenflexibilität gibt es noch ein weiteres ernst zu nehmendes Phänomen: die Kosten für Konflikte. Nach einer KPMG-Studie aus dem Jahre 2009 bewegen sich projektbezogene Konfliktkosten zwischen 50.000 und 500.000 Euro, je nach Projektgröße (https://www.kpmg.de/Publikationen/11479.asp).

Wodurch entstehen diese Kosten konkret? Manche Angestellte werden vielleicht kündigen, und die Firma verliert wichtiges Know-how. Andere werden (dauerhaft) krank, und die Firma verliert an Produktivität. Und einige Mitarbeiter kooperieren einfach nicht mehr, und die Firma verliert an Zusammenhalt, Offenheit und Wertschätzung. Du kennst die beiden Schlagworte »Dienst nach Vorschrift« und »innere Kündigung«? So nennt die Gallup-Studie *Engagement Index* (http://www.gallup.de/183104/engagement-index-deutschland.aspx) aus dem Jahre 2016 zwei Haltungen, die sinnbildlich für die oben beschriebenen Trends stehen. Nach dieser Studie haben 15 Prozent der Beschäftigten innerlich gekündigt und 70 Prozent sind emotional gering gebunden, das heißt, sie machen lediglich Dienst nach Vorschrift. Weder Arbeitgeber noch Arbeitnehmer können mit dieser

Entwicklung zufrieden sein. Und ein bloßes Weiter-so ist deshalb keine gute Lösung. Nehmen wir dies alles zusammen – auf der einen Seite die hohe Wahrscheinlichkeit von Konflikten, auf der anderen Seite die hohen Kosten – besteht offensichtlich Handlungsbedarf. Was also ist zu tun? Welche Optionen hast du?

Option 1: Nichts tun. In der stillen Hoffnung: Wird schon gut gehen. »Et hätt noch emmer joot jejange«, sagt der Kölner. Allerdings: Auch der 1. FC Köln ist immer mal wieder auf den hinteren Rängen (und manchmal sogar in der zweiten Liga). Aus meiner Sicht heißt das: Wer marginalisiert, ist blind. Wer beschönigt, lügt sich in die Tasche. Und wer ernsthaft Dinge aussitzt und die Augen zumacht, darf sich nicht wundern, am Ende eine hohe Rechnung zu zahlen.

Option 2: Abhauen. Zunächst sicher ein verständlicher Gedanke: den ganzen Schlamassel einfach zurücklassen und anderswo neu anfangen. Problem: Wer garantiert dir, dass es dort besser sein wird? Womöglich nimmst du deine Probleme einfach nur mit, und du gerätst vom Regen in die Traufe. Und wer garantiert dir, dass du überhaupt eine neue Stelle findest, sich dein Gehalt nicht verschlechtert, die Pendelei nicht zunimmt? Wir sehen: Abhauen birgt so manches Risiko.

Option 3: Eine ernsthafte Auseinandersetzung mit den Konfliktangeboten. Du erkennst, was Konflikte mit dir zu tun haben und entwickelst dich dabei weiter. Du baust eine ganzheitliche Konfliktkompetenz auf – mit den beiden Säulen Prävention und Bewältigung.

Entscheidest du dich für diese dritte Option, was kannst du dann konkret tun? Du kannst ein Seminar besuchen und den einen oder anderen Aha-Moment erleben. Nicht falsch, aber reicht das? Du kannst zusätzlich ein Coaching beginnen, das tiefer geht und dadurch nachhaltiger wirkt. Oft eine gute Idee, aber der Prozess kann recht kostspielig werden. Du kannst auch eine Therapie machen, falls der Leidensdruck bereits sehr hoch ist. In bestimmten Fällen genau der richtige Ansatz, wobei sich die gewünschten Erfolge häufig erst zeitversetzt einstellen. Was auch immer du bei Option 3 versuchst, es bleibt das Risiko, dass das Unterfangen weniger wirkt, als du erwartest, länger dauert, als du möchtest und teurer wird, als du es dir wünschst.

Ob du dich für Weiterbildungen, Coaching oder Therapie entscheidest, dieses Buch unterstützt dich auf deinem Weg zur neuen Ärger-Kompetenz. Das Buch verbindet Theorie und Praxis, der Schwerpunkt liegt eindeutig auf der Praxis, nach dem Grundsatz »So wenig Theorie wie möglich und so viel wie nötig.« Es geht dabei um ein einziges Ziel: Deine Konflikte so schnell wie möglich zu lösen, um wieder souverän und gelassen handeln zu können.

Das Buch ist in fünf Kapitel unterteilt. In Kapitel 1 *Zehn Tipps für Ärgernotfälle* erhältst du Anregungen, wie du unmittelbar und wirkungsvoll reagieren kannst, wenn Ärger droht. Diese Handlungsideen dienen dir als Soforthilfe, um dich zu schützen – und zwar vor zu viel Ärger. Dabei geht es nicht darum, den Konflikt unbedingt aufzulösen oder dauerhaft zu bewältigen. Zunächst möchtest du ihm nur mal eben schnell ausweichen. Wohlwissend, dass der Ärger wiederkommen kann. Doch es gibt Situationen, da reicht dir genau das: Hauptsache eine schnelle Linderung im Hier und Jetzt.

Solche Quick-and-Dirty-Ansätze sind zwar vielfach einsetzbar, aber nicht immer nachhaltig. Es wird Konflikte geben, denen du nicht nur punktuell aus dem Weg gehen möchtest, sondern die du für immer loswerden willst. Für dieses Anliegen vermittelt dir Kapitel 2 – *Das Warum hinter dem Ärger und die Kunst loszulassen* – den so wichtigen Unterschied zwischen Konflikten und Konfliktangeboten. Du wirst sehen: Von Natur aus gibt es überhaupt keine Konflikte – sie entstehen allein durch dich. Und wenn sie allein durch dich entstehen, dann können sie auch allein durch dich wieder verschwinden. Durch einen einfachen Trick. Mehr dazu ab Seite 31.

Diesen Trick der Ärgerauflösung wirst du künftig häufig anwenden können. Ich schätze, 85 bis 90 Prozent deiner bisherigen Konflikte wirst du so auf einen Schlag loswerden. Wunderbar. Doch was machst du mit den übrigen? Mit jenen Ärgersituationen, die du weder quick-and-dirty wegminimieren noch einfach so auflösen kannst? Für diese hartnäckigen Fälle bietet sich der High-and-Wide-Ansatz in den Kapiteln 3 bis 8 an: Ein Modell, fünf Phasen und der Ärger ist weg – das Anti-Ärger-Modell (AÄM), das Kernstück dieses Buches. Das AÄM ist ein hocheffektives und leicht zugängliches Instrument, das dir in jedem erdenklichen Konflikt im beruflichen oder privaten Alltag zur Seite steht.

In diesen Kapiteln des Buches werde ich dir Schritt für Schritt die fünf Phasen des Prozesses erläutern, den du mit dem Anti-Ärger-Modell durchläufst (siehe auch auf die Abbildung auf der folgenden Seite). Das Kapitel 4 *Deeskalieren (Phase 1): Entschärfen, was explodieren könnte* vermittelt dir wichtige Beruhigungs- und Entspannungsstrategien, die du gleich zu Beginn der Konfliktwahrnehmung einsetzen kannst, um die Situation zu entschärfen. In Kapitel 5 *Analysieren (Phase 2): Verstehen, was vorgefallen ist* stelle ich dir acht Konfliktursachen vor, die dir begreiflich machen, was überhaupt vorgefallen ist – und warum. Das Kapitel 6 *Minimieren (Phase 3): Auflösen, was sich auflösen lässt* vermittelt dir neun Strategien zur Ärgerminimierung, um den größten Ärger loszulassen und dich anschließend besser wehren zu können. Und genau darum geht es dann in Kapitel 7 *Konfrontieren (Phase 4): Grenzen setzen, wo sich Grenzen setzen lassen*: um das komplexe Thema Feedback. Hier erfährst du, wie du gekonnt Grenzen setzen kannst, damit du dich in Zukunft weniger ärgerst. Im abschließenden Kapitel 8 *Positionieren (Phase 5): Loslassen, wenn es nichts mehr zu tun gibt*, lernst du, wie du ganz am Ende loslassen kannst, wenn es für dich nichts mehr zu tun gibt.

Die fünf Phasen des Anti-Ärger-Modells

In Kapitel 9 *Was würdest du tun? Üben am Beispiel* kannst du prüfen, inwieweit du die neuen Kompetenzen schon parat hast, um sie im Alltag anzuwenden. Ob du sie nur kennst oder auch schon kannst. Denn nur das, was auch praktisch funktioniert, ist tatsächlich gut.

Kapitel 10 *Fazit und Ausblick* fasst wesentliche Aussagen des Buches noch einmal zusammen und wirft einen Blick auf das, was ansteht und möglich ist.

Mein Bemühen war es, das Buch möglichst kurzweilig zu gestalten, damit dir das Lesen und Lernen leichtfällt und sogar Spaß macht. So entstand – hoffe ich – ein effektives Werkzeug für die Praxis, das sich schnell erfassen lässt und dich bei der Konfliktarbeit auch immer mal wieder zum Schmunzeln bringt.

Einsteigen kannst du nun, wo auch immer du möchtest. Sämtliche Teile des Buches sind unabhängig voneinander verständlich. Du kannst also gleich eine Seite umschlagen und dir ein paar Quick-and-Dirty-Ansätze draufpacken. Oder ab Seite 31 erst mal einen Großteil deiner Konflikte im Handumdrehen auflösen. Oder gleich zu Seite 47 ff. gehen, um dich dem ganzheitlichen Anti-Ärger-Modell zu widmen. Wie auch immer du beginnst, eins ist sicher: Deine bisherige Zeit- und Energieverschwendung angesichts unnötiger Ärgermomente wird signifikant zurückgehen. Und bald wirst du voller Stolz und Erleichterung sagen können: Ärger war gestern!

Zugunsten einer besseren Lesbarkeit wurde in diesem Buch auf die gleichzeitige Verwendung männlicher und weiblicher Sprachformen verzichtet. Verwendet wurde ausschließlich die männliche Bezeichnung, wobei sämtliche Bezeichnungen für beide und sonstige Geschlechter gelten.

1.

Zehn Tipps für Ärgernotfälle

Du ärgerst dich über jemanden und brauchst auf die Schnelle ein paar wirksame Strategien? Dann ist dieses Kapitel ideal für dich. Es stellt dir zehn knackige Ausweichstrategien vor, mit denen du einem Konflikt – zunächst – aus dem Weg gehen kannst. Die gute Nachricht: Alle zehn sind einfach zu verstehen und leicht umzusetzen. Mit Erfolgsgarantie im Hier und Jetzt. Und damit kommen wir auch schon zur schlechten Nachricht: Die zehn Quick-and-Dirty-Strategien beheben das Problem nicht – häufig werden sie es lediglich verlagern.

Du hast also die Wahl: Du kannst dir mit Quick-and-Dirty schnelle Linderung verschaffen oder mit dem AÄM ganzheitliche Lösungen anstreben. Damit du stets gut vorbereitet bist, solltest du am besten beide Verfahren kennen und können. So kannst du flexibel und je nach Situation mittels Quick-and-Dirty laue Angriffe parieren oder mit dem AÄM massiven Ärgernissen begegnen.

Betrachten wir die zehn Quick-and-Dirty-Strategien anhand eines Beispiels aus dem Berufsalltag: Nehmen wir an, dein Kollege Stefan verdreht im Gespräch immer mal wieder empört die Augen, seufzt auch gern dazu und haut gelegentlich die eine oder andere Reizformulierung raus, zum Beispiel »Du hast doch keine Ahnung!« oder: »Völlig daneben, was du da sagst!«. Dich stören diese Formulierungen und du willst derartige Angriffe nicht einfach so hinnehmen. Schau dir an, wie du diesem Stefan quick and dirty begegnen kannst.

1.1 Wegorientieren: Du bist dann mal woanders – für immer

Du hast einfach keine Lust, das Verhalten deines Kollegen auszuhalten. Du hast aber auch keine Lust aufzubegehren und etwas zu sagen. Du hast Lust auf ein Leben ohne diese Kommunikationsweisen. Du wünschst dir Ruhe und Frieden. Und ohne weiter nachzudenken, ob es schlauere Lösungen geben könnte, entscheidest du dich zu gehen. Und zwar für immer. Niemand zwingt dich, an einem Ort zu bleiben, an dem du hohe (emotionale) Kosten zahlst, weil andere Menschen sich kommunikativ danebenbenehmen. Du gehst, weil du dir sagst: »Dafür ist mir mein Leben zu kurz.« Dein Gehen ist für dich keine beschämende Flucht eines Verlierers, sondern das selbstbewusste Gehen des Überlegenen.

Was bedeutet das Wegorientieren für dich und deine Kompetenz zur Konfliktvermeidung? Welche Vorteile winken? Welche Nachteile drohen?

Vorteile und Nutzen	Nachteile und Risiken
Du gehst Stefan definitiv aus dem Weg. Du sparst Energie und Zeit, denn das einzige, was du machst, ist Kofferpacken.	Du nimmst das Problem möglicherweise mit, weil am neuen Ort auch ein Stefan sein könnte. Die Welt ist endlich, du kannst nicht ewig abhauen.

1.2 Wegpausieren: Gönn dir eine Auszeit – für heute

Entscheide dich für die kleine Schwester von Wegorientieren, das Wegpausieren, wenn du nicht für immer gehen möchtest. Dann gönnst du dir einfach eine Auszeit. Eine kleine SMS, ein kurzer Anruf, eine offizielle Krankschreibung – dir fällt bestimmt etwas ein, um deine vorübergehende Abwesenheit zu begründen. Vielleicht bleibst du ja auch mal ganz ohne Info weg.

Auf Dauer ist dies natürlich keine nachhaltige Strategie, weil du dich ja nicht ewig verstecken kannst. Du brauchst also noch etwas anderes.

Vorteile und Nutzen	Nachteile und Risiken
Du gehst Stefan *heute* aus dem Weg. Du sparst Energie und Zeit: keine Interaktion mit Stefan.	Du löst das Problem nicht, sondern du sitzt es nur aus, du verschiebst es. Wer zu oft wegpausiert, kriegt Ärger: böse Blicke oder Abmahnungen.

1.3 Wegvisualisieren: Hol die Scheuklappen raus

Du hast keine Lust auf Wegpausieren, weil du dich nicht verstecken willst und die Konsequenzen scheust. Dann entscheide dich für das Wegvisualisieren.

Du entscheidest dich, den Kollegen dieses Mal zu ignorieren: Dein Blick wandert von Person zu Person, aber Stefan sparst du konsequent aus. Vielleicht schaust du ihn aus Versehen mal kurz an, damit deine Strategie nicht auffällt. Doch du trägst selbst gewählte Scheuklappen: Was dir guttut, nimmst du wahr. Was dir nicht gut tut, blendest du aus.

Vorteile und Nutzen	Nachteile und Risiken
Einfach umzusetzen, weil nur du deine Wahrnehmung bestimmst.	Wie reagierst du, wenn Stefan dich (darauf) anspricht? Wie reagierst du, wenn andere auch einen auf Stefan machen?

1.4 Wegrationalisieren: Günstig gedeutet – gelassen geblieben

Du hast keine Lust auf Wegvisualisieren, weil dir die Risiken zu hoch sind? Außerdem willst du selbst entscheiden können, wen du wann und wie lange anschaust? Dann entscheide dich für das Wegrationalisieren.

Nehmen wir an, du hast – aus Versehen – doch kurz zu Stefan hingeschaut. Und dabei gesehen, dass Stefan schon wieder dieses Ding mit den Augen macht. Doch du ärgerst dich nicht, denn du denkst: »Bestimmt hat er eine attestierte Nervenkrankheit«. Stefan seufzt wieder so lautstark. Doch du glaubst: »Wahrscheinlich hat er Asthma«. Stefan verwendet wieder Reizformulierungen. Doch du redest dir ein: »Garantiert hat er sich nur versehentlich im Wort vergriffen.« Was auch immer du hörst und siehst, du findest stets eine für dich günstige Interpretation. Durch diese wohlwollend umgeformte Deutung entgehst du gekonnt allen Kränkungsangeboten.

Vorteile und Nutzen	Nachteile und Risiken
Gute Schutzfunktion bei Erstkontakten, zum Beispiel bei einer Rede vor einem fremden Publikum.	Zweifel an der Plausibilität. Ist dauerhaft kaum aufrecht zu erhalten.

1.5 Wegnihilieren: Auch mal verzichten können

Du hast keine Lust mehr auf Wegrationalisieren, weil du dir einfach nicht die ganze Zeit etwas vormachen willst und kannst? Dann entscheide dich für das Wegnihilieren.

Verzichte in bestimmten Situationen für eine bestimmte Zeit auf bestimmte Bedürfnisse. Und wenn es nur für fünf Sekunden ist. Bricht dir deshalb gleich ein Zacken aus der Krone? Auf keinen Fall. Die Welt geht nicht unter. Sie wird nur kurz ganz leicht, weil dein Rucksack an Bedürfnissen nichts mehr wiegt. Verzichte nicht aus Angst, sondern aus Intelligenz – weil ein kurzes Außerkraftsetzen dich unabhängig macht. Nie würdest du deine Bedürfnisse grundsätzlich aufgeben, und schon gar nicht die wesentlichen. Aber in diesem klitzekleinen Moment verzichtest du auf die Befriedigung dieser klitzekleinen Bedürfnisse. Weil dieser Verzicht nicht existenzgefährdend ist, und du dich nicht grundsätzlich verleugnest. Du lässt kurzzeitig los, nicht weil du musst, sondern weil du schlau bist: selbstgewählter, temporärer Bedürfnisverzicht.

Vorteile und Nutzen	Nachteile und Risiken
Unmittelbare Befreiung jeglicher Ärgergedanken.	Du könntest dich daran gewöhnen. Aus der Stärke kann eine Schwäche werden (leichtfertiges Aufgeben).

1.6 Wegirritieren: Den Angreifer ins Leere laufen lassen

Du hast keine Lust auf Wegnihilieren, weil dir deine Bedürfnisse zu wichtig sind? Du willst ein integres Leben führen und dich behaupten, statt dich zu unterwerfen? Dann entscheide dich für das Wegirritieren.

Du signalisierst dem Kollegen, dass du für seine Attacken nicht zur Verfügung stehst, indem du ihn ins Leere laufen lässt. Es geht dabei nicht um Aufklärung, sondern um Verwirrung. Zünde Nebelkerzen. Und genieße die Enttäuschung im Gesicht deines Gegenübers, wenn er feststellen muss, dass er dich nicht getroffen hat. Falls dein Gegenüber sagt: »Was du gesagt hast, ist unpassend!«, kannst du zum Beispiel folgendermaßen wegirritieren:

- *Ja!*
- *Es kann gut sein, dass meine Offenheit und Direktheit auf dich **unpassend** wirken.*
- *Was genau hast du beobachtet, dass du für **unpassend** hältst?*

Habe Spaß mit den Irritationsstrategien wie diesen (weitere findest du im Kapitel 7.3 *Schlagfertiges Kontern*). Und falls du jetzt schmunzeln musst und gewisse moralische Einwände wahrnimmst, schau ins Grundgesetz und stelle fest, dass nichts davon verboten ist. Und was nicht verboten ist, ist erlaubt.

Dein Gesichtsausdruck und deine Stimme sind wichtige Erfolgsfaktoren bei diesen Irritationsstrategien. Je liebevoller dein Blick und je sanfter deine Stimme, desto größer der Effekt.

Vorteile und Nutzen	**Nachteile und Risiken**
Du setzt einen Kontrapunkt. Du verschaffst dir Zeit zum Nachdenken.	Mancher wird diesen Konter als Provokation (miss-)verstehen und nachlegen. Die Auseinandersetzung kann eskalieren.

1.7 Wegakzeptieren: Die Dinge aushalten – noch ganz gut

Du hast keine Lust auf Wegirritieren, weil dir das zu heikel ist und du glaubst, dass du nicht schlagfertig genug bist? Dann entscheide dich für das Wegakzeptieren.

Du hast keine Lust auf Typen wie Stefan. Du stellst fest, dass du das Auftreten des anderen zwar nicht wertschätzt, aber dass du es ganz gut aushalten kannst. Nicht mit Freude, aber mit Gleichgültigkeit. Es ist, wie es ist. Du kannst einen Haken dranmachen und es einfach so ertragen, ohne innerlich zu hadern.

Vorteile und Nutzen	Nachteile und Risiken
Sofortiger Entspannungseffekt. Unabhängigkeit vom Verhalten des anderen.	Du wirst zum Spielball des anderen. Du überschreitest deine Grenze des Erträglichen.

1.8 Wegtolerieren: Die Dinge aushalten – gerade noch so

Du hast keine Lust auf Wegakzeptieren, weil du dir deiner eigenen Grenzen nicht so sicher bist? Dann entscheide dich für die kleine Schwester von Wegakzeptieren, das Wegtolerieren.

Du weißt, dass du Typen wie Stefan nicht mehr gut aushalten kannst. Sondern nur noch gerade so. Du sagst zwar nichts, aber du haderst. Du leidest. Statt eines Hakens bleibt ein Hadern.

Vorteile und Nutzen	Nachteile und Risiken
Sofortiger Entspannungseffekt. Unabhängigkeit vom Verhalten des anderen.	Du wirst zum Spielball des anderen. Du überschreitest deine Grenze des Erträglichen. Du bezahlst einen Preis für das Unterdrücken deines Widerstands.

1.9 Wegexilieren: Da ist die Tür, Kollege

Du hast keine Lust auf Wegtolerieren, weil du das auf Dauer nicht aushältst und dich ohnehin schon zu lange unterworfen hast? Dann entscheide dich für das Wegexilieren.

Weil du nicht (mehr) annehmen willst, was dein Gegenüber dir anbietet, muss dieser gehen. Voller Entschlossenheit bringst du ihn dazu, den Ort des Geschehens zu verlassen. Dauerhaft. Denn auch du hast unverrückbare Grenzen. Wenn sie erreicht sind, gilt für den anderen: Highlander, es kann nur einen geben. – Und das ist nicht der andere.

Vorteile und Nutzen	Nachteile und Risiken
Dauerhafte Befreiung vom Ärger-Anbieter.	Hohe Wahrscheinlichkeit für Widerstand. (Wer geht schon gerne freiwillig?) Schlammschlacht mit ungewissem Ende. Schuld- und Schamgefühle.

1.10 Wegverdünnisieren: Keine Chance? Dann nix wie weg

Du hast keine Lust auf Wegexilieren, weil du das deinem Gegenüber nicht antun willst? Oder weil du es vergeblich probiert hast und der andere noch immer da ist? Dann entscheide dich für Wegverdünnisieren.

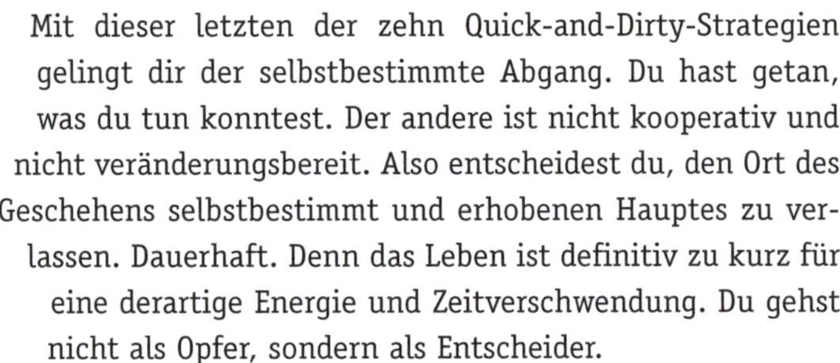

Mit dieser letzten der zehn Quick-and-Dirty-Strategien gelingt dir der selbstbestimmte Abgang. Du hast getan, was du tun konntest. Der andere ist nicht kooperativ und nicht veränderungsbereit. Also entscheidest du, den Ort des Geschehens selbstbestimmt und erhobenen Hauptes zu verlassen. Dauerhaft. Denn das Leben ist definitiv zu kurz für eine derartige Energie und Zeitverschwendung. Du gehst nicht als Opfer, sondern als Entscheider.

Vorteile und Nutzen	Nachteile und Risiken
Dauerhafte Befreiung vom Ärger-Anbieter.	Du nimmst das Problem möglicherweise mit, weil am neuen Ort auch ein Stefan sein könnte. Die Welt ist endlich, du kannst nicht ewig abhauen.

Noch eine kleine Ergänzung am Ende dieses Kapitels: Das Wegverdünnisieren (Strategie 10) ähnelt in seiner Verhaltensweise dem Wegorientieren (Strategie 1) – in beiden Fällen verlässt du den unerwünschten Ort für immer. Es gibt jedoch einen wesentlichen Unterschied hinsichtlich des Zeitpunkts und der Haltung: Beim Wegorientieren gehst du sofort, ohne für dich und deine Überzeugungen einzutreten. Beim Wegverdünnisieren gehst du hingegen erst nachdem du alles gegeben hast. Ob du sofort gehst oder erst am Ende, du gehst in beiden Fällen als Gewinner beziehungsweise Entscheider. Je nachdem, wie du die konkreten Rahmenbedingungen vor Ort erlebst, wirst du dich einmal für das sofortige und einmal für die zeitversetzte Variante entscheiden.

Wie in der Einleitung angedeutet, können dir diese zehn Quick-and-Dirty-Strategien in so mancher Situation aus der Patsche helfen. Es wird aber auch komplexere Situationen geben, in denen du systematischer oder ganzheitlicher vorgehen willst. In Kapitel 2 *Das Warum hinter dem Ärger und die Kunst, loszulassen* erfährst du hierfür gleich den so wichtigen Unterschied zwischen Konflikten und Konflikt*angeboten*. Und zudem einen ganz einfachen Trick, wie du im Handumdrehen einen Großteil deiner unnötigen Konflikte auf einen Schlag auflösen kannst – ohne im Außen irgendetwas tun zu müssen.

2.

Das Warum hinter dem Ärger und die Kunst, loszulassen

2.1 Was ist ein Konflikt? Und was ist ein Konfliktangebot?

Du in deinem Auto auf der Bundesstraße. Effektive 95 Kilometer in der Stunde. Du genießt die freie Fahrt. Die Straßenverkehrsordnung ist auf deiner Seite, denn bis zu 100 Stundenkilometer sind ja erlaubt. Plötzlich vor dir ein Kleinwagen, älteres Baujahr, maximal 70 Stundenkilometer auf dem Tacho. Du musst bremsen. »Sonntagsfahrer«, denkst du. Und bist schon im Ärgermodus (oder umgekehrt: Du fährst seelenruhig, aber schnell genug, und hinter dir ein Drängler. Auch dann droht Ärger). Weil der andere langsam fährt, musst du bremsen. »Der ist schuld, wenn ich zu spät komme«, denkst du und spürst, wie Angst aufsteigt. Der Blick des Chefs, das Naserümpfen der Kollegen. Du kennst das nur zu gut. Und neben der Angst spürst du vielleicht auch noch Schuld und Scham.

Du bist überzeugt: Wäre der andere anders (in dem Fall: schneller), wäre alles prima. Es liegt also allein an der anderen Person, dass du ein Problem hast. »An mir liegt's nicht. Der andere ist einfach (zu) langsam.« Und spätestens jetzt bist du mitten im Konflikt.

Was sind Konfliktmerkmale? Ein Konflikt liegt vor, wenn bei einer Interaktion (I) ein Unterschied (U) auftritt, den mindestens eine der beteiligten Parteien als eine gefühlte Benachteiligung (B) wahrnimmt. Als mathematische Formel:

Konflikt = **I**nteraktion + **U**nterschied + **B**enachteiligung
(kurz: K = I + U + B)

Daraus können wir ableiten: Ein Konflikt liegt nur dann vor, wenn alle drei Voraussetzungen erfüllt sind, also I und U und B. Ohne das Gefühl der Benachteiligung kein Konflikt. Betrachten wir diesen Zusammenhang noch einmal anhand des Autobeispiels:

Fall 1: Wenn nur eine Interaktion stattfindet, aber kein Unterschied vorliegt, tritt auch kein Konflikt ein

In unserem Beispiel: Der Wagen vor dir fährt 95 Kilometer in der Stunde beziehungsweise annähernd so schnell wie du. Du nimmst keinen Unterschied wahr. Alles ist gut – zumindest im Hinblick auf den Straßenverkehr.

Fall 2: Ebenfalls keinen Konflikt gibt es, wenn bei einer Interaktion zwar ein wahrnehmbarer Unterschied vorliegt, dieser jedoch vernachlässigbar ist

Übertragen auf unser Beispiel: Der Wagen vor dir fährt zwar etwas langsamer als du, doch dieser Unterschied stellt für dich keine Benachteiligung dar. Ist also irrelevant. Du musst zwar abbremsen, du wirst aber auch mit 80 Stundenkilometern noch rechtzeitig an deinem Ziel ankommen. Folglich ist der Unterschied beim Tempo kein konfliktauslösender Faktor. Höchstens eine Einschränkung für deine Freiheit, so schnell zu fahren, wie du gerne würdest.

Fall 3: Erst wenn der Unterschied groß genug ist, deine Bedürfnisse zu gefährden, tritt der Konfliktfall ein

Der Typ vor dir fährt offensichtlich nur 70 Kilometer in der Stunde, und es gibt keine Möglichkeit, ihn zu überholen. Der Unterschied zwischen deinem gefühlten Soll (mindestens 80 Stundenkilometer, gerne mehr) und dem tatsächlichen Ist (70 Kilometer in der Stunde) führt zu einem Nachteil für dich: Du wirst zu spät kommen. Glaubst du zumindest. Und erst jetzt, erst durch deine Bewertung und die Furcht vor unangenehmen Konsequenzen, wird die Interaktion und der Unterschied zu einer Benachteiligung für dich. Und damit zu (d)einem Konflikt: Es ist also nicht der Unterschied (die Geschwindigkeit) an sich, der den Konflikt konstituiert, sondern deine Bewertung des Unterschieds. Als wichtiges Ergebnis halten wir fest: Erst deine (negative) Bewertung gibt dem Unterschied eine (negative) kognitive und vor allem (negativ) emotionale Bedeutung.

Das Auto-Beispiel zeigt, dass du stets die Wahl hast: Du kannst den festgestellten Unterschied entweder ablehnen, indem du ihn negativ bewertest, oder ihn akzeptieren, indem du lediglich beobachtest, was ist. Schauen wir uns diese beiden Haltungsoptionen im Vergleich an – auf der einen Seite das »ablehnende Bewerten«, auf der anderen Seite das »neutrale Beobachten«.

Ablehnendes Bewerten und Neutrales Beobachten im Vergleich

	Ablehnendes Bewerten	Neutrales Beobachten
Haltung	Du magst den Unterschied nicht, weil er für dich Nachteile bedeutet. Er soll verschwinden.	Du stellst fest, dass es einen Unterschied gibt. Ob er bleibt oder vergeht, spielt keine Rolle.
Mögliche Vorteile	Du begehrst auf. Du spürst Lebendigkeit durch Ärger, und vielleicht wird sich etwas ändern.	Du bleibst gelassen. Du erleidest keine unnötige Zeit- und Energieverschwendung.
Mögliche Nachteile	Du empfindest deinen Ärger als Energie- und Zeitverschwendung, denn du kannst am Unterschied nichts ändern. Es droht Enttäuschung.	Du wehrst dich nicht, und durch deine Passivität ändert sich folglich auch nichts. Es droht die Fortsetzung des Verhaltens.

2.2 Von der Erwartung zur Enttäuschung: das BIBER-Modell

Was veranlasst dich im Alltag, mal (ablehnend) zu bewerten, mal (neutral) zu beobachten? Was kannst du daraus für dich ableiten? Für die Beantwortung dieser Frage sind folgende Grundsätze und Zusammenhänge wichtig:

- Mit jeder Erwartung an dein Umfeld begibst du dich in eine *Abhängigkeit*, denn du gibst den anderen die Macht, deine Erwartungserfüllung zu beeinflussen. Wenn du hingegen keine Erwartungen hast, bist du unabhängig und frei. In unserem Fall: Wenn du mindestens 80 Stundenkilometer erwartest, dann bist du abhängig.

- Wenn du Erwartungen hast und folglich abhängig bist (vom Verhalten der anderen), riskierst du *Enttäuschungen*, und zwar immer dann, wenn sie deine Erwartungen nicht erfüllen. Wenn du hingegen deine Erwartungen vollständig auflöst, befreist du dich von der Enttäuschungsgefahr.
- Aus diesen beiden Zusammenhängen lässt sich folgern: Wenn du die Wahrscheinlichkeit für Enttäuschungen minimieren willst, minimiere (vorher) deine Abhängigkeiten. Und wenn du Abhängigkeiten minimieren willst, minimiere (vorher) deine *Erwartungen*. Streichen wir in diesem Zusammenhang die Abhängigkeiten, ergibt sich folgende Kausalität: Hast du viele Erwartungen, drohen viele Enttäuschungen. Hast du wenige Erwartungen, drohen nur wenige Enttäuschungen. Und hast du keine einzige Erwartung, droht keine einzige Enttäuschung. (D)eine Welt ohne Enttäuschungen, wäre das nicht erstrebenswert?
  Es liegt allein in deiner Hand.

Was bedeuten diese Überlegungen für dich? Es liegt allein an dir – genauer: an deinen Erwartungen –, ob und wie oft du anderen die Macht (!) gibst, dich zu enttäuschen. Wenn ich dich frage: »Willst du möglichst selten enttäuscht werden?«, sagst du bestimmt »Ja!« Wenn ich dich frage: »Willst du möglichst selten abhängig sein?«, sagst du bestimmt auch »Ja!« Wenn ich dich aber frage: »Und bist du bereit, für dieses Ziel deine Erwartungen aufzugeben – ob bewusste oder unbewusste?«, sagst du bestimmt »Nein, auf keinen Fall – zumindest nicht alle!« Und genau das ist dein Dilemma – und zwar nicht nur deins: Auf der einen Seite wollen wir keine Enttäuschungen erleben und möglichst auch keine Abhängigkeiten, auf der anderen Seite aber an den Erwartungen festhalten. Das ist im Kern ein Widerspruch. Erkenne ihn und löse ihn auf.

Damit du ein möglichst enttäuschungsarmes Leben führen kannst, lohnt sich ein vertiefender Blick auf die Entstehung von Enttäuschungen. Verstehen wir sie als emotionale Reaktion auf bestimmte Beobachtungen, stellt sich die Frage: Was genau läuft in deinem Inneren ab, bevor die Enttäuschung letztlich eintritt? Wenn dir diese Einzelphasen bewusst sind, kannst du den ablaufenden Prozess an mehreren Stellen aufhalten und damit der ungewollten Enttäuschung vorbeugen.

Etwas vereinfacht können wir uns die Entstehung von Enttäuschungen als einen fünfstufigen Reizreaktionsmechanismus vorstellen, den wir uns mit dem Akronym BIBER merken können. Die fünf Buchstaben von BIBER stehen jeweils für die Anfangsbuchstaben von fünf Phasen – von der anfänglichen Beobachtung bis hin zur konflikthaften Reaktion:

Das BIBER-Modell als Reizreaktionsmechanismus

B **eobachtung:** Mithilfe deiner Sinne nimmst du unentwegt deine Umgebung wahr. Es kommt zu *selektiver* Wahrnehmung.

I **nterpretation:** Anschließend deutest du deine Beobachtungen. Dabei kommt es zu Verzerrungen beziehungsweise Fehlinterpretationen.

B **ewertung:** Unmittelbar nach deinen Interpretationen folgt deine Bewertung. Sie ist entweder negativ oder neutral oder positiv.

E **motion:** Deine negativen Bewertungen führen zu unangenehmen Emotionen. Dabei überdecken die sekundären, abwehrenden Gefühle wie etwa Wut oder Ungeduld die primären, abgewehrten Gefühle wie etwa Angst oder Scham.

R **eaktion:** Weil du die unangenehmen Gefühle in der Regel nicht aus- beziehungsweise behalten möchtest, zeigst du im Außen ein bestimmtes Verhalten. Ziel ist, die unangenehmen Emotionen los zu werden.

Von der Beobachtung zur Reaktion: was das BIBER-Modell in fünf Stufen darstellt, läuft in der Realität fast immer innerhalb weniger Augenblicke ab. Das Trügerische: Du bekommst es meist nicht mit. Denn wie im Ruhrgebiet die Städte ineinander übergehen, sodass du die Stadtgrenzen oft nicht wahrnehmen kannst, so sind auch die fünf genannten Phasen extrem miteinander verwoben. Und die jeweilige Enttäuschung tritt erst in Phase 4 (Emotionen) ein.

Die Kunst besteht darin, dieses Reizreaktionsmodell mit seinen schnell ablaufenden Schritten in der Realität zu erkennen und unmittelbar aussteigen zu können. Ob gleich bei deiner Beobachtung (du hast Einfluss, was du wahrnimmst), oder erst zeitversetzt bei deiner Interpretation (du hast auch Einfluss, wie du Dinge deutest), deiner Bewertung (du hast auch Einfluss, welche Bedeutung du Dingen beimisst) oder erst bei deinen Emotionen (du hast Einfluss, wie du mit Emotionen umgehst), es lohnt sich. Denn wenn du innehalten kannst, dann reagierst du nicht reflexhaft und impulsiv, sondern dann agierst du besonnen und bedacht.

2.3 Beobachten versus bewerten – du hast die Wahl

Erwartungen führen zu Abhängigkeiten. Und Abhängigkeiten führen zu Risiken. Mit dieser neuen Erkenntnis kannst du dich ab heute ganz bewusst und konsequent entscheiden: Sowohl für ganz bestimmte Erwartungen und damit für Abhängigkeiten und Enttäuschungsrisiken als auch gegen bestimmte Erwartungen und damit gegen Abhängigkeiten und gegen Enttäuschungsrisiken. Du hast die Gelegenheit, einen für dich passenden Mix aus Erwartungen und Nicht-Erwartungen herzustellen.

Wie wirst du dich entscheiden – an welchen Erwartungen wirst du festhalten und welche loslassen? Und nach welchen Kriterien wirst du diese Entscheidung treffen? Zwei Anregungen für dich bei deiner Entscheidung »pro Beobachtung« versus »pro Bewertung«:

Anregung 1: In eindeutigen Konfliktsituationen

- Bei *wiederkehrenden Ereignissen* mit einer *signifikanten Relevanz* für deinen Seelenfrieden, zum Beispiel: Dein Chef verdreht in fast jedem Meeting die Augen, wenn du etwas sagst; deine Kollegin geht dir permanent aus dem Weg. Begrüße (!) ganz bewusst die bei dir entstandene Benachteiligung, stelle dich dem Gefühl der Enttäuschung und finde (neue) Wege, die Ungerechtigkeit zu beenden (vergleiche Teil 3).
- Bei *einmaligen* und im Kern *unbedeutenden* Ereignissen, zum Beispiel: Ein Unbekannter rempelt dich in der S-Bahn an; dein Chef schlägt Bowlen als Betriebsausflug vor. Beobachte deine Umgebung, als wärest du eine Videokamera, die keine Bedeutungen und keine Emotionen kennt; betrachte den Unterschied als das, was er ist, nämlich ein bloßer Unterschied ohne Tragweite.

Anregung 2: In unklaren, komplexen Konfliktsituationen

Wenn unklar ist, ob die gerade (zum ersten Mal) eingetretene Situation auch wieder verschwindet oder sich möglicherweise wiederholt beziehungsweise bleibt und wenn dir zu Beginn nicht klar ist, wie entscheidend sie dich negativ beeinflussen wird, entscheide situativ:

- Halte inne und reflektiere so gut du kannst, ob mehr für die Beobachtung oder mehr für die Bewertung spricht und sei bereit, eine einmal getroffene Entscheidung noch einmal auf den Prüfstand zu stellen.
- Wenn du zum Beispiel nach einer Bewertung feststellst, von jemandem enttäuscht zu sein, kannst du diese Enttäuschung im Handumdrehen auflösen, indem du im Nachhinein von der Bewertung zur Beobachtung zurückkehrst. Denn du bist nicht verpflichtet, an deiner vorherigen Bewertung festzuhalten; zu jeder Zeit hast du die Freiheit, jede einzelne Bewertung aufzulösen und dich hierdurch von der Enttäuschung zu befreien.

Im Ergebnis können wir festhalten, dass sich für dich im Umgang mit Konfliktangeboten zwei Handlungsrichtungen ergeben:

Der proaktive Ansatz: Möglichst viele deiner bewussten Erwartungen dauerhaft loslassen, um das Risiko für künftige Enttäuschungen zu minimieren. Dazu entschließt du dich, *bevor* Konfliktangebote eintreten.

Der reaktive Ansatz: Möglichst viele deiner zunächst unbewussten Erwartungen dauerhaft loslassen, um das Risiko für erneute Enttäuschungen dieser Art zu minimieren. Dazu entschließt du dich, nachdem reale Konflikte eingetreten sind, denn erst dann sind die zuvor unbewussten Erwartungen sichtbar geworden.

Fazit

Schön und gut, du hast den Unterschied zwischen Bewertung und Beobachtung erkannt, und auch Kriterien, wonach du dich für das eine oder andere entscheiden kannst. Doch wie soll das im Alltag gelingen, wo doch oft so vieles derart schnell an dir vorbezieht?

Du wirst gefühlt nicht immer richtig liegen. Manchmal wirst du dir sagen: »Ach, es wäre besser gewesen, nur zu beobachten und nicht gleich zu bewerten, denn so habe ich mich umsonst so sehr geärgert!« Und manchmal wirst du dir sagen: »Ach, hätte ich nicht nur beobachtet, denn so habe ich versäumt, mich zu wehren. Und jetzt denkt der andere, er könne einfach so weitermachen. Hätte ich doch mal bewertet, dann hätte ich aus meinem Ärger heraus etwas Kritisches entgegnet.«

Letztlich gilt es, in den schwierigen Situationen zwischen Abhängigkeit und Enttäuschungsrisiko auf der einen Seite und Integrität und Authentizität auf der anderen Seite abzuwägen. Es kann sein, dass du beobachtest, um dich zu befreien. Es kann aber genauso gut sein, dass du bewusst bewertest, weil du zu deiner Erwartung stehst und bereit bist, für sie zu kämpfen. Denn sie ist entscheidend für deine Lebensqualität.

Wir sehen: Es gibt leider kein Patentrezept, ob die Beobachtung oder die Bewertung das Mittel der Wahl ist. Was du aber immer wieder, Tag für Tag, machen kannst: dich fragen, welche Vor- und Nachteile deine jeweiligen Beobachtungen und Bewertungen mit sich bringen und auf diese Weise ein besseres Gespür für dich und deine Interaktion mit deinem Umfeld entwickeln. Sowie hierdurch mehr Vertrauen in deine Entscheidungen für oder gegen Bewertungen beziehungsweise Beobachtungen erlangen.

Im Zweifel entscheide dich für die Beobachtung. Denn sie hält dir erst einmal den Ärger vom Hals. Um es ganz am Ende noch einmal auf den Punkt zu bringen: **Die Welt bietet dir Konflikte nur an! Du allein machst aus diesen Konfliktangeboten deine persönlichen Konflikte. Und zwar aufgrund deiner Bewertungen.**

3.
Ein Modell, fünf Phasen – und der Ärger ist weg!

Die Welt bietet dir Konflikte nur an! Du allein machst aus diesen Konfliktangeboten deine persönlichen Konflikte. Und zwar aufgrund deiner Bewertungen. Das waren die letzten Worte des vorangegangenen Kapitels.

»Als wäre die Welt so einfach«, denkst du dir jetzt vielleicht. Und ja, vielleicht wirst du die meisten Konflikte tatsächlich auflösen können, aber was machst du mit dem Rest? Mit jenen Konflikten, die du sogar begrüßt (!), weil du nicht einfach nur beobachten, sondern eben auch bewerten willst. Weil dir bestimmte Dinge wie deine Werte wichtig sind und du daran festhalten möchtest. Oder weil zu viel auf dem Spiel steht und du andere nicht über dich bestimmen lassen willst.

In diesen Fällen wirst du die Verhaltensweisen von anderen ganz bewusst bewerten und den entstehenden Ärger auch begrüßen: »Klar, wenn ich bewerte – und ich will hier bewerten – dann ist mir klar, dass Ärger dazugehört.« Du wirst in diesen Fällen innerlich also »Ja« zum Konflikt sagen. Und trotzdem den Ärger letztlich nicht haben wollen, obwohl du ihn gerade noch begrüßt hast.

In diesen Lebenssituationen brauchst du etwas anderes als die bloße Unterscheidung zwischen Beobachtung und Bewertung. In diesen Fällen ist das Anti-Ärger-Modell genau das Richtige. Das Anti-Ärger-Modell ist ein Weg, den du gehen kannst, wenn du Ärger loswerden möchtest, der sich nicht so einfach wegbeobachten lässt. Das Modell besteht aus den folgenden fünf Phasen und es ist sehr einfach anzuwenden. Auch wenn du im Moment vielleicht denken magst, dass fünf Phasen nach recht vielen Schritten klingt, so ist die Anwendung recht einfach, da es sich um ein trainierbares Verhaltensmuster handelt, das sich in der Praxis ähnlich darstellt, wie das Erlernen des Autofahrens. Zuerst hast du beim Autofahren auch gedacht, wie kompliziert es ist, eine Maschine zu steuern. Kupplung treten, Gang einlegen, Bremse lösen, auf den Verkehr achten, Blinker setzen und vorsichtig aus der Parklücke herausfahren. Doch nach wenigen Fahrstunden geht der Vorgang ganz locker von der Hand, weil dein Gehirn die Abläufe und damit dein Verhaltensmuster Autofahren erlernt hat und nun auf Autopilot schalten kann.

Ganz ähnlich wird es dir mit dem Anti-Ärger-Modell gelingen:

Die fünf Phasen des Anti-Ärger-Modells

Deeskalieren (Phase 1) – Entschärfen, was explodieren könnte.
Beruhigungs- und Entspannungstechniken.

Analysieren (Phase 2) – Verstehen, was vorgefallen ist.
Acht Konfliktursachen für ein Verständnis über die Gründe.

Minimieren (Phase 3) – Auflösen, was sich auflösen lässt.
Neun Strategien zur Ärgerminimierung.

Konfrontieren (Phase 4) – Grenzen setzen, wo sich Grenzen setzen lassen.
Feedbackstrategien, um sich gekonnt zu wehren.

Positionieren (Phase 5) – Loslassen, wenn es nichts mehr zu tun gibt.
Love it or leave it, wenn alles getan ist.

4.

Deeskalieren (Phase 1): Entschärfen, was explodieren könnte

1. Deeskalieren

Entschärfen, was explodieren könnte

ABKÜHLEN IM KANAL
Fünf Strategien zur Beruhigung

Klappe halten • Atmen • Nicken • Aufstehen • Lächeln

SIGNALE RICHTIG DEUTEN
Sechs Konfliktmerkmale

Intern: körperlich • geistig • emotional
Extern: verbal • paraverbal • nonverbal

STÖRUNGEN WAHRNEHMEN
Neun Eskalationsstufen

Stufen 1 bis 3:
Verhärtung • Debatte • Taten statt Worte

Stufen 4 bis 6:
Koalitionen • Gesichtsverlust • Drohstategien

Stufen 7 bis 9:
Begrenzte Vernichtung • Zersplitterung • Gemeinsam in den Abgrund

4.1 Abkühlen im KANAL: Fünf Strategien zu Gelassenheit und Selbstkontrolle

Stell dir vor ... Dein Chef und du im Mitarbeitergespräch. Du bist gut vorbereitet, motiviert, voller Zuversicht. Und dann: Alles wie weggeblasen. Du schlägst eine neue Cloud-Lösung vor, doch er verdreht die Augen. Deine Atmung stockt, dein Puls steigt, deine Schultern verspannen sich. Mit sachlicher Kritik hättest du ja kein Problem. Aber so: Nee, geht gar nicht! Jetzt schnell etwas parat haben. Einen coolen Spruch, eine souveräne Geste. Irgendetwas. Hauptsache raus aus der Erniedrigung und der Beschämung.

Doch dir fällt nichts ein. Dein Hirn ist wie leer gefegt. Blackbox. Und niemand hilft dir, du selbst dir am wenigsten – was das Ganze nur noch schlimmer macht. Nicht einmal auf dich selbst kannst du dich verlassen! Was also tun? Wohin mit dem Ärger, der Wut und der Enttäuschung? Anders formulieren? Das Gegenteil behaupten? Eine hitzige Grundsatzdiskussion beginnen?

Nein. Du brauchst etwas, das ganz einfach funktioniert, nichts verschlimmert und vor allem in Stresssituationen verfügbar ist. Etwas, das dich wieder gelassener macht. Etwas, das dir hilft emotional zu deeskalieren. Und genau dafür gibt es eine Strategie, nämlich: KANAL.

Theoretisch heißt das ... KANAL ist ein Akronym. Die Merkhilfe ergibt sich aus den Anfangsbuchstaben von fünf Verhaltensstrategien:

- **K** wie **Klappe halten**
- **A** wie **Atmen**
- **N** wie **Nicken**
- **A** wie **Aufstehen**
- **L** wie **Lächeln**

Diese fünf Strategien sind simpel, aber hocheffektiv: Sie helfen dir, dich sofort zu beruhigen, Zeit zu gewinnen und wieder handlungsfähig zu werden. Denn was brauchst du in einer schwierigen zwischenmenschlichen Begegnung mehr, als einen klaren Kopf und einen ruhigen Verstand?

Warum aber gerade dieser Name? Warum ein Akronym? Ganz einfach: Das Bild eines solide gebauten Kanals vermittelt dir die Sicherheit, auf Kurs zu bleiben, voranzukommen und dabei nicht unterzugehen. Als Deeskalationsstrategie hält KANAL die Verbindung zum Gegenüber und ist außerdem schnell verfügbar – auch und gerade in schwierigen, überwältigenden Situationen.

Wichtig: Das Ziel von KANAL ist es nicht, den Konflikt sofort zu beseitigen oder zu verstehen, sondern nur zu deeskalieren. Du verhinderst damit also ein unkontrolliertes Anheizen des Konflikts. Und das sollte zunächst einmal dein oberstes Ziel sein. Klingt nach wenig, aber wer hier in Stufe 1 – also beim Deeskalieren – mehr will, kann sich leicht übernehmen und scheitern.

Und so einfach, wie es sich anhört, ist es gar nicht. Denn erst einmal musst du das Gefühl des Ausgeliefertseins ertragen beziehungsweise erträglich machen, es akzeptieren statt zu flüchten oder anzugreifen. Und das funktioniert am besten über den Körper. Vielleicht wundert dich das, weil du wie viele andere gelernt hast, auf Probleme unmittelbar sprachlich zu reagieren. Du machst dir Gedanken, du sprichst sie aus. Wenn dich jedoch eine Ärgersituation überrascht, wirst Du wahrscheinlich nicht in der Lange sein, ruhig und gelassen zu überlegen und entsprechend souverän zu handeln (das geht erst in Phase 2, wie wir sehen werden). Die wissenschaftlichen Grundlagen, warum wir in solchen Situationen besser auf unseren Körper als Mittel der Selbstkontrolle setzten sollten, sind heute gute erforscht. Eine der Pioniere auf diesem Gebiet ist die Psychologin Maja Storch, die mit ihrem Buch *Embodiment* die Steuerung der mentalen Prozesse über Körperhaltungen und Atemtechnik, einem größeren Leserkreis zugänglich gemacht hat. Sie beschreibt, dass unser Unbewusstes immer im Körperlichen seine Entsprechung findet. Sind wir nervös, dann steigt die Atemfrequenz, wir bekommen Schweiß auf der Stirn und der Herzschlag steigt. Emotionen als Teil des Unbewussten lassen sich daher in umgekehrter Weise auch durch bestimmte Körperhaltungen und Atemtechniken regulieren, sodass sie dann nicht länger unser Denken blockieren. Deshalb erst einmal bewusst atmen, sich ein bisschen bewegen, die Muskulatur lockern und dabei in Kontakt bleiben, nicken, lächeln. Im Prinzip ganz einfach, jedoch nicht immer leicht umzusetzen.

Praktisch bedeutet das ... Wann immer du merkst, dass dich etwas überwältigt oder dass du ausflippen könntest, steig ein in den KANAL. Mal wird dir das »K« wie »Klappe halten« genügen, und du kehrst zurück zu deiner entspannten Version. Mal wirst du neben dem »K« auch das »A« wie »Atmen« anwenden, um dich zu stabilisieren. Und mal wirst du alle fünf Schritte von KANAL in irgendeiner Abfolge oder auch gleichzeitig ausführen. Anfangs noch geplant, wird es irgendwann in Fleisch und Blut übergehen. Mach dir zunutze, dass dich alle Verhaltenselemente erst einmal besänftigen und dir helfen, deine Emotionen zu regulieren, bevor in den späteren Phasen des Anti-Ärger-Modells anspruchsvolle Aufgaben auf dich zukommen, die stärker deine kognitiven Fähigkeiten fordern. Was sich hinter den fünf Buchstaben genau verbirgt, verrät dir die folgende Tabelle:

Die Deeskalationsstrategie KANAL im Überblick

Strategie	Erläuterung
Klappe halten	• der Versuchung widerstehen, etwas zu sagen • Motto: »Reden ist Silber, Schweigen ist Gold« • nicht länger als zwei bis drei Sekunden, da sonst die Gefahr von Schweigen-ist-Zustimmung besteht (mehr hierzu weiter unten)
Atmen	• Atmung bewusst wahrnehmen und vertiefen: zwei bis drei langsame Atemzüge bis in den Bauch hinein (nicht nur in die Brust) • spüren, wie Sauerstoff die Lunge füllt und wieder verlässt, wie sich dabei Bauch und Brust heben und senken • wahrnehmen, wie sich der Puls verlangsamt und die Wellen des Ärgers verebben
Nicken	• situationsangemessen dem Gegenüber in die Augen schauen und den Blickkontakt halten • dabei ein kaum wahrnehmbares Nicken – begriffen nicht als Zustimmung, sondern als Zeichen der Wahrnehmung und Wertschätzung
Aufstehen	• gegebenenfalls ein Fenster öffnen, eine Schublade ziehen, etwas zu trinken holen etc. • sich dabei aus der gefühlten Umklammerung lösen und wieder handlungsfähig werden
Lächeln	• situationsangemessen dem Gegenüber zulächeln – jedoch nur, wenn dieser es nicht als Auslachen missverstehen könnte • auch hier: das kaum wahrnehmbare Lächeln nicht als Zustimmung begreifen, sondern als Zeichen der Wahrnehmung und Wertschätzung

Was kann schiefgehen? Was könnte schwierig sein bei der Umsetzung? Und was tust du dann? Es leuchtet dir zwar ein, dass ein Nicht-Reagieren durchaus günstig sein kann. Doch was spricht dagegen? Schauen wir uns einige Alltagsmomente genauer an:

Du verweigerst KANAL bewusst, weil du dich wehren willst

Verständlich. Kennt jeder. Andererseits weißt du genau: Der Schuss ging schon oft genug nach hinten los. Die Schlacht wurde zwar gewonnen, doch der Krieg verloren. Etwas weniger martialisch ausgedrückt: Zwar hast du im Rededuell gesiegt, aber die Beziehung ging in die Brüche. An diesem Punkt erkennst du vielleicht, dass deine sofortige Gegenattacke einem Rachegefühl entspringt. Und dass Rache selten zum Guten führt. Was also spricht dagegen, beim nächsten Mal den KANAL auszuprobieren? Nur für einen klitzekleinen Augenblick?

Du verpasst KANAL, weil du reflexhaft reagierst

Ja, das kann passieren und das wird passieren. Weil du es jahrelang so gemacht hat. Und weil du ja auch kein Opfer sein willst. Dennoch: Du kannst jederzeit diesen Automatismus erkennen und ihn jeden Tag ein Stück schwächen. Jedes Mal, wenn du zu schnell reagierst, nimmst du dir vor, beim nächsten Mal etwas länger zu warten oder gleich in den KANAL einzusteigen. Vielleicht gelingt es dir sogar, schwierige Situationen als Übungsfeld zu betrachten.

Du versemmelst KANAL, weil du zum Beispiel deine Atmung zu offensichtlich anpasst, was dein Gegenüber irritiert

Du fühlst dich erwischt. Ja, das kann peinlich sein – je nach Bewertung (siehe Kapitel 2.3). Muss aber nicht. So oder so: Du kannst lernen, deine Atmung zu beeinflussen, ohne dass es jemand merkt. Und dazu musst du noch nicht einmal einen Yoga-Kurs besuchen.

Du übertreibst KANAL, weil du nur noch atmest und alles geschehen lässt

Du KANALisierst gut und richtig, aber leider zu ausführlich. Wenn du nicht nur zwei bis drei Sekunden die Klappe hältst, sondern länger, denkt dein Gegenüber möglicherweise: »Wow, dem habe ich es gezeigt. Der lässt ja einiges mit sich machen!« Und er legt nach. Daher: KANALisiere nur im allerersten Augenblick. Zwei, maximal drei Sekunden. Schweigst du länger, hält er deine Stille vielleicht für Zustimmung. Und das wäre eine Einladung für weitere Angriffe.

Du nimmst mit ... Du weißt nun, wie du dich mithilfe der Deeskalationsstrategie KANAL beruhigen kannst. Die Strategie bietet sich vor allem dann an, wenn du ein Ärger-Angebot (siehe Kapitel 2.1) bewusst oder unbewusst angenommen hast und unter deiner Bewertung leidest. Bevor du also Dinge tust oder von dir gibst, die (dir) mehr schaden als nützen, lieber erst mal KANALisieren.

Wie wir gesehen haben: KANAL ist extrem einfach. Jeder Mensch kann sofort in ihn eintauchen, wenn er will. Dazu braucht es kein Seminar und kein Training. Und es ist auch keine Nanotechnologie. Doch wie erkennst du den richtigen Moment, um diese Chance zur Stressminderung zu ergreifen?

Im nächsten Kapitel geht es um Merkmale, an denen du aufkommende Konflikte erkennen kannst. Je aufmerksamer du gegenüber diesen Signalen bist, desto früher kannst du Konflikte wahrnehmen, ihnen vorbeugen beziehungsweise rechtzeitig aussteigen. Aussteigen im Sinne von KANALisieren.

4.2 Signale richtig deuten: Die sechs Konfliktmerkmale

Stell dir vor ... Du und dein neuer Kollege, Berufsanfänger, knapp dreißig und so was von grün hinter den Ohren. Vieles gelingt ihm trotzdem schon erstaunlich gut. Nur manchmal der eine oder andere kleine Fehler. Wenn du gut drauf bist, kein Problem. Du kannst sehr einfühlsam und geduldig sein. Aber wenn du schlecht drauf bist – und gelegentlich bist auch du mal schlecht drauf – dann regt der Typ dich echt auf. Und in diesen Situationen musst du alles geben, um ihn deine Aufgebrachtheit nicht spüren zu lassen.

Meistens gelingt dir das recht gut. Doch manchmal auch nicht. Denn manchmal, wenn dein junger Kollege dir zuhört, siehst du einen ängstlichen Ausdruck in seinem Gesicht. Und es scheint ganz so, als habe er Angst vor dir. Doch warum? Du hast doch nichts Schlimmes gesagt!

Und genau das ist das Problem. Leider ist dir nicht immer alles bewusst, was du so von dir gibst. Klar weißt du wahrscheinlich noch, was du im Wesentlichen gesagt hast, aber kannst du dich wirklich an jedes einzelne Wort erinnern? Und weißt Du noch ganz genau, wie deine Stimme klang? Und kannst du dich erinnern, was dein Körper tat – deine Augen, deine Stirn, deine Nasenflügel? Außerdem sind da ja auch noch zwei Arme, zwei Hände und zehn Finger, die du nicht immer unter Kontrolle hast.

Was auch immer mit dir los war, offenbar hat dein Verhalten bei dem jungen Mann Angst ausgelöst. Doch was heißt das nun für dich im Umgang mit dem Berufsanfänger? Dein Wunsch ist es schließlich, ihm eine angstfreie Umgebung zu ermöglichen Eine erhöhte Aufmerksamkeit für die sechs Ebenen der Konfliktwahrnehmung kann dich diesem Ziel näherbringen.

Theoretisch heißt das ... Was sind Konfliktmerkmale? Einen Konflikt kannst du auf sechs Ebenen wahrnehmen: drei internen und drei externen. Bei den internen Ebenen handelt es sich um Signale von Körper, Geist und Seele, kurz: KGS. Die externen Ebenen bestehen aus verbalen, paraverbalen und nonverbalen Signalen, kurz: VPN.

Intern heißt: Nur die Person selbst kann diese Signale wahrnehmen, denn sie spielen sich in ihrem Inneren ab; dem Gegenüber bleiben sie deshalb verborgen (mit wenigen Ausnahmen, zum Beispiel ein errötendes Gesicht). Extern meint: Beide – Sender und Empfänger – können sie wahrnehmen, denn die Signale sind vollständig im Außen erfahrbar (wahrnehmbare Worte, hörbare Stimmlagen, sichtbare Körpersprache). Betrachten wir zunächst die interne und anschließend die externe Ebene.

Körperliche Signale (interne Ebene 1): Verspannte Muskulatur, erhöhter Puls, feuchte Hände, trockener Mund – dein Körper signalisiert dir, wenn sich ein Konflikt anbahnt oder schon eingetreten ist. Diese Phänomene treten mal einzeln auf, mal simultan. In fast allen Fällen gilt: Der Körper hat einen (guten) Grund, aus der Balance zu geraten. Und so gilt im Umkehrschluss: Wenn der Körper diese Signale aussendet, dann oft als Reaktion auf einen unerwünschten Unterschied (siehe Konfliktdefinition, Kapitel 2.1). Und so können bestimmte Körpersignale Konflikte anzeigen.

Geistige Signale (interne Ebene 2): Parallel zum Körper erfährst du natürlich auch über deine Gedanken, wie es um deine Ausgeglichenheit bestellt ist. Du kennst sie sicher, diese typischen Ärgergedanken, die bewerten und verabsolutieren: »Jetzt quatscht der schon wieder über dieses nebensächliche Thema!« oder »Endlich sind Sie mal pünktlich!« Wahlweise auch umgedreht: »Immer sind Sie unpünktlich!« In allen diesen Fällen verraten bestimmte Reizformulierungen, dass du dich nicht mehr in einer neutralen Beobachtung befindest, sondern bereits abgewertet hast. Und seit Kapitel 2.3 weißt du: Wer abwertet, ist im Konflikt angekommen.

Seelische beziehungsweise emotionale Signale (interne Ebene 3): Typische Gefühle in Konfliktsituationen sind Wut, Ohnmacht, Schuld und Scham oder auch Angst und Trauer (siehe Abbildung). Gefühle können als eine Art Bioindikator betrachtet werden, weil sie als biologische Anzeiger sehr zuverlässig rückmelden, wenn bestimmte Bedürfnisse nicht erfüllt sind. Der zugrunde liegende Zusammenhang: Jemand tut etwas beziehungsweise er tut eben nicht, was dir wichtig gewesen wäre. Nach deiner negativen Bewertung setzt ein unangenehmes Gefühl ein. Erst dieses Gefühl lässt dich spüren, dass etwas nicht stimmt. Deine Bewertung allein hättest du vielleicht übersehen; erst das Gefühl stellt sicher, dass du wachgerüttelt wirst.

Parallel zur internen Ebene, gibt es auch die externe Ebene, die alle beteiligten Parteien wahrnehmen können. Voraussetzung ist volle Achtsamkeit, und daran mangelt es leider oft. Wer hinschaut und hinhört, kann folgende Merkmale wahrnehmen:

Verbale Signale beziehungsweise **das gesprochene oder gelesene Wort** (externe Ebene 1): Zum Beispiel typische Reizformulierungen wie »doch«, »aber«, »schon wieder«, »endlich« oder »nie«. Wenn du diese und ähnliche Formulierungen in bestimmten Kontexten hörst oder liest, kannst du ziemlich sicher sein, dass sich dein Gegenüber im Konflikt befindet (meist ohne es zu wissen).

Paraverbale Signale beziehungsweise **die gehörte Stimme** (externe Ebene 2): Die Stimme ist ein sehr gutes Barometer für aufkommende Konflikte, da sie sich bei vielen Menschen sehr schnell an veränderte Gemütslagen anpasst beziehungsweise diese ausdrückt. So wird sie mal schneller oder langsamer, mal höher oder tiefer, mal lauter oder leiser. Gereizte Stimmlagen sind ein sehr guter Gradmesser für darunterliegende Konflikte, auch wenn es leider keine Patentrezepte hierfür gibt. Denn Stimmen verändern sich individuell sehr unterschiedlich. Entwickle ein feines Gespür für kleineste Änderungen in der Stimme. Achte vor allem auf Tempo, Lautstärke und Schwankungen.

Nonverbale Signale beziehungsweise **die wahrgenommene Körpersprache** (externe Ebene 3): Die Körpersprache ist oft noch aussagekräftiger als die Stimme. Ob Mimik oder Gestik, Menschen senden eine Vielzahl von Konfliktsignalen, und das häufig sogar zeitgleich: Die Stirn in Falten, die Augenbrauen hochgezogen, die Nasenflügel angehoben, Mundwinkel nach unten geneigt. Und als wäre das nicht genug, kommunizieren wir auch noch mit unseren Armen und Händen, die oft ungewollt preisgeben, was wir zu verstecken gedenken. Wie schon bei der Stimme gilt auch bei der Körpersprache: Achte auf kleinste Veränderungen beziehungsweise Abweichungen vom Vertrauten und betrachte diese Wahrnehmungen als Indizien – keine Beweise –, dass sich eine Verstimmung andeuten könnte.

Fassen wir zusammen: Es gibt drei interne und drei externe Ebenen von Konfliktwahrnehmung (siehe Tabelle und Abbildung unten). Während die interne Ebene primär nur jeder bei sich selbst wahrnehmen kann, ist die externe Ebene für alle sichtbar.

Konfliktwahrnehmungsebenen im Überblick

	Wahrnehmung des Selbst	Wahrnehmung des Gegenübers
Interne Ebene (KGS)	Körper Geist Seele	in Ausnahmen: Körper (Nur jene körpersprachlichen Signale, die von außen sichtbar sind, wie zum Beispiel gerötete Gesichtshaut.)
Externe Ebene (VPN)	verbal paraverbal nonverbal	verbal paraverbal nonverbal

Praktisch bedeutet das ... Wenn wir annehmen, dass die sechs Wahrnehmungsebenen auch für dich und dein Umfeld gelten, scheinen drei Strategien sinnvoll:

Der Drei-Drittel-Ansatz

Bislang galt deine Aufmerksamkeit in Gesprächen mit anderen möglicherweise ganz den Worten beziehungsweise der Sache. Mit dem Wissen um die sechs Wahrnehmungsebenen kannst du künftig deine Aufmerksamkeit dreiteilen: Das erste Drittel deiner Aufmerksamkeit bleibt bei deinen Gedanken und Worten. Das zweite Drittel schenkst du den inneren Wahrnehmungsebenen Körper (was spürst du?) und Seele (was fühlst du?) und das dritte Drittel den äußeren Wahrnehmungsebenen Stimme und Körpersprache. Wozu? Weil du auf diese Weise aufkommende Konflikte besser wahrnehmen und unnötige Missverständnisse vermeiden kannst.

Dieser Drei-Drittel-Ansatz ist natürlich nicht mathematisch messbar, sondern nur als Orientierung gedacht. Mit dieser neuen Haltung wirst du sensibel für aufkommende Konfliktpotenziale. Dein neues Motto könnte sein:

»Vom Hardcore-Ich-Sender zur ausgewogenen Sende- und Empfangsstation«. Vielleicht musst du dein Sprechtempo etwas drosseln, doch dafür beugst du vermeidbaren Konflikten vor.

Vorrang von Körper und Stimme

Glaubst du oft, wie viele andere Menschen auch, dass Worte das Wichtigste in der Kommunikation sind? Weit gefehlt. Wissenschaftlich wurde mehrfach bewiesen, dass Stimme und Körpersprache in vielen Situationen wesentlich mehr zur Gesamtbotschaft beitragen als der reine Wortlaut. Die entsprechenden Zahlenwerte sind gravierend. Mehrabian (www.kaaj.com/psych/smorder.html) fand in einer Studie heraus: Worte transportieren manchmal nur 7 Prozent, die Stimme etwa 38 Prozent und die Körpersprache kann bis zu 55 Prozent des Eindrucks ausmachen, den andere von uns bekommen. Vor allem wenn Menschen über ihre Einstellungen oder Gefühle sprechen. Hieraus lässt sich ableiten: Wer eine gute Wahrnehmung für Stimme und Körpersprache hat, hat gute Chancen, sich anbahnende Konflikte frühzeitig wahrzunehmen.

In drei Schritten zu deiner neuen Wahrnehmungskompetenz

Wie kannst du diese wichtige Fähigkeit zur Konfliktprävention systematisch aufbauen? Ich schlage drei Schritte vor. Schritt 1 bezieht sich auf deine Rolle als Empfänger, Schritte 2 und 3 auf deine Rolle als Sender:

Schritt 1: Wenn dein Gegenüber spricht, achte nicht nur auf die verbalen, sondern *auch* auf die paraverbalen und nonverbalen Botschaften

Warum? Weil du dann ein deutlich umfangreicheres Bild von der Gesamtbotschaft deines Gegenübers erhältst. Du glaubst nicht mehr so schnell nur den Worten, sondern schaust beziehungsweise hörst auch dahinter. Damit prüfst du, ob deine anfängliche Deutung tatsächlich stimmt.

Schritt 2: Wenn *du* sprichst, achte ebenso nicht nur auf deine Worte, sondern auch auf deine Stimme und deine Körpersprache

Warum? Weil dir deine paraverbalen und nonverbalen Signale wertvolle Informationen über dich selbst geben können, die dir vielleicht noch gar nicht bewusst sind. Zum Beispiel könnte deine etwas erhöhte Stimme darauf hindeuten, dass du nervös bist, woraufhin du unmittelbar KANALisieren könntest – siehe Kapitel *Abkühlen im KANAL* auf Seite 49 ff.

Schritt 3: Wenn du sprichst, achte du nicht nur auf das externe VPN, sondern *auch* auf das interne KGS

Warum? Weil du dich dann noch selbstreflexiver im Prozess wahrnimmst und schneller gegensteuern kannst, bevor sich Dinge unschön verselbstständigen. Auch hier kann dir der KANAL wieder helfen.

Schön und gut. Es leuchtet dir ein, dass die sechs Wahrnehmungsebenen wichtig sind für die Deeskalation und du bist bereit, ihnen mehr Aufmerksamkeit zu schenken. Was kann dennoch bei der Umsetzung schiefgehen?

Verführung *durch* die Sachebene – keine Lust auf Entschleunigung

Dir ist zwar klar, dass es im Sinne der Konfliktprävention sinnvoll wäre, auf die Wahrnehmungsebenen zu achten, aber du verspürst keine Lust dazu. Warum? Weil es dich bremsen würde. Wenn du die Wahl zwischen »nur Reden« auf der einen Seite und »Reden und Auf-sechs-Wahrnehmungsebenen-achten«, dann ist klar: Das erste geht schön schnell; das zweite kann ewig dauern. Zugunsten der Effizienz also für die Geschwindigkeit und gegen die sechs Wahrnehmungsebenen.

Was jedoch zunächst als Vorteil erscheint, kann sich später leicht als Trugschluss entpuppen: Zwar hast du schnell mitgeteilt, was Sache ist, dafür aber auch den einen oder anderen Konflikt ausgelöst. Oder nicht mitbekommen, dass bereits einer existiert. Und das ist sehr riskant, wie wir im nächsten Kapitel noch sehen werden. Du hast also die Wahl: entweder schnell und riskant Mitteilungen loswerden oder entschleunigt und bewusst durch schwierige Gefilde navigieren. Du wirst selbst entscheiden, was letztlich günstiger ist.

Überforderung

Du bist gewillt, auf alle sechs Wahrnehmungsebenen zu achten, doch du scheiterst. Der Wille war da, doch dein Kommunikationsapparat (noch) zu schwach. Und weil es beim ersten Mal nicht geklappt hat, denkst du: »Das war's. Ohne mich. Ist mir viel zu kompliziert.« Du gibst auf, weil du zu schnell Erfolge erwartet hast.

Sei gnädig mit dir. Und hartnäckig. Gelassen-zuversichtlich-hartnäckig. Es braucht nur Übung. Tägliche Übung. Immer wieder innehalten und hinschauen. Weg vom bloßen Senden und der Wortfixierung, hin zu einem ausgewogenen Miteinander von Senden und Empfangen sowie ein Blick auf externe und interne Signale. Alles machbar, wenn der Wille da ist.

Verwirrung bei widersprüchlichen Signalen

Weder lässt du dich von der Sachebene verführen noch erlebst du eine Überforderung. Du bist einfach nur verwirrt. Das, was du hörst, passt einfach nicht zu dem, was du siehst: Die Worte passen nicht zur Stimme, die Stimme passt nicht zur Körpersprache, und die Körpersprache passt nicht zu den Worten. Wie sollst du da verstehen, was beim anderen los ist? Statt dranzubleiben, gibst du auf.

Wenn du solch widersprüchliche Botschaften wahrnimmst, hake höflich-offensiv nach. Sprich an, was du gehört und gesehen hast. Bring dein Gegenüber dazu, klarer und eindeutiger zu kommunizieren. Lass nicht locker, bis verbale, nonverbale und paraverbale Ebenen zueinander passen. Du gehst dem anderen damit vielleicht auf den Geist. Doch vielleicht ist das genau der Weg, den du zu gehen hast, um am Ende weniger rätseln zu müssen. Deine Freundschaft beziehungsweise Bekanntschaft wird das aushalten.

Fehldeutungen

Du hast alles richtiggemacht – kein Widerwille, keine Überforderung, keine Verwirrung. Doch du hast etwas missverständlich interpretiert. Dein Gegenüber hat die Arme verschränkt, und du denkst: »Aha, der geht gerade in den Widerstand!« Dabei hat er es sich nur bequem gemacht, wie du später rausfindest. Hättest du nichts Falsches hineininterpretiert, hätte die Unterhaltung einen guten Verlauf genommen. So aber hast du sie unnötig verkompliziert. Und du entscheidest dich, künftig noch weniger auf die Wahrnehmungsebenen zu achten, wobei du bei Risiko-Nummer 1 angekommen wärst.

Trotz all dieser Risiken, bleibt festzuhalten: Der Blick auf die Wahrnehmungsebenen lohnt sich, denn er liefert wertvolle Informationen über das, was unter der sichtbaren Oberfläche verborgen sein könnte. Bertolt Brecht hat mal gesagt: »Wer kämpft, kann verlieren. Wer nicht kämpft, hat schon verloren.« Übertragen auf die sechs Wahrnehmungsebenen können wir formulieren: Wer versucht hinzuschauen, kann verlieren, im Sinne von »sich irren«. Wer bewusst nicht hinschaut, hat schon verloren, im Sinne von »vorsätzliche Ignoranz« und damit Einwilligung in Konflikte.

Du nimmst mit ... Konflikte lassen sich auf bis zu sechs Ebenen wahrnehmen. Drei Ebenen sind intern beobachtbar (Körper Geist und Seele – KGS), die anderen drei extern (verbal, paraverbal, nonverbal – VPN). Die sechs Wahrnehmungsebenen sind keine Zauberei. In deinen ersten Lebensjahren hast du sie alle gelernt, es gilt jetzt nur, sie wieder zu entdecken. Es geht primär nicht um deine Fähigkeit. Es geht primär um deinen Willen, sich dieser Aufgabe zu stellen. Weil die Arbeit sich lohnt, wirst du sie wahrscheinlich angehen.

Wenn wir über Konfliktwahrnehmung sprechen, sollten wir auch über Konfliktdynamiken sprechen, denn auch sie haben viel mit Wahrnehmung zu tun. Wie wir im nächsten Kapitel sehen werden, können Konflikte je nach Ausprägungsform bestimmten Phasen beziehungsweise Eskalationsstufen zugeordnet werden. Und wie wir auch sehen werden: Je fortgeschrittener ein Konflikt, desto schwieriger ist es, ihn zu bewältigen.

4.3 Störungen bewusst wahrnehmen: Neun Eskalationsstufen

Stell dir vor ... Du sitzt – mal wieder – im Meeting. Eine Welt ohne Besprechungen, denkst du dir manchmal, das wäre was Feines. Dann könntest du ja mal richtig arbeiten. Aber nein, die Firma hat entschieden: Regelmäßiger Austausch im Team ist wichtig und richtig. Heute also das neunte Meeting der Woche, und Kollege Stefan ist mal wieder in Höchstform: Dieses Hölzchen und jenes Stöckchen, einmal von vorn, einmal von hinten betrachtet und am Ende noch ein kleines Schleifchen drum herum. Redundanz hoch drei. Und niemand sagt was. Effektivität geht anders, Effizienz auch. Der Typ klaut dir deine Zeit. Er spricht in dein Ohr, was dein Ohr nicht hören will: Nebensächliches, Kleinteiliges, Verwirrendes.

Es kotzt dich an. Ja, es kotzt dich richtig an. Am liebsten würdest du mit der Faust auf den Tisch hauen. Aber das tust du natürlich nicht. Du hast Angst vor den beruflichen Konsequenzen.

Logisch. Doch auch deine Untätigkeit hat Folgen: Sie lässt deinen Ärger kontinuierlich ansteigen. So weit, dass du glaubst jeden Moment vor Wut zu platzen. Kollege Stefan hat davon natürlich keine Ahnung und redet und redet, dass es dich geradezu körperlich schmerzt. »Lange wird das nicht mehr gut gehen«, sagst du dir. – Da endlich: die ersehnte Pause. Du ergreifst sofort die Gelegenheit für ein privates Gespräch mit Nora. Sie denkt ähnlich über Stefan, das weißt du genau. Und schon geht's los. Du lästerst, was das Zeug hält, und sie nickt und feuert dich an. Du spürst Freude und Erleichterung, denn geteiltes Leid ist halbes Leid. Du genießt die gemeinsame Hetze gegen den abwesenden Kollegen, auch wenn du vielleicht ganz leise so etwas wie Scham spürst. Trotzdem: Jetzt gerade tut es einfach gut und musste sein. Lästern als Ärger-Entladung. Was ist schon dabei? Doch dann die nächste Woche, das nächste Meeting. Stefan gibt wie immer alles. Und du verwandelst dich erneut in Darth Vader, suchst den Blick von Nora, hoffst auf Entlastung. Jedes Mal das gleiche Spiel.

Irgendwann hast du genug. Es kickt dich nicht mehr. Das bloße Lästern kann dich nicht mehr entlasten. Steigst du aus? – Nein, im Gegenteil: Du brauchst mehr. Wie ein Junkie, der die Dosis erhöhen muss, eskalierst du, ohne es zu merken. Eben noch im Stillen mit der Kollegin gelästert, beginnst du nun mit dem Bloßstellen. Denn jetzt möchtest du Stefan kränken. Und zwar vor allen. Also endlich raus damit in der Teamsitzung, was bisher nur Nora hören durfte: »Sag mal, Stefan, wirst du hier eigentlich nach der Länge deiner Redebeiträge bezahlt?«

Und damit hast du den Konflikt von Stufe 4 auf Stufe 5 angehoben. Bei insgesamt neun Eskalationsstufen ist das schon ganz beträchtlich. Was auf den einzelnen Stufen passiert und warum es wichtig ist, die innewohnende Dynamik von Konflikten zu kennen, erfährst du im nächsten Kapitel.

Theoretisch heißt das ... Was sind Eskalationsstufen? Nach der Theorie des Organisations- und Konfliktforschers Friedrich Glasl, der 2017 mit dem Life Achievement Award der Weiterbildungsbranche für sein Schaffen ausgezeichnet wurde, können Konflikte bis zu neun Eskalationsstufen durchlaufen (Glasl 2002). Was als Verhärtung oft unbemerkt beginnt, kann sich so weit steigern, bis schließlich alle Beteiligten gemeinsam in den Abgrund stürzen. Aus einer harmlosen Interessenkollision kann ein handfester Krieg werden, den die Beteiligten bis zur Vernichtung des Gegenübers zu betreiben suchen. Diese typischerweise in jedem Konflikt lauernde Dynamik ist auch mit ein Grund dafür, warum geschäftliche wie private Partnerschaften scheitern, obgleich dieses zu Beginn der Auseinandersetzungen von keiner Seite gewollt worden ist. Wie es dazu kommt, zeigt die folgende Aufschlüsselung.

Die neun Eskalationsstufen im Überblick (nach Glasl)

Stufe 1: Verhärtung

Aufeinanderprallen unterschiedlicher Meinungen oder Verhaltensweisen.
Beispiel: Andrea bemerkt, dass Nandor nicht (mehr) grüßt oder E-Mails nicht mehr weiterleitet.

Stufe 2: Debatte und Polemik

Sichtbarwerden des Konflikts (offene Streits).
Beispiel: Bettina: »Was fällt dir ein?«; Markus: »Stell dich nicht so an!«

Stufe 3: Taten statt Worte

Rückzug der Beteiligten, die ihr Ding durchziehen, ohne miteinander zu reden.
Beispiel: Bernd verschränkt die Arme und beschließt, nichts mehr zu sagen. Edda verlässt daraufhin lautstark den Raum.

Stufe 4: Sorge um Image und Koalition

Suche nach Verbündeten und Hineinziehen von Dritten (Allianzen).
Beispiel: Thorsten beschwert sich über Annika beim Schulleiter; Annika über Thorsten beim Elternabend.

Stufe 5: Gesichtsverlust

(Öffentliches) Bloßstellen der Gegenseite durch Übergriffe aller Art (Vorwürfe, Provokationen etc.).
Beispiel: Toni schaut demonstrativ auf die Uhr, als Mona zu spät zur Besprechung eintrifft. Mona ahmt Tonis verlegenen Gesichtsausdruck nach.

Stufe 6: Drohstrategien

Drohungen mit drastischen Konsequenzen.
Beispiel: Walter kündigt an, nicht mehr an Meetings teilzunehmen, wenn Evi ihn noch einmal unterbricht; Evi droht an, sich beim Personalrat über Walter wegen Mobbing zu beschweren.

Stufe 7: Begrenzte Vernichtungsschläge

Erste Zerstörungsaktionen zur Ausschaltung des anderen.
Beispiel: Jenny klaut oder löscht Unterrichtsmaterialien von Christian; Christian schlitzt die Reifen von Jennys Auto auf.

Stufe 8: Zersplitterung

Vernichtungsaktionen, um die Gegenpartei zu erledigen.
Beispiel: Aneta sendet Drohbriefe an Klaus und macht Telefonterror.

Stufe 9: Gemeinsam in den Abgrund

Finale Vernichtungsschläge – auch zum Preis der Selbstvernichtung.
Beispiel: Die Beteiligten führen lange, teure Gerichtsprozesse.

Bei seiner Untersuchung von Konfliktdynamiken hat Glasl folgende grundlegenden Dynamiken beobachtet:

- Konflikte haben die Tendenz zu eskalieren (von 1 nach 9).
- Nicht alle Konflikte durchlaufen alle Phasen, und nicht alle Phasen sind immer voneinander trennbar.
- Elemente der früheren Phasen können auch in späteren Phasen auftauchen.

- Beteiligte Parteien können sich auf unterschiedlichen Ebenen befinden.
- Je weiter der Konflikt eskaliert, desto schwieriger ist es, ihn zu lösen (Stufen 1 bis 3: win-win; Stufen 4 bis 6: win-lose; Stufen 7 bis 9: lose-lose)

Wenn du dir das Durchlaufen aller neun Stufen an einem konkreten Beispiel betrachten möchtest und gerne Filme schaust, dann empfehle ich dir die Beziehungsdramen *Der Rosenkrieg* und *Gott des Gemetzels*.

Praktisch bedeutet das … Ich habe vier Anregungen für dich, wie du an deinen Wahrnehmungen, deinem Denken und deinem Verhalten arbeiten kannst:

Nimm die Lupe, nicht das Fernglas

Schule deinen Blick für Konfliktpotenziale. Egal, welche Rolle du gerade innehast, ob Moderator, Beobachter, Entwickler oder Umsetzer, sei immer auch Konfliktvorbeuger. Stell deine Antennen auf Empfang für alle erdenklichen Konfliktmerkmale, die dir das vorherige Kapitel vorgestellt hat. Behalte jederzeit die sechs Merkmale im Auge: die drei inneren (Worte, Stimme, Körpersprache), genauso wie die drei äußeren (Körper, Geist und Seele). Denn nur wenn du dich auf alle sechs Ebenen geeicht hast, kannst du sich anbahnende Konflikte in frühen Phasen wahrnehmen und ihnen entgegensteuern.

Benutze also Lupe, statt Fernglas, und mach es dir zur Aufgabe, schon die kleinsten Anzeichen von Unstimmigkeiten, Interessenskollisionen oder Antipathien zu erfassen.

Erkenne Lästern als Wendepunkt und Schwelle zum Destruktiven

Die ersten drei Stufen der Konflikteskalation, also Verhärtung, Debatte und Polemik sowie Taten statt Worte, sind noch nicht weiter kritisch und meist unvermeidbar. Denn da, wo Menschen zusammentreffen, kommt es früher oder später zwangsläufig zu Differenzen, und wo Unterschiede auftreten, gibt es Konflikte. Ob »Verhärtung« als Stufe 1, »Debatten und Polemik« als Stufe 2 oder »Taten statt Worte« als Stufe 3 – die Erscheinungsformen ähneln sich und sind nicht weiter tragisch. Gruppen können sich aus diesen Phasen in der Regel selbst befreien und wieder zu einem offenen, wertschätzenden und konstruktiven Miteinander zurückkehren.

Anders verhält es sich, wenn ein Konflikt bereits Stufe 4 erreicht hat, die Suche nach Allianzen und Koalitionen, wie im Fallbeispiel oben. Ab dieser Phase beginnt häufig eine gewisse Sog-Wirkung, hin zu den sich anschließenden höheren Stufen. Insofern kommt dieser vierten Phasen meines Erachtens eine besondere Bedeutung zu. Betrachte sie wie eine gefährliche Schwelle. Wer sie überschreitet, wird nur schwer zu den vergleichsweise harmlosen Stufen eins bis drei zurückkehren können. Wenn überhaupt. Viel wahrscheinlicher ist eine kontinuierliche Steigerung des Konflikts. Viele Menschen neigen zu einem Automatismus, einen Konflikt auf die Spitze zu treiben, wenn erst einmal die Stufen vier bis sechs erreicht sind (Stufe 4 »Suche nach Allianzen und Koalitionen«, Stufe 5 »Bloßstellungen«, Stufe 6 »Drohungen«).

Wann immer du also hinter ihrem Rücken schlecht über andere redest, sei dir bewusst, dass du ein riskantes Feld betrittst. Und umgekehrt: Wann immer jemand dein Ohr für sein Lästern nutzen möchte, überlege gut, ob du es ihm anbietest. Denn zum Lästern gehören immer mindestens zwei Personen. Also: Stell dir vor, es gibt ein Läster-Angebot, und keiner nimmt es an. Du hast die Wahl.

Verfolge gnadenlos den Grundsatz »Störungen haben Vorrang«

Dieser Grundsatz entstammt der *Themenzentrierten Interaktion* nach Ruth Cohn und anderen (www.ruth-cohn-institute.org/tzi-konzept.html). Stell dir vor, du sitzt mit deinen Kollegen in einem Workshop und spürst aufkommende Verstimmungen. Jetzt liegt es an dir: Hälts du die Klappe oder bringst du den Mut auf, deine Beobachtungen und Empfindungen offen anzusprechen? Eine schwierige Entscheidung. Wenn du dich für den ehrenhaften zweiten Weg entscheidest, wirst du dir nicht nur Freunde machen. Im Gegenteil. Denn wer aus der Gruppe wird es wohl begrüßen, die Sachebene zu verlassen, um auf der Beziehungsebene schwer greifbare Verstimmungen zu klären? Es passt nicht in unsere Leistungsgesellschaft, die Leitbilder Effektivität und Effizienz einfach über Bord zu schmeißen, nur weil jemand sich gerade nicht so gut fühlt. Das Leben ist schließlich kein Ponyhof.

In den meisten Fällen wirst du mit deinem Ich-möchte-mal-was-zur-Gruppenatmosphäre-sagen alleine sein. Und weil du wahrscheinlich keine Lust auf Ablehnung hast, wirst du vielleicht klein beigeben und eine innere Stimme in dir wird deine Sorge vor Eskalation unterdrücken. Verständlich. Einerseits.

Andererseits: Wie steht's mit deiner Verantwortung? Ich möchte dich darin bestärken, die erwachsene Aufrichtigkeit zu wählen und anzusprechen, was du beobachtest hast. Vielleicht danken es dir manche gleich, andere vielleicht später – und womöglich auch niemand jemals. Was dir jedoch keiner nehmen kann, ist deine Integrität, in einem wichtigen Moment Verantwortung für die Gruppe übernommen zu haben und etwas Unpopuläres, aber Erfolgskritisches eingebracht zu haben.

Es geht in diesen heiklen Momenten nur vordergründig um dich und deine Anerkennung und Wertschätzung. Viel entscheidender ist aus meiner Sicht: Beuge höhere Eskalationsstufen vor und damit zugleich dauerhaften Zerwürfnissen in der Gruppe. Denn sind das bleibende Wohlergehen und – vor allem – die Arbeitsfähigkeit der Gruppe nicht wichtiger als der vorübergehende Verzicht auf Anerkennung? Wenn du dein Ego hintanstellen und das größere Ganze sehen kannst, dann gib Gas und überwinde dich. Der Stolz über deinen Mut und deine Unabhängigkeit wartet als Belohnung. Früher oder später. Und noch etwas wartet auf dich: Dein Selbstbewusstsein wird gestärkt, wenn du beobachten kannst, dass du auch so subtile und komplexe Prozesse, wie Gruppenprozesse und Teamentwicklungen, beeinflussen kannst. Du kannst also abwägen, was für dich besser ist: die kurzfristige Befriedigung des Bedürfnisses nach Anerkennung oder die langfristige Befriedigung des Bedürfnisses nach Leistung und Wirksamkeit des eigenen Handelns.

Lass das Kind nicht in den Brunnen fallen

Neben dem Ob gibt es auch die Frage nach dem Wann, dem passenden Moment. Denn Störungen irgendwann mal anzusprechen, reicht leider nicht. Sprich sie so früh wie möglich an. Getreu dem Motto: »Wehret den Anfängen«. Denn je später du ein Stopp-Zeichen sendest, desto schwieriger wird die Klärung. Und manchmal wird es sogar zu spät sein. Denn nicht alles, was zu Bruch gegangen ist, kann wieder repariert werden. Es ist wie beim Braten im Ofen: Wenn du das erste leise Zischen und den ersten zarten Qualm ignorierst, kann es schnell vorbei sein mit dem uppigen Abendessen. Denn was einmal verbrannt ist, kann nicht mehr entbrannt werden. Ein Zu-früh kann es nicht geben, ein Zu-spät schon.

Du nimmst mit ... In diesem Kapitel hast du gelernt, dass selbst die kleinsten Verstimmungen das Potenzial zu größeren Zerwürfnissen haben. Wenn du akzeptierst, dass jedem noch so kleinen Konflikt eine Eskalationsdynamik innewohnt, wirst du jede noch so kleine Störung ernst nehmen. Beschwichtigende Äußerungen wie »nicht so schlimm« oder »der wird sich schon wieder einkriegen« gehören dann deiner Vergangenheit an. Du hast die neun Eskalationsstufen nach Glasl kennengelernt, die dir noch einmal verdeutlicht haben, wie wichtig es ist, in Auseinandersetzungen und Konflikten zunächst die eigenen inneren Prozesse zu deregulieren. Wenn wir Emotionen und Stimmungen freien Lauf lassen, dann blockieren wir nicht nur unser Denken, wir laufen auch in Gefahr, dass kleine Probleme aus dem Ruder laufen und sich zu großen, existenziellen Problemen auswachsen. Du hast als Hilfsmittel zur eigenen Verhaltenssteuerung zunächst den KANAL kennengelernt, der dir hilft, dich schlagartig zu beruhigen und ein Minimum an Gelassenheit zurückzuerlangen. Wir haben uns dann die sechs Wahrnehmungsebenen angeschaut, damit du ein gutes Auge und ein wachsames Ohr für sich anbahnende Konflikte bekommst. Und mit dem Verständnis der innewohnenden Konfliktdynamiken bist du sensibilisiert für die Notwendigkeit, auftauchende Verstimmungen so früh wie möglich wahrzunehmen und ihnen entgegenzusteuern.

Im Anti-Ärger-Modell (AÄM) folgt jetzt Phase 2, das Analysieren. Um genau zu sein: Während du in Phase 1 KANALisierst, kannst du gedanklich schon in Phase 2 wechseln und die Hintergründe der Konfliktentstehung begreifen. Wir werden gleich sehen, dass jeder Konflikt immer eine oder mehrere von acht möglichen Konfliktursachen hat.

5.
Analysieren (Phase 2): Verstehen, was vorgefallen ist

2. Analysieren

Verstehen, was vorgefallen ist

ZIELKONFLIKTE
Das Was

METHODENKONFLIKTE
Das Wie

ROLLENKONFLIKTE
Das Wer

RESSOURCENKONFLIKTE
Das Womit

BEDÜRFNISKONFLIKTE
Die Motive

GLAUBENSSATZKONFLIKTE
Die Annahmen

HALTUNGSKONFLIKTE
Der Status

KOMMUNIKATIONSKONFLIKTE
Die Reizformulierungen

In Phase 1 des Anti-Ärger-Modells (AÄM) hast du erfolgreich deeskaliert, indem du zu innerer Ruhe zurückgefunden hast. Du hast dort insgesamt drei neue Strategien kennengelernt:

- fünf Körpertechniken (KANAL)
- sechs Konfliktmerkmale (innerlich und äußerlich)
- neun Eskalationsstufen (von leichter Verstimmung bis hin zu totaler Zerstörung)

Nun möchtest du wahrscheinlich gern erfahren, wie und wann du Paroli bieten darfst. Denn gelassene Deeskalation soll kein Selbstzweck sein, sondern nur der erste Schritt zu mehr eigener Wirkung. Doch auf ein entschiedenes Auftreten im Außen solltest du noch verzichten. Auch in der zweiten Phase des Anti-Ärger-Modells steht weitere Arbeit mit unserem inneren Selbst an. Beim Umgang mit Ärger ist es wie beim Erlernen des Autofahrens. Wer sich beim Fahren nicht an die Reihenfolge Kuppeln, Gang einlegen und Gas geben hält, der bekommt einen unschönen Gruß vom Getriebe. Wer aus Ungeduld die Reihenfolge der Phasen im Anti-Ärger-Modell vertauscht, darf sich nicht wundern, wenn der Erfolg ausbleibt.

In der Phase 2, dem Analysieren, kommst du dem Konflikt näher, indem du dich mit der Konfliktursache beschäftigst. Allein ihre Kenntnis mindert dein Unbehagen, und du hast bessere Voraussetzungen, in den anschließenden Phasen den Konflikt auch zu bewältigen. Du wirst dich also mit Fragen beschäftigen wie: Was genau stört dich am Verhalten des anderen? Was fehlt dir in Bezug auf dein Gegenüber?

Auch hier in Phase 2 heißt es weiterhin: Ruhe bewahren und erst einmal akzeptieren, was ist. Nicht in blinden Aktionismus verfallen und draufhauen, sondern genau hinsehen. Denn deine Aufgabe ist es jetzt, zu verstehen, was sich zugetragen hat. Und damit ist es ein Blick in die Vergangenheit, in die Konfliktentstehung. Es ist die Frage nach dem Warum.

Du lernst im Folgenden acht typische Konfliktursachen kennen, die teilweise miteinander verwoben sind und sich dadurch oft nicht so leicht erkennen lassen. Wir schauen sie uns zunächst einzeln an, und betrachten sie anschließend auch in ihrem Zusammenspiel beziehungsweise ihrer Abgrenzung. Um es noch einmal zu betonen: Ziel in dieser Phase ist es noch nicht, den Konflikt zu lösen. Ziel ist es lediglich, die Gründe seiner Entstehung zu verstehen.

Es kann gut sein, dass du bei der Umsetzung im Alltag bei allen acht Ursachen mit bestimmten Widerständen konfrontiert wirst. Zwei möchte ich an dieser Stelle bereits erwähnen:

Widerwille zur Entschleunigung

Die größte Gefahr ist, dass du dir fürs Analysieren keine Zeit nimmst. Warum auch? Dein Gegenüber nervt gerade extrem – und du sollst stillhalten? Erst aufwendig deeskalieren (Phase 1, siehe Kapitel 4) und dir nun auch noch überlegen, welche von acht Ursachen infrage kommen? Geht's noch?

Dir ist jetzt eher nach Lautwerden, Rumbrüllen, Lospoltern. Bei dem Ärger, der gerade in dir wütet. Verständlich. Und wenn du diesen Reflexen nachgibst, handelst du nur allzu menschlich. Doch menschlich zu handeln ist nicht immer schlau. Um nicht zu sagen: manchmal sogar recht dumm. Wie oft hast du schon gedacht: »Oh je, hätte ich das mal lieber (so) nicht gesagt.«

Nimm dir also im Streitfall ein paar Sekunden. Betrachte sie nicht als lästige Zeitverschwendung, sondern als intelligente Risikominimierung. Wenn es dir gelingt zu entschleunigen, lernst du dich selbst besser kennen und erfährst, worum es wirklich geht. Und dieser Erkenntnisgewinn trägt dich auch durch die nächsten Phasen des Anti-Ärger-Modells. Deeskalieren und Analysieren – mehr gibt es gerade nicht zu tun. Hast du dafür vier bis fünf Sekunden Zeit?

Angst vor Zeitdruck

Du fragst dich jetzt vielleicht: »Wie um alles in der Welt soll ich in vier bis fünf Sekunden das gesamte Programm der beiden Phasen Deeskalieren und Analysieren durchspielen?« – Ja, du hast recht, zu Beginn wirst du wohl länger brauchen. Doch wenn dich das nicht abschreckt und du dranbleibst, also konsequent bei jedem Konfliktangebot diese beiden eher langsamen und stillen Phasen durchläufst, wirst du feststellen, wie schnell sich deine Wahrnehmung und dein Verstehen verbessern. Es ist wie im Sport oder beim Erlernen einer Fremdsprache: Regelmäßiges Üben führt zum Erfolg. Und Konflikte werden dir ja von morgens bis abends genug angeboten. Es gibt also reichlich Gelegenheit.

Bevor wir uns nun den acht Konfliktursachen zuwenden, noch zwei wichtige Infos vorab:

Ich habe ein recht alltägliches Beispiel gewählt: Ein Pärchen hat gerade zu Mittag gegessen und streitet nun über das Geschirr. Genauer: Was damit zu machen ist. Diese vergleichsweise einfache Alltagssituation eignet sich prima für die Vermittlung der acht Konfliktursachen. Mein Ziel ist es, dir an stets demselben nachvollziehbaren Beispiel alle acht Ursachen aufzuzeigen, damit dir die jeweiligen Unterschiede schnell einleuchten.

Die eine oder andere Konfliktbeschreibung kann dennoch etwas konstruiert wirken. Möglicherweise ist dir Ähnliches noch nie passiert und du denkst: »Was ist denn das für ein Quatsch mit Soße? So verhält sich doch niemand.« Dieser Einwand ist sicher nicht ganz von der Hand zu weisen. Doch es geht hier nicht allein um Realitätsnähe, sondern vor allem um deine (zukünftige) Differenzierungskompetenz. Deshalb lautet meine Bitte an dich: Lass gedanklich sämtliche Konstellationen zu und achte besonders auf die feinen konzeptionellen Unterschiede zwischen den acht Konfliktursachen. Dann fällt es dir später leichter, dieses profane Beispiel aus dem Alltag auf alle noch so komplexen Zusammenhänge zu übertragen. Denn das ist die Hauptaufgabe des Küchenbeispiels: Alle acht Konfliktursachen klar abgrenzbar voneinander aufzuzeigen und sie auf alle möglichen Fallstricke des beruflichen und privaten Alltags übertragbar zu machen.

5.1 Zielkonflikte: Das Was

Stell dir vor … Dein Partner und du beim Mittagessen zu Hause. Essen war gut, Bauch ist voll. Friede, Freude, Eierkuchen. Doch nach dem Essen ist vor dem Essen. Und vor euch steht das dreckige Geschirr.

Wahrscheinlich würden die meisten Menschen mit dir übereinstimmen und das Geschirr abwaschen wollen, ob im Spülbecken oder mittels der Spülmaschine (aber dazu kommen wir erst im nächsten Kapitel). Nicht so dein Gegenüber. Er hadert offensichtlich schon länger mit dem Geschirr, und du musst dir Folgendes anhören: »Weißt du, Schatz, ich wollte es schon längst mal ansprechen, dieses Geschirr finde ich einfach nicht mehr schön. Lass es uns doch einfach hier und jetzt entsorgen. Dann kaufen wir uns ein komplett neues Service, und du darfst es auch aussuchen. Hauptsache dieses schreckliche Sammelsurium verschwindet. Wäre das okay für dich?«

Ganz bestimmt nicht! Du glaubst deinen Ohren nicht zu trauen. Unfassbar. Ist doch egal, wie die Teller aussehen und wie alt die sind. Die haben doch nur die Funktion, dass die Tischdecke unterm Essen nicht dreckig wird. Einfach wegschmeißen? Was für eine schwachsinnige Idee. Und ehe ihr euch verseht, seid ihr mitten im Konflikt. Genauer: in einem Zielkonflikt.

Theoretisch heißt das ... Im obigen Beispiel haben zwei Personen unterschiedliche Wünsche: Der eine möchte, dass das (alte) Geschirr bald wieder sauber im Schrank steht. Die andere möchte es endlich in den Mülleimer befördern. Es gibt also unterschiedliche Vorstellungen von der Zukunft, wie sie im Idealfall sein sollte. Halten wir fest:

Ziel = erwünschter Zustand in der Zukunft

Wenn wir uns diese Definition genauer anschauen, fallen drei Elemente auf:

- Ein Ziel liegt immer in der Zukunft.
- Ein Ziel ist ein Zustand, kein Prozess.
- Ein Ziel ist erwünscht: Es ist die gewollte Veränderung.

Ziele führen dann zu einem Konflikt, wenn sie nicht vereinbar sind, wenn sie sich also ausschließen. Wenn die erwünschten Zustände nicht zeitgleich eintreten können, tritt eine Konkurrenzsituation ein. In unserem Fall: entweder abwaschen oder wegwerfen. Beides geht nicht. Ein Kompromiss hilft hier kaum: Die Hälfte abzuwaschen und die Hälfte neu einzukaufen wäre gleichbedeutend, dass beide ihr Ziel zwar zur Hälfte erreichen, zur Hälfte aber eben auch verfehlen. Die folgende Tabelle nennt fünf weitere Beispiele für Zielkonflikte.

Fünf beispielhafte Zielkonflikte

Themenfeld	Ich will ...	Du willst ...
Aufstehen	vom Wecker geweckt werden und neben dir schlafen.	nicht vom Wecker geweckt werden und neben mir schlafen, aber ohne Ohropax.
Fußball	auf Sieg spielen.	auf Unentschieden spielen.
Kindererziehung	maximal drei Sachen auf dem Fußboden unseres Sohnes zulassen.	keine Sachen auf dem Fußboden unseres Sohnes zulassen.
Unternehmens-entwicklung	Produkt A intensiver vermarkten.	ein neues Produkt entwickeln.
Betriebsausflug	nach Berlin.	nach Brandenburg.

Praktisch bedeutet das ... Es gibt also Zielkonflikte. Doch was heißt dieses neue Wissen für deine Kompetenz, im Alltag Konflikte zu bewältigen? Und welche Stolpersteine drohen? Ich habe drei Anregungen für dich:

Anregung 1: Begnüge dich mit dem Erkenntnisgewinn

Wenn du feststellst, dass sich dein Ziel nicht mit dem deines Gegenübers vereinbaren lässt, begrüße diesen zunächst bescheidenen Erkenntnisgewinn. Und freue dich, dass du damit schon einen Schritt weiter bist. Bisher wusstest du nur, dass es ein Konflikt ist, wenn überhaupt. Jetzt weißt du, wieso er eingetreten ist. Bedenke: Es geht in dieser zweiten Phase noch nicht darum, den Konflikt zu bewältigen, sondern lediglich ihn zu verstehen. Nimm es als Entlastung – zunächst einmal musst du gar nicht mehr tun als hinschauen und erkennen. Es geht lediglich um Klarheit und Transparenz. Mehr nicht. Denn Klarheit bildet die wesentliche Voraussetzung für die späteren drei Phasen. Dies gilt für alle nachfolgenden Konfliktursachen gleichermaßen.

Anregung 2: Verwechsle nicht Ziele mit Bedürfnissen

Wie du in Kapitel 5.5 noch sehen wirst, spielen Bedürfnisse eine sehr große Rolle bei der Konfliktentstehung. Bedürfnisse sind schwerer erkennbar als Ziele, weil sie meist unsichtbar sind. Konzentriere dich zu diesem Zeitpunkt der Konfliktanalyse allein auf das sichtbare Ziel, um die Aufgabe überschaubar zu halten. Gehe also Schritt für Schritt vor. Die Suche nach dem Bedürfniskonflikt kommt später.

Anregung 3: Frag dich, welche andere Ursache er haben könnte, falls es kein Zielkonflikt ist

Wenn es einen Konflikt gibt, den nicht unterschiedliche Zielvorstellungen begründen, muss ein anderer Grund vorliegen. Prüfe deshalb, welche der in den nachfolgenden Kapiteln genannten Ursachen verantwortlich ist. Wenn du sie identifiziert hast, begrüße auch diesen Erkenntnisgewinn. Es geht – das weißt du ja mittlerweile – in der Phase der Analyse um die Einsicht, wieso der Konflikt eingetreten ist. Um nichts anderes. Begehe nicht den Fehler, diesen wichtigen Schritt herunterzuspielen. Dieser Erkenntnisgewinn über die Entwicklung des Konflikts ist – und das werden wir im weiteren Verlauf noch sehen – eine entscheidende Voraussetzung für die späteren Schritte bei der Konfliktbewältigung. Auch dies gilt für alle nachfolgenden Konfliktursachen genauso.

Du nimmst mit ... Zielkonflikte liegen dann vor, wenn Menschen andere Vorstellungen vom erwünschten Zustand in der Zukunft haben und wenn mindestens eine beteiligte Person diesen Unterschied als Benachteiligung wahrnimmt.

Wenn wir über Zielkonflikte sprechen, sind Methodenkonflikte nicht weit. Um sie geht es im nächsten Kapitel. Denn selbst wenn sich das Paar (aus dem Beispiel oben) beim Ziel einig ist, können beide unterschiedliche Vorstellungen haben, wie dieses Ziel erreicht werden soll. Den Unterschied zwischen Ziel und Methode klären wir ebenfalls im folgenden Kapitel.

5.2 Methodenkonflikte: Das Wie

Stell dir vor ... Neuer Tag, neuer Streit! Gestern noch die Frage: abwaschen oder wegwerfen? Heute dagegen ist alles klar: Das Geschirr soll nach dem Essen gespült werden. Doch schon gibt es das nächste Konfliktangebot, denn in der Küche gibt es zwei konkurrierende Methoden, dreckiges Geschirr zu reinigen. Links die Spülmaschine, rechts das Spülbecken. Du schaust nach links, denn du bevorzugst die Spülmaschine. Dann dein sorgenvoller Blick zum Partner. Und tatsächlich, sein Blick geht nach rechts, denn er bevorzugt das Spülbecken. Und du spürst: Das war es jetzt wohl mit der Konfliktfreiheit. Gerade noch den Zielkonflikt von gestern vermieden, heißt es jetzt: Willkommen im Methodenkonflikt.

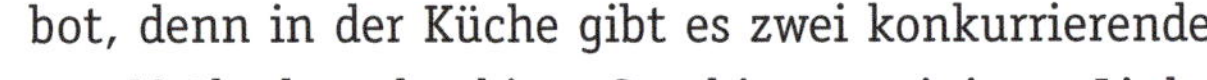

Theoretisch heißt das ... Zwei Personen möchten dasselbe Ziel erreichen, bevorzugen aber unterschiedliche Wege. Ob Spülmaschine oder Spülbecken, beide Ansätze sind geeignet, am Ende sauberes Geschirr zu haben. Wenn sich die beteiligten Akteure bei der Wahl des Weges jedoch nicht einigen können, entsteht ein Methodenkonflikt. Alternative Begriffe zu Methode wären Weg, Instrument, Strategie oder auch Mittel (zum Zweck).

Die folgende Tabelle nennt fünf weitere Beispiele für Methodenkonflikte, ausgehend von den Themenfeldern, die bereits im Kapitel Zielkonflikte gewählt wurden:

Fünf beispielhafte Methodenkonflikte

Themenfeld	Ich will ...	Du willst ...
Aufstehen	uns mit der Wecker-App der Smartphones wecken lassen.	die analogen Wecker.
Fußball	mit der Dreierkette auf Sieg spielen.	dasselbe – aber mit der Viererkette.
Kindererziehung	unserem Sohn mitteilen, welche Ordnung wir uns in seinem Zimmer wünschen.	ihn erst mal fragen und mit ihm gemeinsam eine Lösung suchen.
Unternehmens-entwicklung	beim Marketing mehr auf klassische Werbung setzen.	mehr auf Social Media vertrauen.
Betriebsausflug	mit der Bahn anreisen.	mit dem Bus fahren.

Praktisch bedeutet das ... Betrachte einen Methodenkonflikt als Ansporn, nach neuen Wegen zu suchen, von denen sich manche erst nach mühevoller Suche zu erkennen geben. Gib also nicht zu schnell auf und denke auch mal quer. Es mag sein, dass es keinen akzeptablen Weg für alle Beteiligten gibt, aber solange du nicht gesucht hast, kannst du nicht sicher sein, ob es nicht doch eine Lösung gegeben hätte.

Auch die Unterscheidung zwischen Ziel- und Methodenkonflikt ist wichtig. Warum? Wer nicht unterscheiden kann, ist nicht in der Lage zu differenzieren. Und wer nicht differenzieren kann, ist nicht in der Lage, das Positive hervorzuheben. Gerade in Konflikten – egal aus welchem Grund – ist es hilfreich, Gemeinsamkeiten zu betonen. Im Beispiel des Paares in der Küche ließe sich also auf das gemeinsame Ziel hinweisen: Wir möchten beide, dass das Geschirr nachher wieder sauber im Schrank steht. Das gemeinsame Interesse verbindet und macht es darum leichter, die Methodenfrage zu klären. Diese Strategie ist bei sämtlichen noch folgenden Konfliktursachen anwendbar.

Du nimmst mit ... Methodenkonflikte liegen dann vor, wenn bei einem gemeinsamen Ziel unterschiedliche Vorstellungen über den Weg auftreten. Wichtig ist das Verständnis vom Weg (als Prozess), in der Unterscheidung zum Ziel (als Zustand): Beim Ziel hast du häufig keine Alternative, beim Weg gibt es oft mehrere Möglichkeiten. Und diese gilt es zu erkennen und zu nutzen.

Doch selbst wenn sich das Paar in der Küche einig ist über Ziel und Weg, kann sich eine weitere Streitfrage auftun: Wer übernimmt welche Aufgabe? Wenn das nicht klar ist, haben wir einen Rollenkonflikt.

5.3 Rollenkonflikte: Das Wer

Stell dir vor ... Neuer Tag, neuer Streit. Ihr seid euch diesmal zwar einig, das Geschirr per Hand zu spülen und anschließend abzutrocknen.

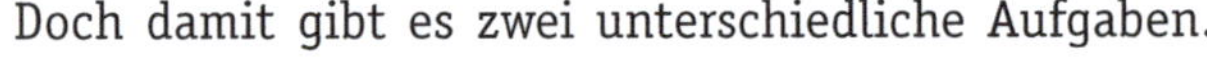

Doch damit gibt es zwei unterschiedliche Aufgaben.

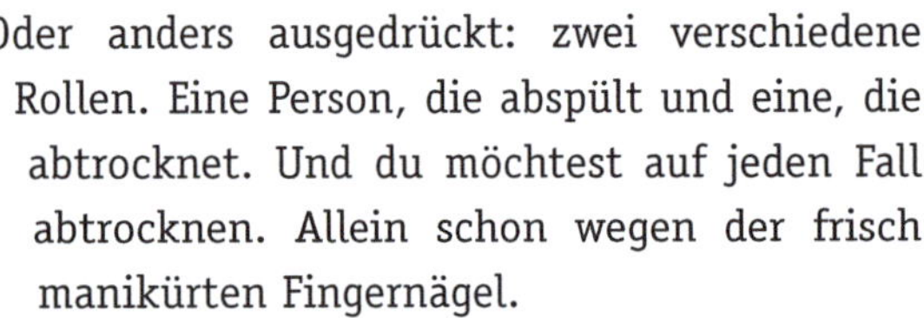

Oder anders ausgedrückt: zwei verschiedene Rollen. Eine Person, die abspült und eine, die abtrocknet. Und du möchtest auf jeden Fall abtrocknen. Allein schon wegen der frisch manikürten Fingernägel.

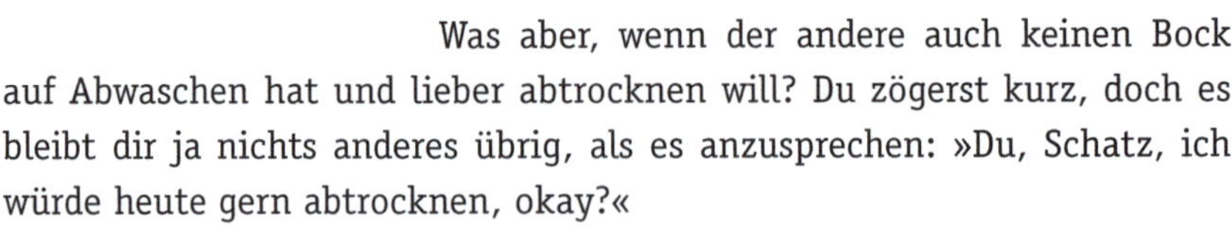

Was aber, wenn der andere auch keinen Bock auf Abwaschen hat und lieber abtrocknen will? Du zögerst kurz, doch es bleibt dir ja nichts anderes übrig, als es anzusprechen: »Du, Schatz, ich würde heute gern abtrocknen, okay?«

Es tritt ein, was du befürchtet hast. Dein Partner möchte dasselbe. Und damit seid ihr mitten im Rollenkonflikt.

Theoretisch heißt das ... Innerhalb eines Arbeitsprozesses möchten zwei Personen dieselbe Rolle besetzen beziehungsweise dieselbe Aufgabe übernehmen. Eine Konkurrenzsituation entsteht, wenn nur einer die für beide attraktive Tätigkeit ausführen kann. Der andere muss dann eine für ihn weniger angenehme Rolle übernehmen und fühlt sich dadurch benachteiligt. Rollenkonflikte können auch dann vorliegen, wenn die Beteiligten eine bestimmte Rolle ablehnen und keiner die damit verbundenen Tätigkeiten erledigen möchte. Man bezeichnet diese Konfliktform dann auch als Verantwortungskonflikte oder Zuständigkeitskonflikte. Die folgende Tabelle nennt fünf weitere Beispiele für Rollenkonflikte:

Fünf beispielhafte Rollenkonflikte

Themenfeld	Ich will ...	Du willst ...
Aufstehen	den Wecker stellen.	auch den Wecker stellen.
Fußball	in der Dreierkette spielen.	auch in der Dreierkette spielen.
Kindererziehung	unserem Sohn mitteilen, welche Ordnung wir uns in seinem Zimmer wünschen.	auch unserem Sohn mitteilen, welche Ordnung wir uns in seinem Zimmer wünschen.
Unternehmensentwicklung	die Überschrift für deinen Werbetext formulieren.	die Überschrift für deinen Werbetext selbst formulieren.
Betriebsausflug	dass du die Tickets kaufst.	dass ich die Tickets kaufe.

Praktisch bedeutet das ... Lass uns die bisher genannten drei Konfliktursachen kurz unter die Lupe nehmen: Ziel-, Methoden- und Rollenkonflikte. In genau dieser Reihenfolge wachsen die Wahlmöglichkeiten. Nehmen wir als Beispiel den gemeinsamen Urlaub. Könnt ihr euch über das Ziel nicht einigen, ist der gemeinsame Urlaub unmöglich. Einer möchte an die Ostsee zum Baden, der andere nach Norditalien und Städte anschauen. Streitet ihr euch hingegen über die Methode der Anreise, habt ihr sehr viel mehr Wahlmöglichkeiten: Flugzeug, PKW, Bahn, Bus etc. Und streitet ihr schließlich über die Rolle – wer fährt, wer fährt zuerst, wer fährt wie lange, wann macht ihr eine Pause und so weiter – habt ihr meines Erachtens noch mehr Möglichkeiten, den Konflikt zu entschärfen. Warum?

Aus zwei Gründen:

- Zum einen, weil die Auswahl an Ausweichmöglichkeiten steigt. Ostsee oder Italien ist genau eine Frage. Flugzeug oder Auto oder Bahn oder Bus sind schon vier. Und wer was wann wie lange macht, bietet noch weit mehr Entscheidungsmöglichkeiten.
- Zum anderen, weil die jeweilige Tragweite der Entscheidung unterschiedlich hoch ist. Konkret: Ob du dir im Urlaub an der Ostsee in aller Ruhe Möwen anschaust oder dir in Italien die 73. Museumsführung antust, wirkt sich stärker auf dein Empfinden aus als die Frage, wie ihr angereist seid. Und die vielleicht siebenstündige Anreise wiederum wirkt sich stärker auf dein Gesamtempfinden aus als eine kurzzeitige, vielleicht zehnminütige Aufgabenübernahme während der Anreise.

Diese Relevanz-Unterscheidung zwischen Ziel-, Methoden- und Rollenkonflikt mag nicht eins zu eins auf jede einzelne Situation übertragbar sein, sie wird aber für die meisten Lebensbereiche und -entscheidungen gelten. Betrachte Rollenkonflikte somit als das, was sie sind: Sie sind weniger entscheidend als Ziel- oder Methodenkonflikte. Was nicht heißen soll, dass du alle Rollenkonflikte über dich ergehen lassen sollst. Versuche stets den Unterschied zwischen den drei Kategorien auszumachen, weil du hierdurch den Gesamtkontext besser überblicken kannst.

Und noch einen Schritt weiter: Betrachte einen Rollenkonflikt als Ansporn, die Zuständigkeiten und Verantwortlichkeiten immer wieder neu, variabel und flexibel zu verhandeln. Gestalte bei diesem Versuch unerwünschte Teilaufgaben so attraktiv wie möglich. Mal gelingt dies rein sprachlich, indem du sie anders präsentierst und die Notwendigkeit herausstellst, dass diese Aufgabe nun einmal auch dazu gehört; mal muss die Teilaufgabe vielleicht modifiziert oder mit anderen zusammengelegt werden. Und mal wirst du einsehen, dass der Rollenkonflikt einfach nicht behoben werden kann, zumindest nicht sofort. Und dann ist es zumindest gut, ihn identifiziert zu haben.

Du nimmst mit … Rollenkonflikte entstehen, wenn sich bei mehreren Teilaufgaben die beteiligten Personen nicht einigen können, wer was macht. Oder: Eine bestimmte Teilaufgabe ist derart unpopulär, dass sie keine Person übernehmen will. Auch dann liegt ein Rollenkonflikt vor, wenn niemand sich zuständig fühlt.

Im nächsten Kapitel wenden wir uns den Ressourcenkonflikten zu. Sie entstehen, wenn zwei Konfliktparteien unterschiedliche Vorstellungen davon haben, wie bestimmte Produktionsmittel eingesetzt werden, um das gemeinsame Ziel zu erreichen.

5.4 Ressourcenkonflikte: Das Womit

Stell dir vor … Neuer Tag, neuer Streit. Gestern noch die Frage: Wer spült, du oder ich? Heute ist das kein Problem, denn heute darf die Spülmaschine ran. Also kein Methodenkonflikt. Und gemeinsames Einräumen ist angesagt. Also auch kein Rollenkonflikt. Zuversichtlich legst du gerade die Brotdose eurer kleinen Tochter in die Spülmaschine, als dein

Partner eben diesen letzten verbliebenen Raum mit einer Bratpfanne bestücken will. Brotdose meets Bratpfanne – das kann nicht gutgehen.

Der Platz ist definitiv zu knapp für beide. Wie auf Malle, wenn du mit deinem Handtuch keinen freien Platz mehr ergattern kannst. Dir wird schlagartig klar: Es kann nur Einen geben. Wie bei Highlander damals. Und schon seid ihr in einem Ressourcenkonflikt.

Theoretisch heißt das … Wenn zwei Personen bei der Wahl der Produktionsmittel auf eine Knappheit stoßen, gelangen sie in einen Ressourcenkonflikt. Der Begriff »Ressource« meint hier alle möglichen Mittel, die zur Zielerreichung erforderlich sind. Im obigen Beispiel war es der Platz in der Spülmaschine, das heißt es fehlte an genügend Raum.

Betrachten wir ein anderes Beispiel – zwei Schreiner bauen einen Stuhl– und untersuchen wir, bei welchen Produktionsmitteln die beiden hier in einen Ressourcenkonflikt geraten können:

- Werkzeuge (wenn zum Beispiel nur ein Hammer im Raum ist und beide gleichzeitig einen brauchen),
- Mitarbeiter (wenn ein Praktikant aushelfen soll, der zu einem bestimmten Zeitpunkt aber immer nur für einen der beiden da sein kann),
- Geld (wenn beide Material benötigen, aber das Geld nur noch für einen Teileinkauf reicht),
- Zeit (wenn der Kunde bereits vor der Tür steht und nur noch fünfzehn Minuten warten möchte, beide Schreiner aber noch jeweils zehn Minuten für ihre Arbeit benötigen und dafür die Unterstützung des anderen brauchen).

Das Problem entsteht also immer dann, wenn ein (Produktions-)Mittel knapp ist. Es entsteht eine Konkurrenzsituation mit einem Gewinner, der das knappe Gut bekommt, und einem Verlierer, der leer ausgeht. Das Geschirrbeispiel ist nur eines von vielen. Die folgende Tabelle nennt fünf weitere Beispiele für Ressourcenkonflikte:

Fünf beispielhafte Ressourcenkonflikte

Themenfeld	Ich will …	Du willst …
Aufstehen	den Wecker auf meine Seite stellen.	ihn auf deine Seite stellen.
Fußball	in der Dreierkette spielen. Ich sehe dich eher im Sturm spielen.	auch in der Dreierkette spielen und siehst eher mich im Sturm.
Kindererziehung	mit unserem Sohn in den wenigen Minuten vor der Bettzeit noch über die Hausaufgaben sprechen.	mit ihm noch über die Ordnung im Zimmer sprechen.
Unternehmens-entwicklung	die letzte Stunde vor der Deadline für die Überschriften aufbringen.	die letzte Stunde für die Einleitung aufbringen.
Betriebsausflug	das verfügbare Essensbudget komplett für Obst verwenden.	eine Hälfte für Obst und die andere für Gummibärchen verwenden.

Praktisch bedeutet das … Betrachte Ressourcenkonflikte als nachrangige Konflikte. Verglichen mit Ziel- oder Methodenkonflikten sind Ressourcenkonflikte Kinderkram. Denn es fehlt ja nur an einer Rahmenbedingung. In vielen Fällen wird es eine Lösung im Sinne eines Work-arounds geben, bei dem du flexibel Ressourcen hin und herschiebst, nach dem Motto: »Erst du, dann ich, okay?« In manchen Fällen kann es tatsächlich dazu kommen, dass du aufgrund der fehlenden Ressource das Ziel nicht erreichen kannst und es gilt, das Ziel anzupassen, damit es wieder erreichbar wird.

Du nimmst mit ... Ressourcenkonflikte entstehen, wenn bei einer gemeinsamen Aufgabe eine Knappheit von Produktionsmitteln auftaucht, zum Beispiel bei Werkzeugen, Mitarbeitern, Zeit, Raum oder Geld. Die wahrgenommenen Engpässe führen zu einer zwangsläufigen Benachteiligung von mindestens einer beteiligten Partei und damit zu einem Konflikt von mindestens einer Partei.

Mit den Ressourcenkonflikten haben wir vier von acht Konfliktursachen kennengelernt. Wir haben damit quantitativ die Hälfte erreicht, doch qualitativ beginnt eine Veränderung. Denn wie wir sehen werden, beginnt mit den Bedürfniskonflikten eine neue Dimension. Waren bisher alle Konflikte im Außen sichtbar, sind die nächsten vier eher verborgen.

5.5 Bedürfniskonflikte: Die Motive

Stell dir vor ... Neuer Tag, neuer Streit. Welch Überraschung, schon wieder Ärger in der Küche. Ihr wollt beide Abwaschen. Soweit so gut, also kein Zielkonflikt. Doch ihr streitet, ob das Spülbecken oder die Spülmaschine dran ist. Du fragst dich vielleicht: Das hatten wir doch schon? Und du erkennst den Methodenkonflikt aus Kapitel 5.2 wieder.

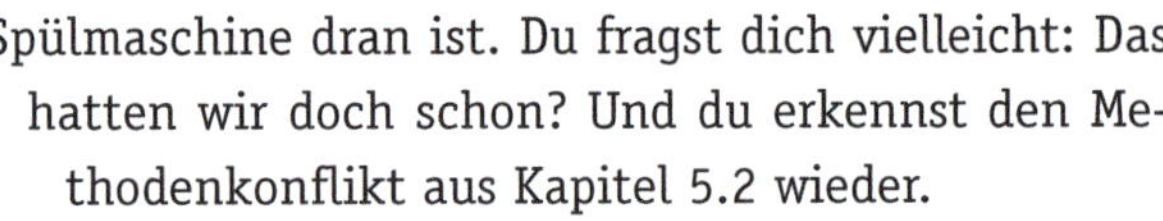

Der Unterschied: Was wir jetzt suchen ist die primäre Konfliktursache. Wer diese erkennen will, muss unter den (sichtbaren) Methoden die (unsichtbaren) Bedürfnisse entdecken. Wir sind also auf der Suche nach dem Bedürfniskonflikt.

Theoretisch heißt das ... Wenn sich zwei Menschen auf der Methodenebene streiten, dann geht es selten nur um die Methode. Die Methode ist lediglich eine Art Symptom, das den Blick auf die Ursache des Konflikts verdeckt. Im Beispiel oben sah es so aus: Einer möchte das Geschirr mit der

Hand spülen, der andere die Spülmaschine benutzen. Der eine will A, der andere will B. Wir gehen jetzt einen Schritt weiter und fragen: Wieso wählt jemand A statt B oder umgekehrt. Wir suchen also nach den Motiven für eine bestimmte Handlungsweise und stoßen dabei auf Bedürfnisse.

Bedürfniskonflikte entstehen, wenn beteiligte Parteien unterschiedliche Bedürfnisse, Werte oder auch Motive (die drei Begriffe werden der Einfachheit halber im Folgenden als Synonyme betrachtet) verfolgen und sich diese gegenseitig ausschließen. Wenn dir A wichtig ist – zum Beispiel Ökologie – und deinem Gegenüber etwas anderes oder sogar Gegenteiliges – etwa Ökonomie –, dann entsteht ein solcher Bedürfniskonflikt. Dieser zeigt sich quasi nie auf der Ebene der Bedürfnisse selbst, sondern auf einer der sichtbaren oberen Ebenen, zum Beispiel als Zielkonflikt (Geschirr wegwerfen versus spülen) oder Methodenkonflikt (Spülbecken versus Spülmaschine).

Ein Bedürfnis entspricht dem Verlangen, einem empfundenen oder tatsächlichen Mangel Abhilfe zu schaffen. Mit anderen Worten: Du kommst in Kontakt mit deinem (unerfüllten) Bedürfnis, wenn du feststellst, dass dir etwas fehlt oder dass dich etwas stört. Entweder fehlt etwas Angenehmes oder es stört etwas Unangenehmes.

Bedürfnisse beschreiben somit all das, was einer Person wichtig ist oder was sie braucht. Die große Schwierigkeit besteht darin, dass ein Bedürfnis nicht gesehen werden kann, da es sich um ein abstraktes Konzept handelt. Um ihm auf die Spur zu kommen, können wir nach dem Wozu und Warum fragen. Übertragen auf das obige Beispiel also: »Warum willst du das Geschirr mit der Spülmaschine reinigen?« Wenn die Antwort lautet »Weil es schnell gehen soll«, weißt du, dass es deinem Partner um Effizienz beziehungsweise Geschwindigkeit geht. Deshalb zieht er die Spülmaschine dem Abwasch vor. Würde er sich umgekehrt fürs Abspülen entscheiden, wäre die Begründung vielleicht: »Weil ich möglichst wenig Wasser und Strom verbrauchen will.« In diesem Falle würde es also um Ökologie beziehungsweise Ressourcenschutz gehen.

(Falls du der Meinung bist, dass das Spülbecken weniger Wasser verbraucht als die Spülmaschine, lies optional gleich weiter im nächsten Kapitel oder halte deinen Einwand bis dahin kurz zurück. Das Kapitel *Glaubenssatzkonflikte* widmet sich ausführlich dem Thema Überzeugungen.)

Abschließend können wir zum Verhältnis »Bedürfnis versus Methode« festhalten: Primär prallen die Bedürfnisse aufeinander, erst sekundär die Methoden. Unsere Wahrnehmung verhält sich jedoch umgekehrt: Zunächst erkennen wir den Methodenkonflikt, dann erst den Bedürfniskonflikt darunter. Genau das macht es so schwierig im Alltag: Wir nehmen uns kaum die Zeit, das verborgene Bedürfnis unter der klar erkennbaren Methode zu ergründen.

Der folgende Infokasten nennt ausgewählte Bedürfnisse, die häufig zu Konflikten führen, wenn sie aus Sicht mindestens einer beteiligten Partei nicht ausreichend erfüllt sind.

Auf einen Blick: Ausgewählte Bedürfnisse

Anerkennung, Begeisterung, Effektivität, Effizienz, Ehrlichkeit, Freiheit, Frieden, Gerechtigkeit, Humor, Klarheit, Liebe, Nähe, Selbstvertrauen, Selbstverwirklichung, Sicherheit, Spannung, Überraschung, Verantwortung, Verbindlichkeit, Verbundenheit, Vertrauen, Wachstum, Wahrnehmung, Wertschätzung, Zugehörigkeit.

Schauen wir uns erneut anhand von fünf Beispielen an, wie sich Bedürfniskonflikte in der Praxis zeigen können:

Fünf beispielhafte Bedürfniskonflikte

Themenfeld	Ich will ...	Du willst ...
Aufstehen	möglichst lange schlafen. Mir sind Gesundheit und körperliches Wohlbefinden wichtig.	möglichst früh aufstehen, um schnell viel zu erledigen. Dir sind Effektivität und Effizienz wichtig.
Fußball	ein Null zu Null halten. Mir ist Sicherheit wichtig.	auf Sieg spielen und dabei eine Niederlage riskieren. Dir geht es ums Abenteuer.
Kindererziehung	dass unser Sohn noch die Hausaufgaben macht. Mir ist Bildung wichtig.	dass er noch sein Zimmer aufräumt. Dir ist Ordnung wichtig.
Unternehmens-entwicklung	so viel Geld wie möglich für Marketing ausgeben. Mir ist Effektivität wichtig.	so wenig Geld wie möglich für Marketing ausgeben. Dir ist Effizienz wichtig.
Betriebsausflug	mit dem Zug fahren. Ich möchte so ökologisch wie möglich sein.	mit Autos fahren. Dir ist Flexibilität wichtig.

Praktisch bedeutet das ... Anders als die offensichtlichen Konfliktursachen 1 bis 4 ist der Bedürfniskonflikt in der Regel schwer zu entdecken. Umso wichtiger, dass dir das gelingt, denn wie wir gesehen haben, erklären dir die einander widersprechenden Bedürfnisse oft erst, warum ihr überhaupt streitet. Mit dem Wissen, dass es sich um einen Bedürfniskonflikt handelt, hast du eine wesentliche Voraussetzung für die Lösung geschaffen – und sei es auch nur eine Kompromisslösung.

Besonders wichtig hierfür ist auch die Unterscheidung zwischen Bedürfnis und Strategie, da beide häufig verwechselt werden. Als Bedürfnis können wir alle inneren Zustände beziehungsweise Notwendigkeiten betrachten, die gegeben sein müssen, damit es uns in der jeweiligen Situation gutgeht. Als Strategie können wir hingegen alle äußeren Prozesse beziehungsweise Handlungen betrachten, die geeignet sind, unsere Bedürfnisse zu erfüllen, also alle Ziele (Konfliktursache 1) und Methoden (Konfliktursache 2). Diese Unterscheidung ermöglicht dir zu klären, wo der Lösungsweg zu suchen ist:

- Braucht ihr (nur) eine andere Methode, die oft leicht zu finden ist?
- Oder fehlt es an einem gemeinsamen Ziel, was meistens deutlich schwieriger ist?
- Oder müsst ihr versuchen, eure unterschiedlichen Bedürfnisse in Einklang zu bringen? Was jedoch manchmal ausgeschlossen sein wird.

Weitere Ausführungen dazu findest du im Kapitel 7 *Konfrontieren*.

Du nimmst mit ... Bedürfniskonflikte entstehen, wenn äußere Handlungen den inneren Mangel der Beteiligten unterschiedlich befriedigen. Am Beispiel hatten wir gesehen, dass die äußere Handlung »Spülmaschine nutzen« den inneren Mangel (Zeit) des einen Konfliktpartners ausgleichen kann, zugleich aber dem ökologischen Bedürfnis des anderen widerspricht. Wenn also die äußeren Handlungen – ob Ziele, Methoden, Rollen oder Ressourcen – die subjektiv erlebten Mangelsituationen verschärfen, treten Bedürfniskonflikte zutage.

Mit den Bedürfniskonflikten haben wir die erste der vier verborgenen Konfliktursachen kennengelernt. Das nächste Kapitel sensibilisiert dich für Glaubenssatzkonflikte, die den Bedürfniskonflikten stark ähneln, beim genaueren Hinsehen aber klar unterscheidbar sind.

5.6 Glaubenssatzkonflikte: Die Annahmen

Stell dir vor ... Neuer Tag, neuer Streit. Und noch einmal der Zweikampf Spülbecken versus Spülmaschine. Heute liegt jedoch kein Bedürfniskonflikt vor, denn dir und deinem Partner ist Ökologie wichtig. Doch obwohl ihr mithilfe der gleichen Strategie dasselbe Ziel erreichen wollt, tritt ein Konflikt ein. Der Grund: Ihr habt unterschiedliche Überzeugungen oder Annahmen, wie die Welt funktioniert.

Angenommen, du hast erst neulich eine Studie zum Wasserverbrauch gelesen. Demnach verbraucht weniger Wasser, wer beim Geschirrreinigen das Geschirr vorher einweicht und beim Abspülen das Wasser nicht laufen lässt. Der Wasserverbrauch ist sogar deutlich geringer als bei den neuesten Spülmaschinen. Dein Partner hat allerdings unlängst aus anderer Quelle die Information erhalten, dass die Wassereinsparfunktion eurer Spülmaschine die bei Weitem wirksamste Methode zum Schutz der Umwelt sei. Wer hat recht? Ein Streit um die richtige Überzeugung entsteht. Das heißt: Ihr habt einen Glaubenssatzkonflikt.

Theoretisch heißt das ... Wenn zwei Personen zwar die gleichen Werte und Ziele verfolgen (in unserem Fall: Ökologie im Sinne von Ressourcenschutz), dazu aber unterschiedliche Auffassungen von der Wahrheit haben, tritt ein Glaubenssatzkonflikt ein. Er entsteht meistens dann, wenn die beteiligten Personen verschiedene Informationsquellen heranziehen, also unterschiedlichen externen Referenzsystemen Glauben schenken.

Der Begriff »Glaubenssatz« geht zurück auf eine konstruktivistische Grundannahme. Der Konstruktivismus vertritt die Auffassung, dass all deine Gedanken und Überzeugungen lediglich aus deinen individuellen Beobachtungen und Interpretationen der Welt entstehen (siehe dazu auch

Kapitel 2.2). Wenn du genau hinschaust und ehrlich zu dir bist, wird schnell klar: Es kann keine objektiven Wahrheiten geben, sondern nur subjektive Konstruktionen. Ob die eine Studie recht hat oder doch eher die andere – woher kannst du das wirklich wissen? Kennst du alle Annahmen und Messverfahren? Welche Erfahrungen hast du gemacht, die dich jetzt beeinflussen? Waren es deine Eltern, die dir beibrachten, wem du glauben kannst? Oder begann die Prägung später, zum Beispiel in der Grundschule, im Ausbildungsbetrieb oder an der Uni? Oder war gestern die Tagesschau deine Informationsquelle? Vielleicht bist du auch nur beeinflusst vom kritischen Blick des Kollegen, nachdem du gestern Nachmittag etwas behauptet hast? Was auch immer wir erleben – es ist eine Einladung, daraus Glaubenssätze abzuleiten, die uns erklären, wie die Welt funktioniert.

Wo auch immer der jeweilige Schlüssel für deine Glaubenssätze verborgen ist, es sind stets deine Erfahrungen und deine Prägungen aus deiner Vergangenheit, die deine Deutungsspielräume und -flexibilität im Hier und Jetzt beeinflussen, um nicht zu sagen: einschränken. Denn genau das sind Glaubenssätze oft: einschränkend. Warum?

Ganz einfach: Die Tatsache, dass du keinen anderen Gedanken zulässt, gleicht einer Einschränkung. Bezogen auf unser Beispiel oben: Wenn du aufgrund deiner speziellen Erfahrungen entschieden hast, dass die eine Studie die Wahrheit sagt, wirst du kein Verständnis für dein Gegenüber haben, der wiederum aufgrund seiner individuellen Erfahrungen entschieden hat, dass eine andere Quelle recht hat. Der Konflikt entsteht also, weil zwei festgefahrene Überzeugungssysteme aufeinanderprallen und zwischen ihnen nicht vermittelt wird. Schauen wir uns anhand von fünf Beispielen an, wie sich Glaubenssatzkonflikte in der Praxis zeigen können:

Fünf beispielhafte Glaubenssatzkonflikte

Themenfeld	Ich will …	Du willst …
Aufstehen	ausschlafen, denn wer lang schläft, ist tagsüber effektiver.	spätestens um acht Uhr aufstehen, denn sonst wird der Tag ineffektiv.
Fußball	Stefan den Elfer schießen lassen. Der hat die besten Nerven.	Paul den Elfer schießen lassen. Denn der hat Nerven wie Drahtseile.
Kindererziehung	unseren Sohn ohne Strafen erziehen. Dann hat er es leichter im Leben.	ihn auch mal strafen, weil er dann lernt, mit Frustrationen umzugehen.
Unternehmensentwicklung	möglichst viel für Marketing ausgeben. Denn nur dann können wir am Markt bestehen.	möglichst wenig für Marketing ausgeben. Denn wir müssen primär unsere Bestandskunden pflegen.
Betriebsausflug	Bowlen gehen, denn das wird den meisten zusagen.	nicht Bowlen gehen, denn du glaubst, die meisten hassen es.

Praktisch bedeutet das … Ich habe drei Anregungen für dich, wie du zielführender mit Glaubenssätzen umgehen kannst.

Anregung 1: Halte an günstigen Glaubenssätzen fest, denn sie sichern dein Überleben

Jeder Mensch verfügt über ein Arsenal an Glaubenssätzen, die ihm helfen, sich in der Welt zurechtzufinden. Manche dieser Glaubenssätze sind hilfreich, weil sie Komplexität reduzieren, viele hingegen einschränkend, weil sie ungünstige Entscheidungen nach sich ziehen. Hilfreich sind in der Regel all jene Glaubenssätze, die dir helfen, deine Überlebenschancen zu erhöhen beziehungsweise ein bestmöglich sorgenfreies Leben zu führen. Drei

Beispiele für aus meiner Sicht günstige Glaubenssätze: Du gehst nur bei Grün über die Straße, denn du glaubst, dass du bei Rot überfahren werden könntest. Nachvollziehbar. Du suchst auf dem Joghurt nach dem Verfallsdatum, weil du glaubst, dass möglicher Schimmel gesundheitsschädlich ist. Wieder nachvollziehbar. Du bereitest dich gewissenhaft auf deine Präsentation vor, weil du glaubst, dass du dann auf kritische Einwände besser reagieren kannst. Auch das: nachvollziehbar.

An diesen Glaubenssätzen festzuhalten, erscheint sinnvoll. Du bringst dafür zwar mehr Zeit auf, die du sonst für etwas anderes hättest verwenden können, aber es erscheint dir gerechtfertigt, weil du dich dadurch schützt. Insofern sind diese Glaubenssätze schlau.

Anregung 2: Wandle einschränkende in erlaubende Glaubenssätze um

Anders verhält es sich mit ungünstigen beziehungsweise einschränkenden Glaubenssätzen. Wenn du genau hinschaust, wirst du eine Vielzahl von Annahmen und Überzeugungen erkennen, die deine Freiheit, deine Wahlmöglichkeiten und damit auch deine Lebensqualität einschränken. Stell dir zum Beispiel vor, du hältst einen Vortrag und von den zwanzig Leuten in Publikum schauen drei aus dem Fenster. Du nimmst daraufhin an, dass dein Vortrag uninteressant ist. Du glaubst das – ohne einen einzigen Beweis. Es gibt lediglich ein Anzeichen, nämlich die abgewandten Blicke. Dir kommt nicht in den Sinn, dass diese drei Personen vielleicht gerade über deinen tollen Vortrag nachdenken oder etwas Privates sie beschäftigt. Aufgrund deines einschränkenden Glaubenssatzes verspürst du Angst, Trauer oder vielleicht auch Ärger, obwohl der auslösende Gedanke vielleicht gar nicht stimmt. Würdest du deine Vermutung als subjektive Interpretation erkennen und infrage stellen, könntest du sie als ungünstigen Glaubenssatz aufdecken und dich befreien. Indem du die drei Personen zum Beispiel einbindest und feststellst, dass sie tatsächlich voll und ganz dabei sind.

Wir können festhalten: Wer neugierig und offen ist und sein Gegenüber nach den Hintergründen seiner Überzeugung fragt, hat die Chance, seinen eigenen, vermeintlich einschränkenden Glaubenssatz in einen neuen, erlaubenden Glaubenssatz umzuwandeln.

Wenn dich dieser Gedanke anspricht, habe ich drei Formulierungen für dich, wie du deine einschränkenden und oft gut verborgenen Glaubenssätze auf die Schliche kommen und am Ende auflösen kannst. Nimm dir zehn bis fünfzehn Minuten Zeit und vervollständige folgende drei Sätze:

- *Ich muss …*
- *Ich darf nicht …*
- *Ich kann nicht …*

Diese drei Formulierungen können dir helfen, einige deiner einschränkenden Glaubenssätze zu erkennen, die du höchstwahrscheinlich von anderen übernommen hast. Denn es gibt einige Menschen, die dir in deinem bisherigen Leben gesagt haben, was du tun sollst. Als Gebote oft auch mit dem Zusatz: »Das macht man so.« Du hast es ihnen damals geglaubt. Und du tust es bis heute. Und es gibt Menschen, die dir gesagt haben, was du nicht tun darfst, weil es (angeblich) verboten ist. Du hast es ihnen damals geglaubt. Und du tust es bis heute. Und es gibt Menschen, die dir gesagt haben, was du alles nicht kannst, weil du zu schwach bist – angeblich. Du hast ihnen auch das damals geglaubt. Und du tust es bis jetzt. Damit kann Schluss sein. Und zwar noch heute. Fang an hinzuschauen und deine gut versteckten einschränkenden Glaubenssätze aufzulösen, und die Wahrscheinlichkeit für Glaubenssatzkonflikte wird spürbar zurückgehen.

Anregung 3: Unterscheide Bedürfnisse und Glaubenssätze

Während du auf der Suche nach Bedürfnissen nach dem Wieso fragst (alternativ Wofür?, Wozu?, Warum?), lautet die Frage nach Glaubenssätzen: »Wieso glaubst du das?« (alternativ »Woran glaubst du?« oder »Woher nimmst du diese Erkenntnis?«).

Beide Konzepte hängen also miteinander zusammen: Das Bedürfnis (zum Beispiel Ressourcenschutz) ist das Motiv, das die Methode (zum Beispiel Spülmaschine) wählen lässt, weil der Glaubenssatz (zum Beispiel Ökoinstitut-Studie) diesen Zusammenhang vermittelt. Beide inneren Antreiber – das Bedürfnis und der Glaubenssatz – begründen die Methode als Tat im Außen. Wer sich also für eine bestimmte Methode ausspricht, verfolgt wahrscheinlich ein ihn motivierendes Bedürfnis und glaubt zugleich an einen kausalen Glaubenssatz. Die Unterscheidung zwischen Bedürfnis und Glaubenssatz ist wichtig, um nach entsprechenden Lösungswegen zu suchen. Entweder kann es auf der Ebene der Bedürfnisse eine Annäherung geben (zum Beispiel mit der Frage: »Können wir heute mal weniger auf die Ressourcenfrage schauen, damit wir schneller aufbrechen können?«), oder die Annäherung kann auf der Ebene der Überzeugung stattfinden (zum Beispiel mit der Frage: »Bist Du sicher, dass keine Spülmaschinen-Hersteller die Ökoinstitut-Studie mitfinanziert haben?«).

Anhand dieses Beispiels wird zweierlei deutlich:

- Wenn du die passende Ebene adressierst, ist die Wahrscheinlichkeit deutlich höher, eine Kompromisslösung zu finden.
- Wenn du dich auf der Bedürfnisebene annäherst, wirst du viel eher Erfolg haben als auf der Glaubenssatzebene, denn viele Menschen neigen dazu, aus Gründen der Gesichtswahrung an einer einmal geäußerten Position festzuhalten »Natürlich ist die Studie unabhängig, was glaubst du denn!«, obwohl sie innerlich dem Einwand zustimmen.

Weitere Ideen im Umgang mit einschränkenden Glaubenssatzkonflikten findest du im Kapitel 7 *Konfrontieren*.

Du nimmst mit … Glaubenssatzkonflikte entstehen, wenn die Beteiligten zwar die gleichen Bedürfnisse verfolgen, sich dabei aber an unterschiedlichen Referenzsystemen orientieren, die sich in ihren Aussagen widersprechen. In unserem Beispiel sprach sich die externe Quelle Öko-Institut für die Spülmaschine als ressourcenschonende Strategie aus, während Greenpeace sich für das Spülbecken aussprach. Ein Glaubenssatzkonflikt entsteht, wenn eine Person der einen Quelle vertraut und die andere Person der anderen.

Mit den Glaubenssatzkonflikten haben wir die zweite der vier verborgenen Konfliktursachen kennengelernt. Das nächste Kapitel sensibilisiert dich für Haltungskonflikte, die im Vergleich zu den Glaubenssatzkonflikten als noch gravierender betrachtet werden können. Gravierender im Sinne von »da ist dann kaum mehr was zu machen«. Aber lies selbst, wenn du mehr über das Auftreten eines Chauvis in der Küche erfahren möchtest.

5.7 Haltungskonflikte: Der Status

Stell dir vor … Neuer Tag, neuer Streit. Heute noch nicht einmal ein Bedürfnis- oder Glaubenssatzkonflikt: Euch ist das gleiche wichtig, und zwar Ökologie beziehungsweise Ressourcenschutz, und ihr glaubt beide an die gleiche externe Informationsquelle. Du denkst: Jetzt kann nichts mehr schiefgehen, doch du hast vergessen, dass es eine siebte Ursache gibt, die tief verborgen liegt.

Der folgende Dialog fand bei dir zu Hause so wahrscheinlich noch nicht statt, aber möglicherweise in irgendeiner anderen Wohnung auf dieser Welt.

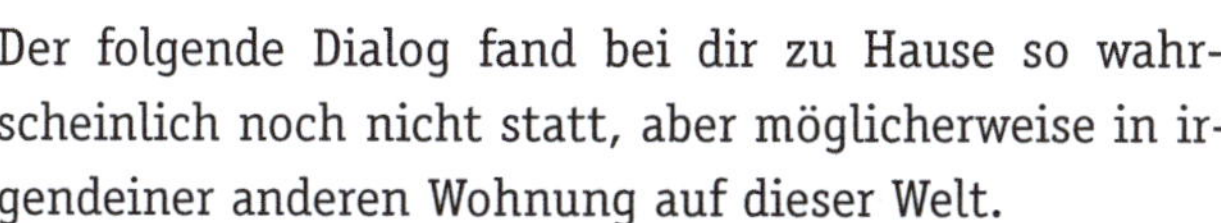

Sagt die Frau: »Du, Schatz, kannst du bitte heute den Abwasch machen?« Guckt der Mann seine Frau entgeistert an und antwortet: »Hä? Ich soll abspülen? Das ist ja wohl nicht dein Ernst! Was habe ich denn als Mann in der Küche verloren? Das ist dein Reich – das Reich der Frau. Dafür gehe ich von Montag bis Freitag arbeiten. So war das bei uns schon immer: Bei meinen Eltern, bei meinen Großeltern und auch bei meinen Geschwistern ist das so. Ich habe nicht vor, daran etwas zu ändern. Und nun sei so gut und bring mir mein Bier, die Sportschau fängt gleich an.«

Ein Mann, der so spricht, verkörpert eine Haltung, die festgelegte Rollen vorsieht: Der Mann verdient das Geld, die Frau schmeißt den Haushalt. Wenn diese eher traditionelle Auffassung auf eine moderne Haltung trifft, kommt es wahrscheinlich zu einem fundamentalen Zerwürfnis, das wir im Folgenden als Haltungskonflikt bezeichnen.

Theoretisch heißt das ... Im Gegensatz zu den bisherigen Konfliktkategorien, die sich vor allem temporär zeigen, stellt ein Haltungskonflikt meist eine dauerhafte Belastungsprobe dar. Eine solch grundsätzliche Störung tritt ein, wenn starre Weltbilder keinen Spielraum für individuelle Lösungen oder spontane Abweichungen zulassen. Genaues Hinschauen oder auch Einzelfallprüfungen sind nicht erforderlich, denn es gibt ja nichts zu hinterfragen. Das Urteil steht, noch bevor die Gegenseite auch nur die Chance hatte, in Erscheinung zu treten. Wo Schwarz-Weiß herrscht, kann Grau nicht sein.

Wenn die vermeintlich unterlegene Seite sich unterordnet, bleibt der Konflikt aus. Denn Durchsetzung des vermeintlich Überlegenen und Unterwerfung des vermeintlich Unterlegenen ergänzen und stabilisieren sich gegenseitig. Wo die vermeintlich unterlegene Seite jedoch aufbegehrt, sind (Macht-)Kämpfe vorprogrammiert.

Menschen, die der Versuchung eines Haltungskonflikts erliegen, begründen ihr Gefühl der Überlegenheit oft mithilfe bestimmter soziodemografischer Merkmale, ob bewusst oder unbewusst. Wie du der folgenden Aufzählung entnehmen kannst, gibt es so manchen Begründungszusammenhang für die eigene Aufwertung:

Soziodemografische Merkmale als Grundlage für Haltungskonflikte

Soziodemografisches Merkmal	Exemplarische Abwertung
Ausbildung/ Werdegang	*Da du ja nicht studiert hast, kannst du diesen Sachverhalt nicht so gut einschätzen wie ich, und deshalb solltest du …*
Erfahrung/ Alter	*Mit deinen 21 Jahren bist du ja noch grün hinter den Ohren. Erreiche erst mal mein Alter, dann wirst du verstehen, dass …*
Erfahrung/ Betriebszugehörigkeit	*Ich bin seit 23 Jahren in der Firma und habe schon Pferde kotzen sehen. Komm du erst mal richtig hier an und dann kannst du …*
Geschlecht/ Gender	*Du als Frau gehst bei solchen Fragestellungen naturgemäß ja ganz anders vor als ich als Mann, denn du als Frau …*
Herkunft/ Nation	*Mit deinem kulturellen Hintergrund als … (Nicht-Deutscher/Bayer/Araber) kannst du gar nicht wissen, dass …*
Status/Rang	*Du als … (Praktikant/Trainee/ Berufsanfänger) kannst ja nicht wissen, was jetzt zu tun ist. Ich als … kann dir sagen, dass …*

Schauen wir uns am Ende des Theorieteils anhand von fünf Beispielen wieder an, wie sich Haltungskonflikte in der Praxis zeigen können:

Fünf beispielhafte Haltungskonflikte

Themenfeld	Ich will ...	Du willst ...
Aufstehen	den Wecker stellen, weil du das schon so oft falsch gemacht hast.	ihn selber stellen, weil du mir einfach nichts zutraust.
Fußball	den Elfer schießen, weil du als Jüngling zu nervös bist.	den Elfer schießen, weil ich schon dreimal verschossen habe.
Kindererziehung	unserem Sohn die Konsequenzen aufzeigen. Von Mann zu Mann habe ich da ganz andere Möglichkeiten.	sie ihm aufzeigen, weil du dich als Frau für gefühlvoller hältst als mich.
Unternehmens-entwicklung	die Fusion leiten, da ich mit meinen fünfzehn Jahren Betriebs-zugehörigkeit die Sorgen der Basis gut kenne.	sie leiten, weil du eine Fortbildung zum Fusionsmanager absolviert hast.
Betriebsausflug	den Ausflug planen, denn als HR-Manager bin ich da geeigneter als du.	ihn planen, da du mich für betriebsblind hältst, nachdem ich die letzten fünf organisiert habe.

Praktisch bedeutet das ... Ich habe drei Anregungen für dich, wie du zielführender mit Haltungskonflikten umgehen kannst.

Anregung 1: Erkenne Haltungskonflikte frühzeitig

Entwickle ein Gespür für die Wahrnehmung verdeckter Haltungskonflikte, denn je früher du festgefahrene und scheinbar unverrückbare Einstellungen entlarvst, umso weniger lang und heftig wird später dein Ärger. Erkenne, wenn dein Gegenüber bestimmte Eigenschaften bestimmten soziodemografischen Merkmalen zuordnet und stelle sie infrage beziehungsweise entziehe dich ihnen. Es kann sein, dass du dein Gegenüber in Phase 4 erfolgreich konfrontieren kannst, und er sein Schwarz-Weiß-Denken dann erkennt und hinterfragt. Es kann aber auch sein, dass jegliche Liebesmühe vergeblich ist. Jetzt in Phase 2 reicht es völlig aus, sich erst einmal den tief sitzenden Haltungskonflikt bewusst zu machen.

Anregung 2: Verwechslung von Haltungskonflikten mit Rollenkonflikten

Die Auseinandersetzung um erwünschte oder unerwünschte Aufgaben kann sich entweder als Rollenkonflikt (vergleiche Kapitel 5.3) oder als Haltungskonflikt zeigen. Warum ist die Unterscheidung wichtig und wie gelingt sie dir?

Wenn sich der Konflikt um die Zuständigkeit im Hier und Jetzt und erstmalig zeigt, dann handelt es sich nach meinem Verständnis in der Regel um einen Rollenkonflikt. Streitpunkt ist die Frage, wer eine bestimmte Aufgabe übernimmt, und zwar jetzt gerade. Dabei ist egal, wie alt oder kompetent jemand ist und welche Erfahrungen er mitbringt. Die Beteiligten begegnen sich gleichrangig. Sie handeln aus, wer diesmal zum Zug kommt und wer leer ausgeht – auf Augenhöhe und lösungsorientiert. Wenn dagegen auf den Konflikt bestimmte Erfahrungen und Auffassungen der Beteiligten einwirken, aus denen ein gefühltes Unten und Oben entsteht, kann aus dem Rollenkonflikt schnell ein Haltungskonflikt werden. Es geht dann nicht mehr allein um die Sache und die Bedürfnisse in diesem Moment, sondern vielmehr um Selbst- und Fremdkonzepte. So steht zum Beispiel nicht im Zentrum, wer den Nagel in die Wand schlägt, sondern dass du dir als CEO dafür zu schade bist und den Hammer eher in der Hand des Praktikanten siehst. Hier geht es also um Status. Deshalb sind Haltungskonflikte gravierender als Rollenkonflikte.

Bist du in einem Rollenkonflikt, kannst du relativ leicht Begründungen finden, um einen der Beteiligten zu aktivieren, zum Beispiel: »Machst du das jetzt? Ich würde es dafür morgen machen.« Oder: »Könntest du das übernehmen, ich würde dir dafür die andere Sache abnehmen.« Sofern sich beide als ebenbürtig wahrnehmen, kann hier gut verhandelt werden.

Ganz anders beim Haltungskonflikt. Dem Ranghöheren fällt es oft schwer, sich zu niederen Tätigkeiten herabzulassen. Es sei denn, er hat sein Ego aufgelöst oder noch besser: nie eins entwickelt.

Was heißt das für dich? Wenn du spürst, es ist ein Rollenkonflikt ganz ohne Ego, ist das wunderbar: Such nach einem Kompromiss oder sogar einem Konsens, du wirst ihn höchstwahrscheinlich finden. Wenn du denkst, es ist ein Haltungskonflikt, entscheide, ob es den Aufwand lohnt, zu interagieren und gegebenenfalls zu konfrontieren. Sei auf heftige Gegenwehr vorbereitet. Mehr dazu auch im nächsten Kapitel.

Anregung 3: Naivität im Umgang mit der Veränderungsbereitschaft des Gegenübers

Eine einmal gewählte und über Jahre verfestigte Haltung ist ein zentraler Bestandteil des Selbstkonzepts. Sie ist daher nur schwer zu verändern. In manchen Fällen gilt es, dies zu akzeptieren oder zumindest zu tolerieren. Bezogen auf die Beispiele: Wie wahrscheinlich ist es, dass ein Chauvinist plötzlich der Gleichverteilung von Haushaltsaufgaben zustimmt? Wie wahrscheinlich ist es, dass ein zu cholerischen Auftritten neigender Chef plötzlich gerne über unerfüllte Bedürfnisse und unangenehme Emotionen spricht (siehe auch Kapitel 7 *Konfrontieren*).

All dies ist nicht ausgeschlossen, aber wenig wahrscheinlich. Prüfe also kritisch, ob dein Gegenüber bereit ist, die Grundpfeiler seines Selbstbildes infrage zu stellen. Und inwieweit du gewillt und in der Lage bist, dich mit den zu erwartenden massiven Widerständen zeitlich und energetisch auseinanderzusetzen. Auch das kommt allerdings erst in Phase 4.

Du nimmst mit ... Haltungskonflikte entstehen, wenn unverträgliche Selbstkonzepte aufeinanderprallen. Ob Gender, Nationalität oder auch Alter: Es gibt eine Vielzahl von Unterscheidungsmerkmalen, die auf der Ebene der Identität einen tiefen Graben zwischen den Beteiligten verursachen können. Die haltungsbedingten Konflikte gehen meist auf frühe Prägungen zurück, die über einen langen Zeitraum zu verfestigten Konzepten geführt haben. Insofern gelten sie (leider) als stabil und starr und als nur schwer lösbar.

Mit den Haltungskonflikten haben wir die vorletzte der acht Konfliktursachen erreicht. Bevor du zum Ärger-Minimieren in Phase 3 übergehen kannst, schauen wir uns noch die Nummer acht an. Wie du sehen wirst, geht es bei dieser Ursache nicht mehr um abstrakte Konzepte wie Bedürfnisse, Glaubenssätze und Haltungen, sondern nur um das, was sich die Beteiligten zurufen. Um nicht zu sagen: zuwerfen. Formulierungen, die nicht auf Wohlgefallen stoßen. Lass dich überraschen vom hohen Konfliktpotenzial, das schon wenige Buchstaben in sich tragen. Und wenn es nur ganze drei sind, wie in dem scheinbar unschuldigen Wörtchen »mal«.

5.8 Kommunikationskonflikte: Die Reizformulierungen

Stell dir vor ... Neuer Tag und – der letzte Streit. Endlich. Das Essen war gut und die ersten sieben möglichen Konfliktursachen lasst ihr locker links liegen. Du denkst, nichts kann mehr schiefgehen bei der Geschirrreinigung, doch leider hast du die achte Konfliktursache vergessen: die Kommunikation. Und schon hörst du diesen fatalen Satz deiner Partnerin beziehungsweise deines Partners: »Du, Schatz, kannst du heute mal den Abwasch machen?« Mit Betonung auf *mal*!

Für dich bricht eine Welt zusammen. Denn was dein Kopf aus diesen drei, scheinbar harmlosen Buchstaben macht, ist ein verheerendes Gedankengewitter. Aus dem Wörtchen »mal« meinst du nämlich herauszuhören: »Weißt du, Schatz, immer mach ich so viel im Haushalt, du hältst dich prinzipiell zurück, es kotzt mich an, dass immer ich die Dumme bin und du das schamlos ausnutzt. Ich hasse dich dafür, dass du dich wie ein Chauvi benimmst ...«

Hat sie alles so nicht gesagt, vielleicht auch nicht gedacht. Das spielt jetzt aber keine Rolle, denn du glaubst, was du glaubst (wie du diese Art von unnötigen Ärger übrigens gekonnt auflösen kannst, erfährst du gleich im Kapitel 6 *Minimieren*). Es waren nur drei Buchstaben und kein böses Wort, kein Schimpfwort, doch du hast es geschafft, diese drei Buchstaben maximal aufzuladen. Aufzuladen mit für dich ungünstigen Deutungen. Ob sie stimmen oder nicht, ist in jenem Moment egal. Die Kraft deiner Interpretation haut dich um. Der Ärger hindert dich daran, andere Deutungsvarianten überhaupt in Erwägung zu ziehen. Oder einfach nur nachzufragen. Vielleicht habt ihr tatsächlich keinen sachlichen Konflikt, weder einen Zielkonflikt noch einen Methodenkonflikt noch einen der anderen, doch manchmal reicht ein kleines, dreibuchstabiges Wort, um sich aufs Heftigste zu überwerfen. Wenn du dich von bestimmten Worten, speziellen Gesten oder der Stimmlage des anderen ärgern lässt, dann sprechen wir von einem Kommunikationskonflikt.

Theoretisch heißt das ... Wenn grundsätzlich alles zwischen dir und deinem Gegenüber prima läuft, keine der sieben Konfliktursachen gegeben sind, dann aber eine Formulierung oder/und eine körpersprachliche Äußerung des anderen dich plötzlich trifft, erreicht dich der Konflikt auf der kommunikativen Ebene.

Menschen reagieren in der Regel sehr unterschiedlich auf angebotene Kommunikationskonflikte. Manche sind dafür eher auf verbaler Ebene empfänglich (Reizwörter/-formulierungen), andere eher auf der paraverbalen (zum Beispiel Schwankungen in der Stimme) und einige auf nonverbaler Ebene (Mimik, Gestik, Körperhaltung). Die folgende Tabelle nennt ausgewählte kommunikative Konfliktangebote, sortiert nach den drei genannten Kommunikationsebenen:

Die drei Kommunikationsebenen und ausgewählte Konfliktpotenziale

Kommunikations-ebene	Konfliktpotenziale
verbal	▪ Bestrafung: *Weil du gerade …, werde ich jetzt …!* ▪ Bewertung: *Ich finde nicht gut, dass du …!* ▪ Drohungen: *Wenn du nicht …, dann werde ich …!* ▪ Urteil: *Du bist ein …, weil du … gemacht hast!* ▪ Vorverurteilung: *Du hast bestimmt …!* ▪ Vorwurf: *Du hast mich enttäuscht, weil du …!*
paraverbal	▪ Stimmlage: hoch versus tief ▪ Lautstärke: laut versus leise ▪ Modulation: monoton versus schwankend ▪ Pausen: durchgehend versus unterbrechend ▪ Tempo: schnell versus langsam
nonverbal	▪ Mimik: Stirn, Augenbrauen, Augen, Nase, Mundwinkel etc. ▪ Gestik: verschränkte Arme, ausgestreckte Finger, geballte Fäuste etc. ▪ Körperhaltung und Gang: hängende Schultern, herausgestreckte Brust, wippender Gang etc.

Schauen wir uns anhand von fünf Beispielen an, wie sich Kommunikationskonflikte in der Praxis zeigen können.

Fünf Kommunikationskonflikte mit ausgewählten Reizformulierungen

Themenfeld	Ich	Du
Aufstehen	Ich will den Wecker stellen. Du machst das immer falsch.	Du bist ein Faktenverdreher!
Fußball	Ich will den Elfer schießen. Weil ich noch nie einen verschossen habe.	Schon klar!
Kindererziehung	Ich will unserem Sohn zuerst die Konsequenzen aufzeigen.	Weil natürlich nur du es draufhast, nicht wahr?
Unternehmensentwicklung	Ich will die Fusion leiten, denn ich habe mich schon länger mit der Materie befasst als du.	Ist doch egal. Als käme es auf die Zeit an. Es geht doch vielmehr um …
Betriebsausflug	Ich will den Ausflug planen, denn er soll endlich mal schön werden.	Von mir aus. Aber wehe wir müssen dann wieder so lange rumstehen.

Praktisch bedeutet das … Ich habe vier Anregungen für dich, wie du mit Reizformulierungen umgehen kannst.

Anregung 1: Erkenne hinter deinem Ärger deine Wünsche und Bedürfnisse

Wenn dich eine Äußerung deines Gegenübers besonders trifft, frage dich wieso. An welchen deiner Wünsche dockt sie an? Wenn das Wort »mal« im Beispiel der Küchensituation die beschriebene Wirkung auf jemanden hat, wünscht derjenige sich vielleicht wahrgenommen zu werden: *Auch ich helfe regelmäßig im Haushalt mit. Schade, dass das nicht gesehen wird.* Oder Gerechtigkeit: *Ich beschwere mich ja auch nicht, wenn du im Haushalt bestimmte Dinge nicht erledigst.* Oder ein harmonisches Miteinander: *Zu Hause möchte ich keinen Streit. Davon hab ich auf der Arbeit schon genug.*

Wenn du den Zusammenhang zwischen unerwünschter Formulierung und unerfülltem Wunsch erkennen kannst, bist du einen großen Schritt weiter. Denn dann kannst du dich mit deinen Bedürfnissen auseinandersetzen und diese gegenüber dem anderen sogar auch ansprechen, statt dich oberflächlich mit Reizformulierungen zu befassen.

Anregung 2: Vermeide Reizformulierungen so gut du kannst oder formuliere sie um

Schule dein Bewusstsein für Reizformulierungen und versuche auf sie komplett zu verzichten. Falls sie dir doch rausrutschen, formuliere neu oder sprich deine Sorge vorbeugend an, zum Beispiel so: »Oh, mit dem ›mal‹ wollte ich nicht andeuten, dass du weniger im Haushalt machst.« Und wenn der andere Humor hat, kannst du ergänzen: »Oder vielleicht doch!?« Das aber am besten mit einem Lächeln im Gesicht und mit Liebe in der Stimme.

Anregung 3: Betrachte Reizformulierungen mindestens aus zwei Perspektiven

Ein und dasselbe Wort kann für den einen eine Reizformulierung sein und für den anderen eine völlig unproblematische Äußerung. Wenn du ein bestimmtes Wort als Kränkung empfindest, siehst du damit zugleich den anderen in einem bestimmten Licht. Wie wir in Kapitel 2 gesehen haben, gibt es keine Konflikte ohne unsere Bewertung. Auch hier zeigt sich: Das Wort »mal« an sich ist nicht böse. Schlimm wird das Wort erst dann, wenn du ihm eine bestimmte Bedeutung zuschreibst. Wenn du es für eine subtile Kritik hältst. Es ist also nicht das Wort, das dich kränkt, sondern deine Interpretation (mehr dazu auch in Kapitel 2.3). Es ist also nie der andere, der dich kränkt, sondern du selbst. Aber das hatten wir ja schon …

Anregung 4: Erkenne an, dass ein Leben ohne Reizformulierungen unmöglich ist

Bei aller Liebe und Leidenschaft, es wird dir nicht gelingen, auf riskante Formulierungen immer und überall zu verzichten. Auch deinem Gegenüber werden hin und wieder ungünstige Worte entschlüpfen. Sei also vorbereitet auf Konfrontationen dieser Art und auf dein Scheitern. Wie Samuel Beckett empfiehlt: »Immer versucht. Immer gescheitert. Einerlei. Wieder versuchen. Wieder scheitern. Besser scheitern.«

Du nimmst mit ... Kommunikationskonflikte treten häufig auf und sie sind nicht immer leicht zu erkennen. Gerade das Zusammenspiel aus Wort, Stimme und Körpersprache macht es oft zu einer komplexen Angelegenheit. Und unsere Neigung, etwas hineinzuinterpretieren tut ihr Übriges.

Mit den Kommunikationskonflikten sind wir am Ende von Kapitel 5 angelangt. Du hast insgesamt acht Konfliktursachen kennengelernt, die aus meiner Sicht alle möglichen Konflikte hinsichtlich ihrer Entstehung erklären. Bevor wir uns in Phase 3 dem Minimieren zuwenden, fasst Kapitel 5.9 noch einmal die wesentlichen Aussagen über Konfliktursachen zusammen.

5.9 Zusammenfassung

Das Tellerbeispiel aus der Küche ist nur eines von vielen. Meine Anregung: Wann auch immer du dich in einer diffusen oder komplexen Konfliktsituation befindest und in Phase 2 der Ursache auf den Grund gehen willst, denke an die Küche und die Teller und du findest schnell heraus, welche Konfliktursache vorliegt. Die folgende Tabelle fasst alle acht Konfliktursachen zusammen.

Die acht Konfliktursachen im Überblick

	Konfliktursache	Person A	Person B
1	Ziele	*Ich will sauberes Geschirr.*	*Ich will lieber neues Geschirr (kaufen).*
2	Methoden/ Strategien	*Ich will, dass wir abwaschen (Spülbecken).*	*Ich will aber, dass wir die Spülmaschine verwenden.*
3	Rollen/ Zuständigkeiten	*Ich will abwaschen. Du kannst ja abtrocknen.*	*Ich will aber auch abwaschen. Trockne du doch ab.*
4	Ressourcen/ Kapazitäten	*Ich will in die letzte freie Ecke noch die Brotdose legen.*	*Ich will dort aber die Bratpfanne einräumen.*
5	Bedürfnisse/ Werte	*Mir ist Effizienz wichtig – es soll schnell gehen.*	*Mir ist Effektivität wichtig – es soll sauber sein.*
		Mir ist Ökonomie wichtig – ich möchte so wenig Geld (für Strom/ Wasser) wie möglich ausgeben.	*Mir ist Ökologie wichtig – ich möchte so wenig Wasser wie möglich verbrauchen.*
6	Glaubenssätze/ Überzeugungen	*Laut Greenpeace-Studie verbraucht die Spülmaschine weniger Wasser.*	*Laut Ökoinstitut-Studie verbraucht das Spülen per Hand weniger Wasser.*
7	Haltung/ Einstellung	*Du (als Ehemann) bist jetzt auch endlich mal dran.*	*Du (als Hausfrau) bist für die Küche zuständig.*
8	Kommunikation/ Ausdrucksweise	Nie spülst du ab.	Immer beschwerst du dich, dass …

Am Ende dieses Kapitels möchte ich noch einmal auf das nicht immer leicht erkennbare Zusammenspiel der Konfliktursachen 1 bis 4 und demgegenüber der Ursachen 5 bis 8 hinweisen. Die vier ersten Konflikte – Ziele, Methoden, Rollen und Ressourcen – können im Außen gut wahrgenommen werden. Du siehst den Mülleimer, in den du das dreckige Geschirr werfen kannst, du siehst die Spülmaschine, in die du das dreckige Geschirr stecken kannst, du siehst den Schwamm, mit dem du abwaschen kannst und du siehst den letzten freien Platz in der Spülmaschine, an den die Pfanne so gut passen würde. Mit etwas Aufmerksamkeit lassen sich diese vier Konfliktursachen daher meist von allen Beteiligten leicht erkennen.

Ganz anders verhält es sich mit den Konfliktursachen 5 bis 8. Das Besondere hier ist nicht nur, dass sie zunächst verborgen und damit schwerer wahrzunehmen sind, sondern dass sie in Verbindung mit den oberen stehen. Sie sind quasi die im Innen verborgenen, wahren Ursachen der im Außen wahrnehmbaren, vermeintlichen Ursachen. Was soll das heißen? Nehmen wir den Methodenkonflikt. Im obigen Beispiel entzündete sich der Streit an der Frage, ob das dreckige Geschirr mittels der Spülmaschine oder per Hand gereinigt werden soll. Wenn du feststellst, dass auf der Ebene der Methode ein Konflikt vorliegt, kannst du dich fragen, woran das liegt, und schon bist du auf einer der unteren Ebenen.

Wir halten abschließend fest

- Ein Konflikt kann eine einzige oder auch mehrere Ursachen zugleich haben.
- Die Ursachenebenen 1 bis 4 (Ziel, Methode, Rolle und Ressource) sind sichtbarer beziehungsweise leichter verhandelbar als die Ebenen 5 bis 8 (Bedürfnis, Glaubenssatz, Haltung, Kommunikation), die eher im Verborgenen liegen.
- Die Ebenen 1 bis 4 stehen selten für sich; in der Regel werden sie beeinflusst beziehungsweise ausgelöst durch Unterschiede auf den Ebenen 5 bis 8.

6.
Minimieren (Phase 3): Auflösen, was sich auflösen lässt

3. Minimieren

Auflösen, was sich auflösen lässt

PETER UND PAUL
Erkenne die Not des anderen

BIBER
Prüfe deine Konstruktionen

REFRAMING
Wechsle deine Perspektive

SITUATIONSMODELL
Finde die Laus und die Leber

POSITIVE ABSICHT
Zieh die Matroschka aus

ENTWICKLUNGSQUADRAT
Erkenne Yin und Yang

ZIRKULARITÄT
Siehe die Henne und erblicke das Ei

THE WORK
Schau in den Spiegel an der Wand

NEGATIVITÄT
Mach Schluss mit der Empathie

Nachdem du in Phase 1 deeskaliert und in Phase 2 die Ursache verstanden hast, bist du bereit für Phase 3, das Minimieren deines Ärgers. Du wirst es wahrscheinlich kaum glauben, aber es geht auch dabei noch darum, stillzuhalten und dich deiner inneren Arbeit zu widmen. In diesem Kapitel warten insgesamt neun Strategien zur Ärgerminimierung auf dich, mit deren Hilfe du deinen Ärger über die andere Person so gut es geht reduzierst, bevor du endlich in Phase 4 konfrontierst, im Sinne von »gekonnt Grenzen setzen«.

Warum zunächst Minimieren und dann erst Attackieren? Weil du viel intelligenter und entspannter Stopp sagen und gegebenenfalls sogar auch angreifen kannst, wenn du deinen Ärger schon ein wenig abkühlen konntest. Noch besser: Stell dir vor, dass dein Ärger in Phase 3 komplett verschwindet und du gar nichts mehr sagen musst, weil sich alles in Wohlgefallen aufgelöst hat. Dann hatte sich deine Arbeit mehr als gelohnt. Und ich verspreche dir: Du wirst überrascht sein, wie oft du tatsächlich den gesamten Ärger auflösen kannst.

Du lernst in diesem Kapitel neun Einzelstrategien kennen, die jede für sich deinen Ärger über die andere Person reduzieren kann. Bei jedem Konflikt wirst du wahrscheinlich mehrere Strategien anwenden, selten jedoch alle neun auf einmal.

Um später feststellen zu können, ob sich dein Ärger tatsächlich abgeschwächt hat, kannst du sogar Folgendes ausprobieren: Vergib bei jedem Versuch einer Ärgerminimierung dem Ausgangsärger einen Wert auf einer Skala von 0 bis 10. Geh dann schrittweise die neun Strategien durch und prüfe jedes Mal, ob und wie stark dein Ärger abnimmt.

Was ich dir verspreche: Egal welche Art von Ärger vorliegt und wie stark er ist, jeder deiner Minimierungsversuche wird sich lohnen. Du wirst verblüfft sein, wie oft sich dein Ärger spürbar minimieren lässt. Ja, manchmal löst er sich sogar komplett auf – mit der erfreulichen Konsequenz, dass du in diesem Fall die Phase 4 des Anti-Ärger-Modells (Konfrontieren) auslassen kannst.

Die Reihenfolge der folgenden neun Strategien richtet sich nach dem Schwierigkeitsgrad. Wir beginnen mit leicht umsetzbaren Konzepten, die kaum Widerstand bei dir erzeugen werden, und steigern uns dann zu immer komplexeren Ansätzen, bei denen du zunächst vielleicht eher skeptisch sein wirst.

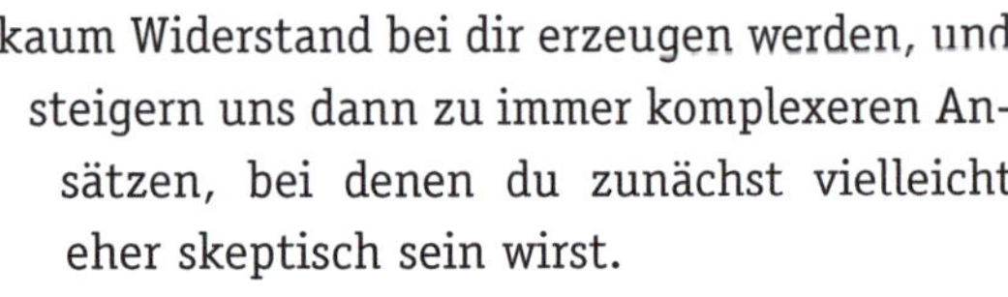

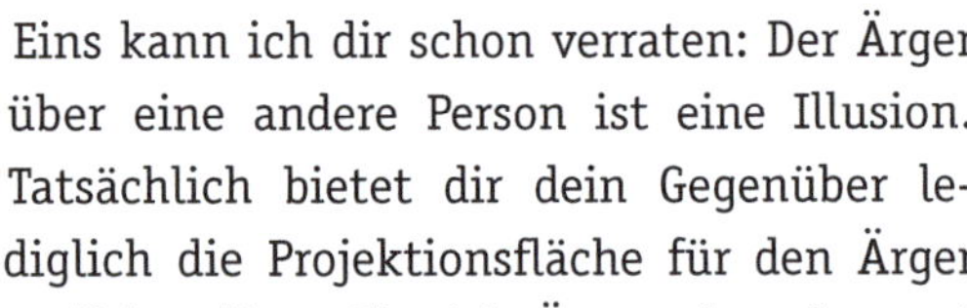

Eins kann ich dir schon verraten: Der Ärger über eine andere Person ist eine Illusion. Tatsächlich bietet dir dein Gegenüber lediglich die Projektionsfläche für den Ärger über dich selbst. Ob sich Ärger also eher auf den anderen oder auf dich selbst bezieht, das bestimmst Du viel mehr als es zunächst den Anschein hat. Doch lass uns Schritt für Schritt vorgehen.

6.1 Peter und Paul: Erkenne die Not des anderen

Stell dir vor ... Das Meeting beginnt ohne dich, denn du bist zu spät. Es ist dir unangenehm. Du spürst eine Mischung aus Schuld und Scham. Nicht schön für dich, aber du kommst damit zurecht. Bis du dem Blick deines Chefs begegnest: Er schaut dich direkt an und verdreht dabei deutlich sichtbar die Augen. Und plötzlich wird dir heiß und du fühlst dich ertappt. Gleichzeitig spürst du, wie Wut in dir aufsteigt. Die kannst du jedoch für dich behalten. Impulskontrolle hast du ja gelernt.

Doch du fragst dich verärgert: Warum kann er diese kleine Verspätung nicht unkommentiert durchgehen lassen? Oder seinen Kommentar wenigstens aussprechen, statt diese stumme Kritik zu äußern, die du als feige empfindest?

Theoretisch heißt das ... »Was Peter über Paul sagt, sagt mehr über Peter als über Paul.« So in etwa hat es der Philosoph Spinoza formuliert. Wie kann dir dieser Satz helfen, das nonverbale Augenverdrehen besser auszuhalten? Indem du dir klarmachst: Jemand (hier: Peter beziehungsweise dein Chef) äußert sich über jemand anderen (hier: über Paul beziehungsweise dich), doch die Art und Weise, wie er das tut, sagt mehr über ihn selbst aus als über den anderen.

Wenn du genau hinschaust, kannst du in Äußerungen, Mimik und Gestik erkennen:

- Was dein Gegenüber beobachtet hat,
- wie er seine Beobachtungen (aufgrund seiner Vorerfahrungen) interpretiert hat,
- wie er seine Interpretation bewertet hat,
- ob seine Bewertungen auch zu Urteilen geführt haben und
- ob seine Bewertungen und/oder Urteile auch Emotionen ausgelöst haben.

Du erfährst also indirekt, wie dein Gegenüber die Welt wahrnimmt, was diese Wahrnehmung bei ihm auslöst und was er davon wie preisgibt. Für dein Gegenüber bist du meist nur eine Projektionsfläche. Mal haben seine Konstruktionen mehr, mal weniger und mal auch gar nichts mit dir zu tun. Es liegt an dir, ob und inwieweit du dich ihm dafür zur Verfügung stellst. Dein Gegenüber informiert dich zunächst einmal lediglich darüber, wie es gerade um ihn bestellt ist.

Die Ursache für das Auftreten deines Chefs im Beispiel oben ist bei ihm selbst zu suchen. Deine Verspätung stellt lediglich den Auslöser für dieses Verhalten dar.

Praktisch bedeutet das ... Ich habe drei Anregungen für dich, wie du »Peter und Paul« anwenden kannst.

Anregung 1: Geh mit Deutungsmöglichkeiten flexibel um

Egal welches Konfliktangebot du erhältst, du bist völlig frei, damit zu machen, was du willst. Denn ob du Angst, Trauer, Schuld, Scham oder auch Wut generierst, ist letztlich davon abhängig, wie du die Situation – im oben geschilderten Fall das Augenverdrehen – deutest. Wenn du denkst: »Oh, mein Chef verdreht schon wieder die Augen. Das tut er bei mir viel öfter als bei anderen.« wirst du dich möglicherweise richtig elend fühlen. Wenn du hingegen denkst: »Oh, er verdreht die Augen, weil er sauer ist, und ich finde er hat schon auch recht damit.« wirst du wahrscheinlich zudem mit Schuld und Scham in Kontakt kommen. Wenn du aber denkst: »Oh, er ist heute schlecht gelaunt, sonst würde er einen Spaß machen oder darüber hinweggehen.«, wirst du wahrscheinlich entspannter reagieren. Auch ohne zu wissen, was dein Gegenüber denkt, kannst du zu deinem Schutz eine für dich möglichst günstige Interpretation wählen.

Anregung 2: Betrachte dein Gegenüber als einen »Menschen in Not«

Du kannst dich mit dem Gedanken beruhigen, dass dein Gegenüber gerade ein Mensch in Not ist. Übersetzt heißt das: Aufgrund seiner Bedürftigkeit kann er momentan nicht souverän und ausgeglichen auftreten. Manche Menschen, die derart hilflos agieren, meckern und mosern, andere drohen und strafen, andere wiederum rümpfen die Nase oder verdrehen die Augen. In all diesen Fällen möchte jemand seinen Ballast bei dir abladen. Und dafür stehst du eben nicht zur Verfügung.

Anregung 3: Bring ein Schutzschild zwischen dich und den anderen

Vielleicht fällt es dir manchmal schwer, offensichtlich kritisch gemeinte Äußerung positiv auszulegen oder dich mit der Formulierung »Aha, ein Mensch in Not!« zu schützen. Wenn es dir so ergeht, nutze die Kraft deiner Fantasie: Visualisiere eine Plexiglasscheibe, ein Schutzschild oder einen

Umhang. Eine Barriere, die sich zwischen dir und dem anderen befindet und dich vor ihm schützt. Was auch immer du dir vorstellst, die Konfliktangebote des anderen erreichen dich so nicht mehr, denn sie prallen an deinem Schutzkörper ab. Die Motive deines Gegenübers musst du dazu weder hinterfragen noch verstehen können.

Du nimmst mit ... Du kannst dich mit der Ärgerminimierungsstrategie »Peter und Paul« effektiv und effizient vor Übergriffen schützen:

Konzept	Leitfragen	Beispiel
»Was Peter über Paul sagt, sagt mehr über Peter als über Paul.« (Spinoza) Vermeintliche Vorwürfe nicht auf sich beziehen, sondern sehen, woher sie kommen.	Was hat der andere vorher erlebt – eben gerade, heute Morgen, vorletzte Woche oder sogar schon in seiner Kindheit? Welche Selbstaussage liegt in der Projektion verborgen?	Chef brüllt Mitarbeiter wegen einer fehlerhaften PowerPoint an. Das Anbrüllen bedeutet nicht zwangsläufig, dass der Mitarbeiter unfähig ist. Sondern zunächst, dass der Chef gerade seine Nerven nicht im Griff hat.

Wie wir gesehen haben, kann ein einfaches Zurückweisen bereits helfen, Ärgerangebote auszuschlagen. Wie wir im nächsten Kapitel sehen werden, gibt es eine zweite Technik, vermeintliche Ärgerangebote als solche zu entlarven: die BIBER-Strategie.

6.2 BIBER: Prüfe deine Konstruktionen

Stell dir vor ... Du, dein Smartphone und am anderen Ende die nette Kollegin, die dir zuhört. Eigentlich eine prima Beziehung. Doch irgendwas stimmt nicht. Seit gefühlt zehn Minuten hat deine Gesprächspartnerin nichts mehr gesagt. Keine Reaktion auf deine Worte, kein »Ja«, kein »hmm«. Nichts. Du wirst ein wenig nervös, sprichst aber erst mal weiter. Denkst zwischendurch vielleicht: »Was ist nur mit ihr? Findet sie das, was ich sage, so bescheuert? Oder liest sie nebenbei ihre Mails?« Nach weiteren gefühlten zehn Minuten spürst du Ärger aufsteigen und denkst: »Wenn die sich nicht sofort dazu äußert, werde ich das ansprechen.« Doch sie schweigt.

Schließlich nimmst du dein Smartphone vom Ohr, schaust aufs Display und stellst fest, dass die Verbindung unterbrochen ist. Wie lange wohl schon? Keine Ahnung. Möglicherweise konnte dir deine Kollegin keine Bestätigung für ihr Zuhören geben, weil sie gar nicht mehr in der Leitung war. Vielleicht hatte sie längst versucht, dich zurückzurufen, aber du warst ohne Empfang. Eben noch in voller Aufgebrachtheit über diese unhöfliche Frau, schüttelst du jetzt den Kopf über dich selbst: Da ist dir wohl mal wieder einer so richtig durchgaloppiert.

Theoretisch heißt das ... Das Beispiel zeigt: Wie wahrscheinlich auch du neigen viele Menschen dazu, vorschnell und unüberlegt Zusammenhänge herzustellen, die es so gar nicht gibt. Sie verwechseln scheinbar objektive Wahrheiten mit subjektiven Konstruktionen. Woran liegt das? Unsere Sinne sind meist maßlos überfordert damit, die auf uns hereinprasselnden Informationen vollständig aufzunehmen, geschweige denn sie immer fehlerfrei zu verarbeiten. Mal versäumen wir bestimmte Signale, mal deuten wir sie falsch.

Wir können uns den Prozess der Signalverarbeitung vereinfacht in fünf Schritten vorstellen:

Das Reizreaktionsmodell BIBER in fünf Schritten

B eobachtung: Mithilfe deiner Sinne nimmst du unentwegt deine Umgebung wahr. Von zentraler Bedeutung sind dabei Sehen und Hören. In der Kommunikation hörst du Worte und Stimmen, siehst die Körpersprache. Es kommt dabei immer zu Informationsverlust, weil du nicht alle Signale erfassen kannst. Das nennt man selektive Wahrnehmung.

I terpretation: Deine Beobachtungen deutest du anschließend, indem du Signale mit deinen Vorerfahrungen abgleichst. Da jeder Mensch einzigartige Vorerfahrungen hat, kommt es häufig zu unterschiedlichen Auslegungen. Man spricht in diesem Zusammenhang von »Verzerrungen« beziehungsweise »Fehlinterpretationen«.

B ewertung: Deine Interpretationen münden schließlich in deine Bewertung: *Ich mag …* (positiv), *Ich mag nicht …* (negativ) oder *Mir ist es egal …* (neutral). Manchmal folgt auf die Bewertung sogar ein weitergehendes Urteil, das das Verhalten des anderen nicht nur ablehnt, sondern moralisch angreift (*Er sollte so nicht sein, er sollte das ändern*).

E motion: Sobald du positiv bewertest, spürst du angenehme Emotionen. Wenn du hingegen negativ bewertest, spürst du unangenehme Emotionen wie Wut, Ohnmacht, Schuld, Scham, Angst oder auch Trauer.

R eaktion: Weil du diese unangenehmen Gefühle in der Regel nicht aus- beziehungsweise behalten möchtest, tust du etwas. Mit deiner Reaktion, zum Beispiel Augen verdrehen, Seufzen oder Fluchen, versuchst du im Außen etwas zu ändern, um das Verhalten des Gegenübers zu ändern, damit deine unangenehmen Gefühle (wieder) verschwinden. Dein Auftreten ist in diesem Fall emotional motiviert.

Praktisch bedeutet das … Was die oben stehende Tabelle in fünf Stufen darstellt, läuft in der Realität fast immer innerhalb weniger Augenblicke ab. Das Trügerische: Du bekommst es kaum mit. Denn wie im Ruhrgebiet die Städte ineinander übergehen, sodass du die Stadtgrenzen kaum noch wahrnehmen kannst, so sind auch die fünf genannten Stufen eng miteinander verwoben. Die Kunst besteht darin, diese Reizreaktionen möglichst unmittelbar zu erkennen, um aussteigen zu können. Welche Momente bieten sich dazu an?

Anregung 1: Du kannst direkt bei der Beobachtung ansetzen

Was auch immer du wahrnimmst, frag dich stets, ob das schon alles ist, was du sehen und hören kannst. Hast du wirklich jedes einzelne Wort gehört? Hast du jeden noch so kleinen Ausdruck im Gesicht des anderen gesehen? Hast du jede stimmliche Nuance wahrgenommen? Schule deine Wahrnehmung, aber denk daran: Niemand kann alles wahrnehmen. Das ist keine Schande, es ist viel eher das Wissen um die Grenzen menschlicher Wahrnehmung und der damit verbundenen Fehlbarkeit.

Anregung 2: Du kannst auch bei der Interpretation ansetzen

Wenn du merkst, dass du eine Beobachtung sofort mit einer bestimmten Bedeutung belegst, kannst du diese Zuschreibung auch wieder zurücknehmen. Du kannst dir bewusst machen, dass du lediglich glaubst, dass es so sein könnte. Öffne dich für neue Spielräume, indem du gedanklich auch andere Deutungen zulässt. Augenbrauen, die nach oben gerissen werden, bedeuten vielleicht, dass dein Gegenüber sauer auf dich ist. Vielleicht aber auch, dass er verwirrt ist. Vielleicht leidet er unter einer Krankheit. Du kannst ohne nähere Erkundung nicht wissen, wieso sich seine Augenbrauen anheben. Du kannst nur Hypothesen dazu anstellen. Und dich dabei fragen, ob es vielleicht nicht doch noch eine andere Erklärung geben könnte.

Die meisten Fehlinterpretationen sind nicht weiter schlimm. Wenn du beispielsweise einen Mann mit Anzug und Krawatte siehst und denkst, er wäre Banker, er aber in Wirklichkeit Professor für Umwelttechnik ist, dann wird diese Zuschreibung wahrscheinlich ohne gravierende Folgen bleiben. Wenn du ihn jedoch aufgrund der Krawatte (= Beobachtung) für spießig und gefühlskalt hältst (= Interpretation), ihn deshalb ablehnst (= Bewertung) und nur noch nach Unterschieden zwischen ihm und dir suchst (= Reaktion), kann das negative Auswirkungen auf euer Miteinander haben. So wirst du ihm zum Beispiel (nur wegen der Krawatte) aus dem Weg gehen und in ihm deinen Doktorvater verpassen, der dir zu einer erfolgreichen Promotion verholfen hätte.

Sei dir also bewusst, dass du auch falsch liegen kannst mit deinen Annahmen. Und mach es dir zur Gewohnheit, deine Interpretationen zu hinterfragen – vor allem dann, wenn sie bei dir heftige unangenehme Emotionen auslösen.

Anregung 3: Du kannst auch bei deiner Bewertung ansetzen

Du bist nicht gezwungen, was du gesehen oder gehört hast, negativ zu bewerten. Du kannst dich entscheiden, diese Bewertung zurückzunehmen. Bei manchen Bewertungen wird dir das leichter gelingen (etwa, wenn ein bestimmter Kollege dich nie so grüßt, wie es dir am liebsten wäre), bei anderen schwerer (zum Beispiel, wenn dein Chef dich regelmäßig unterbricht), und bei manchen wirst du auch ganz bewusst an deiner Bewertung festhalten (zum Beispiel, dass du nicht gemobbt werden willst). Du hast also die Wahl, bestimmte Bewertungen zurückzunehmen und damit den fünfstufigen Prozess aufzuhalten.

Anregung 4: Du kannst auch bei deinen Emotionen ansetzen

In der Regel ist es keine gute Idee, Emotionen sofort und ungefiltert auszuleben, denn das macht die Dinge meistens schlimmer. Du kannst stattdessen die Emotionen aushalten, bis sie ihre Wucht verloren haben und erst dann sprechen. Schon besser, denn jetzt kontrolliert die Emotion nicht mehr dich, sondern du die Emotion. Oder du kannst sie einfach nur beobachten, ohne ihr Ausdruck zu verleihen, bis sie sich komplett verzogen hat. Denn das ist die gute Nachricht: Emotionen sind zeitliche Phänomene. Genauso plötzlich wie sie auftauchen, vergehen sie meist auch wieder. Und während du abwartest, kannst du dich fragen, woher die Emotion eigentlich kommt. Dabei wirst du feststellen, dass sie in direktem Zusammenhang mit der vorherigen Bewertung steht. Und mit diesem Erkenntnisgewinn fragst du dich nun, ob du an deiner vorherigen Bewertung festhalten willst. Oder an der vorherigen Interpretation. Oder an der vorherigen Beobachtung (siehe oben).

Anregung 5: Du kannst auch bei deinen Reaktionen ansetzen

Am Ende des fünfstufigen Prozesses setzt deine Reaktion ein. Welche Wahlmöglichkeiten und Spielräume du hier – beim Feedback – hast, erfährst du im Kapitel 7 *Konfrontieren*.

Du nimmst mit … Wie wir bereits im Kapitel 4 *Deeskalieren* gesehen haben, spielt das Beobachten eine zentrale Rolle. Vor allem, weil damit der fünfstufige Prozess beginnt: Ohne Beobachtung, kein Prozess. Daraus lässt sich schlussfolgern: Eine gelungene, weil genaue Beobachtung, begünstigt den Prozess. Eine ungenaue erschwert ihn.

Je konsequenter es dir gelingt, genau zu beobachten, und bei den anschließenden Interpretationen und Bewertungen achtsam vorzugehen, desto eher wirst du ungünstigen Ärger vermeiden können. Bezogen auf das Fallbeispiel oben heißt das: Sobald du merkst, dass du dich über die stille Gesprächspartnerin ärgerst, schau zuerst, ob die – elektronische – Verbindung noch besteht.

In diesem Kapitel hast du gelernt, dass du dich mit der Strategie »Konstruktionen prüfen« gut vor unnötigen Ärgernissen schützen kannst. Was bringt dir diese neue Kompetenz?

Die Strategie »BIBER – Konstruktionen prüfen« im Überblick

Konzept	Leitfragen	Beispiel
Die eigenen Ärger-Gedanken können auf eingeschränkten Wahrnehmungen und irrtümlichen Annahmen beruhen. Es gibt nicht die eine Wahrheit, sondern nur multiple, subjektive Konstruktionen.	Was hast du möglicherweise übersehen? Stichwort: »Selektive Wahrnehmung«. Und was hast du vielleicht fehlinterpretiert? Stichwort: »Verzerrung«.	Nach oben gezogene Augenbrauen können bedeuten, dass jemand genervt ist. Müssen sie aber nicht.

Wie wir gesehen haben, kann schon ein einfaches Hinterfragen der all zu schnellen Interpretationen helfen, Ärger sekundenschnell loszulassen. Stellen wir jedoch fest, dass die Interpretation tatsächlich stimmt, brauchen wir eine weitere Ärgerminimierungsstrategie. Im nächsten Kapitel wirst du sehen, warum es sogar gut(!) ist, dass du im Konflikt bist. Klingt komisch, ist aber so.

6.3 Reframing: Nutze deine Lernchance

Stell dir vor ... Du beim Kunden, inhouse. Eine Verkaufs- beziehungsweise Produktschulung steht an. Du sollst dein Gegenüber überzeugen. Entweder er kauft bei dir – oder woanders. Es steht viel auf dem Spiel, doch du bist gut vorbereitet: Du hast die passende Lösung für den passenden Kunden und dazu die passende Präsentation. Zumindest glaubst du das.

Doch dann kommt alles anders. Deine Story zieht nicht. Deine Argumente greifen nicht. Dein Humor verpufft wie die Dieselwolke eines Schwertransporters. Unsicherheit kriecht dir den Rücken hoch und Angst macht sich breit in dir. Und als wäre das nicht schlimm genug, bemerkst du, dass dein Gegenüber schon wieder aus dem Fenster schaut. Dann auch mal zu dir, wie zufällig. Doch mit was für einem Blick? Völlig teilnahmslos. Dabei tippen seine Finger ungeduldig auf die Tischoberfläche. Obwohl kaum zu hören, zieht das Geräusch dir durch Mark und Bein.

Du bist überzeugt, dass dir hier gerade alles um die Ohren fliegt. Dein schönes Konstrukt, deine sorgfältige Vorbereitung – alles für die Katz. Du verfluchst dein Gegenüber wegen seiner Unhöflichkeit, bist zusätzlich vielleicht sauer auf dich selbst, weil du dich so schnell hast aus der Ruhe bringen lassen. Höchste Zeit, dem ganzen Geschehen einen neuen Rahmen zu verpassen!

Theoretisch heißt das ... Reframing (englisch für »einen neuen Rahmen geben«) erlaubt dir die zielgerichtete Umdeutung oder Neubewertung deiner Beobachtungen. Diese Strategie ermöglicht dir, in einer für dich unangenehmen Situation etwas Nützliches zu erkennen. Wichtig: Es geht nicht um Beschönigung, Autosuggestion oder Verleugnung von Tatsachen (vergleiche Unterscheidung Reframing versus Rationalisierung weiter unten). Bei Reframing geht es um die gezielte Bewusstmachung des zunächst verborgenen(!) Lernangebots. Auf den zweiten Blick stellst du nämlich fest, dass die Situation dich an etwas erinnert, das du noch nicht gelernt hast. Und genau das kannst du jetzt nachholen. Du hast drei Möglichkeiten, mit diesem in jeder Situation identifizierbaren Lernangebot umzugehen:

1. Ablehnung des Gegenübers: Der andere ist das Problem

Er ist der Bösewicht. Wenn er nur anders wäre, die Welt wäre schön. Zumindest hättest du dann kein Problem. Für dich gibt es nichts zu tun, allein der andere muss sich ändern. Nennen wir dieses problemorientierte Reaktionsmuster »statisch-verurteilend-destruktiv«.

2. Ablehnung deiner Selbst: Du bist das Problem

Du bist ein Schwächling. Wärest du nur in der Lage, dieses oder jenes zu tun oder zu lassen, du hättest kein Problem. Für den anderen gibt es nichts zu tun, allein du musst dich ändern. Nennen wir dieses problemorientierte Reaktionsmuster auch »statisch-verurteilend-destruktiv«.

3. Begrüßung des Ärgernisses als Entwicklungsanreiz

Die (vorübergehende) Situation ist zwar auf den ersten Blick unschön, aber nur auf den ersten. Auf den zweiten Blick stellst du fest: Dir fehlt zurzeit noch(!) etwas, um mit diesem Ärgerangebot besser umzugehen. Die Situation erinnert dich daran, dass du eine Kompetenz noch nicht (vollumfänglich) entwickelt hast. Getreu dem Motto »Krise als Chance« nennen wir dieses lösungsorientierte Reaktionsmuster »dynamisch-erlaubend-konstruktiv«.

Praktisch bedeutet das ... Reframing bedeutet, den beiden Ablehnungsversuchungen (1 + 2) zu widerstehen und dich mit Option 3 deinem Potenzial zur Persönlichkeitsentwicklung zuzuwenden. Die zentrale Frage lautet: »Was lerne ich gerade, was ich noch nicht wahrhaben will?« Im obigen Fallbeispiel winken folgende Lernchancen:

Anregung 1: Du warst zu statisch und fixiert bei deiner Präsentation

Demnächst wirst du dich variabler und flexibler verhalten und methodisch statt einer hochriskanten Dominokette lieber Flusssteine wählen. Bei Domino braucht nur ein Stein zu fehlen, und alles gerät ins Stocken. Bei den Flusssteinen springst du einfach auf den Nächstgelegenen. Du musst sie zuvor nur nah genug platziert haben.

Anregung 2: Du bist noch nicht flexibel genug, mit Nicht-Begeisterung umzugehen

Du bist aktuell hochgradig abhängig von wohlwollendem, wertschätzendem Feedback. Willst du bedürftig bleiben oder dich freischwimmen von der Resonanz anderer und ein Erwachsener, der mangelnde Begeisterung gut wegstecken kann? Rhetorische Frage. Es gelingt dir noch nicht, bei Bedarf Störungen bewusst auszublenden (siehe auch *Scheuklappenansatz* in Kapitel 1.3).

Entwickle dich weiter, bis du lernst, – wo nötig und sinnvoll – verbale, stimmliche und körpersprachliche Rückmeldungen zu ignorieren. Oder willst du ein Spielball des Publikums bleiben? Noch eine rhetorische Frage.

Wir halten fest: Ohne Reframing würdest du in der obigen Situation sowohl dein Gegenüber als auch dich selbst verurteilen. Entweder wäre dein Gegenüber der Arsch, der sich danebenbenimmt. Oder du der Idiot, der sich nicht behaupten kann. Womöglich sogar beides: Ein Aufeinandertreffen von Arsch und Idiot. In dieser Betrachtung gibt es nur Übeltäter und keine Aussicht auf Besserung. Wie bedauerlich für Energie und Lebensqualität. Reframing erlaubt dir den Blick aus der Vogelperspektive. Das Verhalten des anderen ermöglicht dir zu erkennen, was du bisher nicht gelernt hast. Du drehst eine Ehrenrunde. Nicht weiter schlimm. Du bist kein Opfer, sondern ein in Entwicklung befindlicher Held. Und der andere wird vom Arsch zum Arschengel, zu einem hilfreichen Entwicklungshelfer.

Anregung 3: Was gilt es sonst noch zu beachten?

Nachsitzen versus Ehrenrunde: Schmollend zurück in die Schule oder dich mutig weiterentwickeln? Die Begegnung mit dem anderen ähnelt dem Nachsitzen in der Schule oder sogar dem Sitzenbleiben. Wer hat darauf schon Lust? Doch das Leben ist da gnadenlos: Es wird dir so lange die Lernangebote vor die Nase setzen, bis du sie aufgreifst und dich an die Arbeit machst. Allein du entscheidest, wie oft du nachsitzen wirst. Denn jetzt bist du erwachsen und hast die Wahl. Manche sitzen ihr Leben lang nach und merken es nicht und ärgern sich bis zum letzten Atemzug. Jeder kann wählen, ob er sich ein Leben lang über andere ärgern will oder sie als Lernanbieter betrachtet. Wofür entscheidest du dich? Wirst du dich weiterhin vom Ärger wegspülen lassen oder innehalten und dich fragen, was es in dieser Situation für dich zu lernen gibt?

Übeltäter versus Meister: Allein du etikettierst

Mach den Übeltäter zum Meister. Der dich darauf aufmerksam macht, was dein Leben zukünftig bereichern wird. Oder mach ihn zum unliebsamen Lehrer, der dir nur deshalb Schmerzen bereitet, weil er dich an etwas erinnert, das du nicht lernen willst. Nicht sein Verhalten verursacht dein Leid, sondern deine Verweigerungshaltung. Er ist lediglich der Auslöser. Sieh in deinem Gegenüber einen Meister, und dein anfänglicher Ärger wandelt sich in Dankbarkeit. Oder betrachte ihn weiterhin als Übeltäter, und kultiviere deinen ungünstigen Ärger. Du hast auch hier die Wahl.

Reframing versus Rationalisierung

Wie oben gesehen ist Reframing sinnvoll, wenn du mit seiner Hilfe die verborgene Lernchance identifizierst. Nicht sinnvoll ist Reframing hingegen, wenn du es zur Rationalisierung missbrauchst. Was heißt das?

Reframing und Rationalisierung sind zwar beides Strategien, um Ärger zu bewältigen, doch es gibt einen wesentlichen Unterschied: Während Reframing Aufbruch bedeutet, ist Rationalisierung Stillstand. Sie hilft dir, Dinge so umzudeuten, dass es dir (scheinbar) gut geht. Und du rechtfertigst damit zugleich, dass alles bleiben kann, wie es ist. Rationalisierung dient dir dann als bequeme Möglichkeit, der Wahrheit nicht ins Auge schauen zu müssen.

Typische Rationalisierungsgedanken lauten: »Ist nicht so tragisch, es gibt noch viel Schlimmeres!«, »Da kann ich nichts machen, er ist halt so!« oder auch »Ich kann verstehen, warum er sich so unhöflich verhält, denn ...!«. In all diesen Fällen reduzierst du zwar deinen Ärger über die andere Person, aber du bleibst mit deiner Bewältigungsstrategie im Außen, statt deine eigene Weiterentwicklung voranzutreiben. Die Kunst besteht darin, die Lernchance mithilfe von Reframing zu erkennen – nicht sich abzulenken, um den Ärger durch Rationalisierung besser auszuhalten. Mach dir nichts vor, sondern schau hin und stell dich!

Du nimmst mit ... Mit Reframing kannst du gekonnt der Opferrolle entkommen. Du kannst das Abwerten und Verurteilen deines Gegenübers zurücknehmen, indem du erkennst, dass er dir – ohne es zu wissen – einen großen Gefallen getan hat. Er hat dich daran erinnert, was dir noch fehlt und was du schon längst hättest lernen können. Dein Gegenüber ist kein Übeltäter, sondern ein Meister, der dich (manchmal schmerzhaft) daran erinnert, welchen Entwicklungsschritt du genau in diesem Moment nachholen kannst. Was bringt dir diese neue Kompetenz?

Die Strategie »Reframing« im Überblick

Konzept	Leitfragen	Beispiel
Jedes noch so negativ erlebte Erlebnis ist nützlich, weil es dir aufzeigt, dass du etwas (Wichtiges) noch nicht kannst. Der Konflikt offenbart eine bislang verpasste Lernerfahrung.	Und wofür soll das jetzt gut sein? Was will ich gerade (noch) nicht wahrhaben? Was lerne ich gerade?	Wenn dein Chef dich anschreit, ist das zunächst doof. Auf den zweiten Blick kannst du diesen Vorfall auch positiv einordnen. Du lernst, dass du dich wehren musst, wenn du auch anderen besser Paroli bieten willst. Dein Chef »hilft« dir insofern, erwachsen zu werden.

Mit den nächsten Ärgerminimierungsstrategien wenden wir uns noch mehr unserem Gegenüber zu. Im nächsten Kapitel wirst du sehen, welchen Unterschied ein wenig Empathie machen kann.

6.4 Situationsmodell: Finde die Laus und die Leber

Stell dir vor … Du im Gang. Zwei deiner Mitarbeiter auch. Sie streiten. Scheinbar geht es um die Sache, doch in Wahrheit begegnen sich Ego (»ich will aber …«) und Angst (»ich fürchte, dass ich … verliere«), so deine Vermutung. Unnötiges Machtspiel, so dein Urteil. Dich nervt dieser aus deiner Sicht vermeidbare Konflikt, aber du bleibst ruhig. Und genau das wundert dich.

Denn letzte Woche, als die beiden in ähnlicher Weise aufeinanderprallten, da gingen dir die Pferde durch. Erst die verächtlichen Gedanken (»Was für Schwachköpfe hab ich mir da ins Team geholt!«), dann die sarkastische Bemerkung (»Sind wir hier im Kindergarten? Lätzchen gibt's da vorn.«). Doch jetzt bist du völlig gelassen. Geradezu achtsam und einfühlsam, ja, liebevoll. Du hältst inne und fragst dich: »Wie kommt's, dass ich auf dieselbe Beobachtung mal genervt und mal gelassen reagiere? Kann es sein, dass meine jeweilige Reaktion mehr mit meinem Innern zu tun hat, als mit dem, was ich im Außen wahrnehme?« Und auf einmal fällt dir auf, dass es womöglich am jeweils zuvor Erlebten liegt. Du vergleichst: Jetzt gerade bist du mächtig stolz. Hast soeben die lobenden Worte eines dankbaren Kunden in einer E-Mail gelesen. Wie gut das tat! Doch wie war das letzte Woche? Ach ja, da hatte kurz vorher diese blöde Kuh angerufen und sich beschwert. Tatsächlich: Deine jeweilige Reaktion muss wohl allein von deiner aktuellen Befindlichkeit abhängen.

Theoretisch heißt das … Ausgehend von deiner aufmerksamen Selbstwahrnehmung kannst du dich bei jedem Ärger fragen: »Was ist im Vorfeld passiert, dass ich gerade heftiger reagiere als sonst?« Und nicht nur das: Für dein Gegenüber gilt umgekehrt dasselbe. Wann auch immer sich ein Mensch aus deiner Sicht unangemessen heftig äußert, kannst du sicher sein, dass ihm die berüchtigte Laus über die Leber gelaufen sein muss. Diese Annahme geht zurück auf das sogenannte Situationsmodell, das ich von Schulz von Thun übernommen habe (Schulz von Thun/Ruppel/Stratmann 2003: Miteinander reden: Kommunikationspsychologie für Führungskräfte).

Du hast also stets die Wahl, einen Moment innezuhalten und dich zu fragen, was vorher beim Gegenüber passiert sein könnte, oder sofort auf das unerwünschte Verhalten mit Verurteilung und Ärger zu reagieren. An der unerwünschten Situation ändert sich nichts, aber dein Fokus verschiebt sich. Im ersten Fall befasst du dich mit dem, was vorher dem anderen widerfahren sein muss, im zweiten Fall mit dem von dir abgelehnten Verhalten in der Gegenwart. Im ersten Fall entsteht Neugier und Einfühlung, im zweiten Fall großer Ärger auf dein Gegenüber (siehe auch die folgende Tabelle).

Die vermutende und die verurteilende Haltung im Vergleich

Vermutende, fragende Haltung	Verurteilende, wissende Haltung
Meinem Gegenüber muss vorher etwas Unschönes widerfahren sein, wenn er so etwas tut. Auch wenn ich nicht weiß, was es war, ich weiß, dass etwas passiert sein muss.	Warum macht mein Gegenüber nur so etwas? Es gibt keinen Grund, sich so zu verhalten. Nichts rechtfertigt dieses Verhalten. Es ist (moralisch) falsch, was er getan hat.

Die vermutende, fragende Haltung kannst du einnehmen, wenn du humanistisch denkst und dich einfühlen kannst. Mit Humanismus meine ich hier: Kein Mensch ist von Natur aus böse. Jeder Mensch versucht zu jeder Zeit die beste Version seiner selbst hervorzubringen – einen freien, liebenden und fürsorglichen Menschen. Wenn meinem Gegenüber das (gerade) nicht gelingt, dann ist er (gerade) verhindert. Weil ihm in der Vergangenheit etwas genommen wurde, was ihm wichtig war oder ihm etwas gegeben wurde, was ihm nicht guttat. Und sobald er sich dessen bewusst wird und/oder lernt, mit dem Mangel umzugehen, kann er (wieder) der liebenswerte, offene und zugewandte Mensch werden. Kein Mensch ist dauerhaft verloren.

Kannst du diese humanistische Grundhaltung zulassen? Wenn ja, schau dir dazu die beiden folgenden wichtigen Fragen zur Zeitlichkeit und zur Bewusstheit an.

Zeitlichkeit: Wann alles anfing

Möglicherweise sind nicht nur recht aktuelle Ereignisse (die heutige E-Mail, das Telefonat neulich etc.) relevant, sondern auch weit zurückliegende. Womöglich sogar Erlebnisse aus deiner Kindheit. Die gängigen psychologischen Theorien sind sich einig: Deine gesamten Erfahrungen haben das Potenzial, dich im Hier und Jetzt einzuschränken. Ob gerade eben eine unschöne E-Mail, in der jüngeren Vergangenheit eine Nichteinladung zu einer Feier oder eine elterliche Bestrafung in deiner Grundschulzeit: Schlechte Erfahrungen und Verletzungen sind dir eingeschrieben. Und sie warten mitunter Jahre auf ihre Entladung.

Bewusstheit: Was alles reinspielt

Jegliche Begebenheit, die zu einem früheren Zeitpunkt dein emotionales Wohlbefinden gestört hat, kann also zeitversetzt im Hier und Jetzt ausbrechen. Dieser Reizreaktionsmechanismus läuft unabhängig davon ab, wann diese prägende Begebenheit stattgefunden hat und ob du dir ihrer bewusst bist oder nicht. Und da du als Erwachsener schon so manchen Tag auf der Erde verbracht hast und heute nur einen winzigen Ausschnitt davon wahrnehmen kannst, weißt du nicht, welche ungeklärten Konfliktpotenziale du noch mit dir rumschleppst.

Hattest du positive Erfahrungen und bist deshalb positiv gestimmt, reagierst du gelassen. Hattest du negative Erlebnisse und bist nun in einer negativen Grundstimmung, reagierst du eher genervt, gestresst, frustriert.

Insofern hat jede deiner unerwünschten Ärgerreaktionen das Potenzial, dir die Augen zu öffnen: Jeder Ärger über jemanden gewährt dir Einblicke in deine eigenen Enttäuschungen – egal, ob sie heute Morgen stattfanden, letzte Woche oder im vorigen Jahrhundert.

Praktisch bedeutet das ... Was bedeutet die Einsicht, dass Ärgerreaktionen in Zusammenhang mit früheren Enttäuschungen stehen können, für dich in der Praxis?

Kränkungsvermutung: Es muss wohl etwas passiert sein

In der Rechtsprechung gilt der Grundsatz: Im Zweifel für den Angeklagten. Solange die Schuld des Angeklagten nicht bewiesen ist, gilt er als unschuldig. Übertragen auf das Situationsmodell lässt sich formulieren: Im Zweifel für die Kränkungsvermutung. Sobald sich also jemand – aus deiner Sicht – der Situation unangemessen verhält, muss dies durch frühere Kränkungen, Entbehrungen oder Verletzungen erklärbar sein. Kurz: Nur wer Probleme mit sich herumträgt, zeigt problematisches Verhalten.

Wenn du diesem Grundsatz auf abstrakter Ebene folgst, kannst du in jeder noch so schweren Situation innehalten. Ohne Kenntnis, was war, weißt du, dass etwas war. Es geht nicht um den Beweis, es geht um die Annahme. Wenn du auf Beweise verzichten kannst, bist du auf einem guten Weg, das Situationsmodell wirkungsvoll anzuwenden.

»Benachteiligungsmanagement«: Die vergangene Benachteiligung des anderen ist genauso bedeutsam wie deine gegenwärtige

Es wird Momente geben, in denen dir der Glaube an eine frühere, negative Prägung deines Gegenübers einfach nicht reicht, um gelassen zu bleiben. Was ich hier vorschlage ist eine Art »Benachteiligungsmanagement»: Versuche, deine aktuelle Benachteiligung auszuhalten, indem du dir vorstellst, welche Benachteiligungen dein Gegenüber in der Vergangenheit erlitten habe könnte (siehe auch folgende Tabelle).

Aspekte des Benachteiligungsmanagements

Benachteiligung	du	dein Gegenüber
Dimension	beobachtet	vermutet
Zeitpunkt	Gegenwart	Vergangenheit
Täter/Auslöser	bekannt (dein Gegenüber)	unbekannt

Wie die oben stehende Tabelle durch die Gegenüberstellung veranschaulicht: Es ist nicht leicht, während der eigenen Benachteiligung durch den anderen (klar beobachtbar – im Hier und Jetzt – den Übeltäter vor Augen) auch an die vermutete Benachteiligung des Gegenübers zu denken (lediglich vermutet – irgendwann in früherer Zeit – der Übeltäter im Verborgenen). Doch es lohnt sich. Warum? Weil du durch diese empathische Abstraktionsleistung dein Urteil aufheben kannst. Und wenn du das Urteil aufhebst, dann bleibst du verbunden mit deinem Gegenüber. Und wenn du verbunden bleibst, bist du offener, zugewandter und flexibler. Und darum geht es letztendlich.

Doppelmoral ist etwas für Selbstgerechte

Die im vorherigen Stichpunkt angedeutete Aufhebung deines Urteils kann dir deshalb gut gelingen, weil du dich in deinem Gegenüber wiederfindest. Auch du hast schon erlebt, dass du – je nach Vorgeschichte – mal liebevoller und mal liebloser aufgetreten bist. Wenn du also Verständnis für dein eigenes, manchmal unangemessenes Verhalten erwartest, solltest du es deinem Gegenüber ebenso gewähren. Es sei denn, du bist Anhänger der Doppelmoral: Mir doch egal, wenn ich von anderen etwas einfordere, was ich selbst nicht biete. Aber davon gehe ich nicht aus, sonst hättest du dieses Buch wahrscheinlich längst weggelegt.

Du nimmst mit ... Mit dem Situationsmodell kannst du auf eine Verurteilung deines Gegenübers verzichten. Ausgehend von deiner humanistischen Grundannahme, vertraust du darauf, dass er einen guten Grund hat, so zu handeln. Auch wenn dir der Beweis dafür fehlt. Diese Gewissheit schützt dich davor, das beobachtete Verhalten allzu schnell zu kritisieren. Mit einer wissenden Haltung (Es muss etwas passiert sein) und einer fragenden Haltung (Was wohl genau passiert ist?) bleibst du in Verbindung. Und dein Ärger geht zurück.

Die Strategie »Situationsmodell« im Überblick

Konzept	Leitfragen	Beispiel
Kein negatives Verhalten ohne negative Vorgeschichte. Niemand ist per se böse oder schlecht, sondern er oder sie hat einen Grund, der in der Vergangenheit liegt.	Welche Laus lief ihm über die Leber? Eben gerade, heute Morgen, letzte Woche oder sogar in seiner Kindheit? Was wurde ihm angetan oder genommen?	Kunde erhielt vor dem Telefonat mit mir einen Anschiss von seinem Chef. Aufgrund dieser vorherigen, aber noch wirksamen Kränkung beschwert er sich deutlich heftiger bei mir als sonst.

Im nächsten Kapitel wirst du sehen, wieso du dein Gegenüber manchmal wie eine Matroschka ausziehen solltest.

6.5 Positive Absicht: Zieh die Matroschka aus

Stell dir vor ... Mal wieder eins dieser unsäglichen Meetings. Heute im Fokus deines Ärgers: der labernde Mitarbeiter. Unfassbar, was der wieder alles raushaut, ohne Wesentliches mitzuteilen. Kommt seelenruhig vom Hölzchen auf Stöckchen. Dabei blickt er mal den einen, mal den anderen in der Runde an und beginnt dann erneut bei Adam und Eva. In dir steigt mächtig Ärger auf: *Woher nimmt der das Recht, so gedankenlos draufloszureden? Wie kann jemand einem derart ungerührt die Zeit stehlen?*

Für dich steht fest: Es liegt an Labertaschen wie dieser, dass Meetings so oft reine Zeitverschwendung sind. Zwei deiner wichtigsten Bedürfnisse – nämlich Effektivität und Effizienz – bleiben auf der Strecke: Null Effektivität, weil der Mitarbeiter kaum etwas Wesentliches sagt und null Effizienz, weil er dafür auch noch so lange braucht. Du leidest auf allen Ebenen. Du kannst nichts Positives an deinem Gegenüber erkennen. Und da wären wir auch schon beim Thema: dem Positiven, das so schwer zu sehen ist.

Theoretisch heißt das ... Was soll positiv daran sein, wenn jemand fast nichts sagt, dafür aber jede Menge Zeit verwendet? Auf den ersten Blick ist diesem Verhalten deines Gegenübers wenig Positives abzugewinnen. Doch im Folgenden soll es um den zweiten Blick gehen. Denn dort liegt deine Chance zur Ärgerminimierung.

Der erste Blick konzentriert sich auf das unmittelbar wahrnehmbare »negative« Verhalten, das deinen Bedürfnissen zuwiderläuft. Wenn du es dabei belässt, kommt zwangsläufig Ärger auf. Schaust du aber ein zweites Mal hin und fragst dich: »Wozu verhält sich der andere so? Was möchte er damit erreichen?«, kommst du einen entscheidenden Schritt weiter. Denn das Verhalten deines Gegenübers mag eigentümlich wirken, es entspringt jedoch immer einer positiven Absicht beziehungsweise einem nachvollziehbaren Motiv oder einem guten Grund. Wie auch immer du es nennst: Die zugrunde liegende Annahme dazu lautet: Es gibt kein Verhalten ohne ein korrespondierendes Bedürfnis, kurz positive Absicht (eine der acht NLP-Grundnahmen nach Richard Bandler: http://nlpportal.org/nlpedia/wiki/Grundannahmen_des_NLP).

Das Verhalten mag noch so verabscheuungswürdig sein, es steckt stets ein nachvollziehbares, gutes Motiv dahinter. Ja, eine radikale Sicht. Doch sie ist wahr. Wie schon beim Situationsmodell im Kapitel zuvor liegt auch der Strategie der positiven Absicht eine humanistische Grundhaltung zugrunde.

Für jeden Menschen gilt ausnahmslos: Das gewählte Verhalten ist stets eine Strategie (im Außen), um ein Bedürfnis (im Inneren) zu erfüllen. Mal ist das Bedürfnis klar zu erkennen, mal musst du sehr viel Empathie und Geduld aufbringen, um es zu entdecken. Und mal ist es nahezu komplett verborgen.

Wenn du das zunächst unsichtbare Motiv erkennen kannst, geht dein Ärger schlagartig zurück. Denn mit Blick auf die verborgene Absicht beziehungsweise das unerfüllte Bedürfnis hast du dir einen Zugang zum anderen erarbeitet. Du hast ein neues Verständnis entwickelt. Wohlgemerkt: Verständnis, nicht Einverständnis. Das heißt, du verstehst das Bedürfnis des anderen, doch mit seinem Verhalten bist du nicht einverstanden. Der Blick auf die positive Absicht ermöglicht dir also eine dialektische Haltung: Verhalten ist nicht okay – Absicht aber schon. Für diese Haltung brauchst du Empathie und Abstraktionsvermögen. Verharrst du im Schwarz-Weiß-Denken und forderst schnelle, unterkomplexe Lösungen, wirst du mit dieser Strategie wahrscheinlich scheitern.

Praktisch bedeutet das ... Schauen wir uns noch einmal das obige Beispiel des Vielredners an. Wirfst du einen zweiten Blick auf sein Verhalten, kannst du möglicherweise eine wohlwollende Haltung einnehmen. Denn vielleicht erkennst du einige der folgenden, zunächst verborgenen positiven Absichten:

- **Wahrnehmung:** Wenn die Person spricht und Augenkontakt sucht, erfüllt sie sich das Bedürfnis nach Wahrnehmung. Das Gefühl, gesehen zu werden. Ein Bedürfnis, das auch du kennen dürftest.

- **Wertschätzung:** Als Redende spürt die Person Anerkennung, wenn ihr andere zum Beispiel zunicken, zustimmend lächeln oder ihre Aussagen verbal bestätigen. Auch das kennst du.
- **Zugehörigkeit:** Aus Wahrnehmung und Wertschätzung kann auch das Gefühl der Zugehörigkeit entstehen. Indem der Mitarbeiter vor der Gruppe spricht, empfindet er sich als ein Teil von ihr und fühlt sich so weniger allein. Auch dieses Bedürfnis ist dir sicherlich bekannt.
- **Beitragen:** Der Mitarbeiter glaubt, einen wichtigen Beitrag zur gemeinsame Arbeit zu leisten. Er kann aktiv zum Ergebnis beitragen und fühlt sich wertvoll. Ebenfalls ein dir bekanntes Bedürfnis, nicht wahr?

Das Beispiel zeigt, dass du hinsichtlich der Stärke deines Ärgers eine Wahl hast. Wenn du allein auf das unerwünschte Verhalten blickst, wirst du es reflexhaft ablehnen und dich wahrscheinlich sehr ärgern. Blickst du jedoch auch auf die zunächst verborgene positive Absicht, wandelt sich deine Gesamteinschätzung und dein Ärger wird sich abschwächen. Du lehnst das Verhalten zwar weiterhin ab, kannst die Bedürfnisse dahinter jedoch gut verstehen.

Die Ärgerminimierungsstrategie »Positive Absicht« verlangt viel Geduld und ein hohes Einfühlungsvermögen von dir. Sie verlangt, in schwierigen Ärgersituationen differenzieren zu können. Drei Beispiele hierzu:

Drei Beispiele für das sichtbare, unerwünschte Verhalten und die darunter verborgene, positive Absicht

Sichtbares, negatives Verhalten	Unsichtbare, positive Absicht
Ein Lehrer schreit einen Schüler an, nachdem dieser zum wiederholten Mal die Hausaufgaben vergessen hat.	Wunsch nach Verbindlichkeit und Zuverlässigkeit

Sichtbares, negatives Verhalten	Unsichtbare, positive Absicht
Eine Mitarbeiterin ist traurig, weil ihr Chef sie nicht fragt, wie ihr Urlaub war.	Wunsch nach Wahrnehmung und Austausch
Ein Kollege ist sauer, weil ein anderer doppelt so viele Kekse abbekommen hat wie er.	Wunsch nach Gerechtigkeit

Deine Aufgabe besteht nicht darin, das beobachtete Verhalten zu tolerieren, zu akzeptieren oder sogar gutzuheißen. Deine Aufgabe besteht darin, dich nicht zu schnell zu vorschnellen Urteilen hinreißen zu lassen, und mit Blick auf die verborgene(n) positive(n) Absicht(en) eine verständnisvolle Haltung einzunehmen. Wie kann dir dieser schwierige Spagat gelingen? Ich habe drei Anregungen beziehungsweise Praxishilfen:

Stell die Warum- beziehungsweise Wofür-Frage – erst leise, dann laut

Wenn es dir schwerfallen sollte, die positive Absicht hinter dem Verhalten des Gegenübers zu erkennen, halte inne und suche zunächst im Stillen nach der Antwort. Frage dich gewissenhaft, welches Motiv darunterliegen könnte. Wie du (mittlerweile) weißt, muss ein nachvollziehbares Motiv vorhanden sein.

Findest du keine Antwort, beziehe dein Gegenüber mit ein und frage es ganz offen, etwa so: »Worum ging es dir eigentlich, als du … (getan) hast?« Formuliere diese Frage einfühlsam und neugierig, nicht kritisch und vorwurfsvoll. Finde situationsgerechte Worte, die es deinem Gegenüber leicht machen, sich für dein Anliegen zu öffnen.

Pack die Matroschka aus!

Wenn dir der Blick auf die positive Absicht schwerfällt, denke an eine Matroschka. Das unerwünschte Verhalten deines Gegenübers entspricht dabei der äußeren Schale der Figur. Entferne nun nach und nach sämtliche Schichten, bist du letztlich bei einem Bedürfnis angelangt bist, dass du nachvollziehen und begrüßen kannst. Es ist nur eine Frage von Zeit und Geduld, bis du zur positiven Absicht vordringst.

Das Bild der unschuldigen Matroschka kann dir helfen, in schwierigen Ärgersituationen deine anspruchsvolle Aufgabe nicht aus den Augen zu verlieren. Je fragwürdiger das beobachtete Verhalten, desto mehr Schichten gilt es abzulegen. Allein du entscheidest, bis zu welcher Schicht du vordringen möchtest. Gibst du zu früh auf, verharrst du im Ärger, bringst du die Arbeit zu Ende, befreist du dich von ihm.

Batman: Gerechtigkeit, Rache und Mord sind drei paar Schuhe

Wenn du keine Lust auf Einfühlung hast, denke an Batman. Als Kind wurden seine Eltern ermordet. Als erwachsener Mann trifft er den Mörder und sinnt auf Rache: »Was du meinen Eltern angetan hast, das tue ich jetzt dir an.« Wir können sein Vorhaben auf zwei Weisen bewerten. Variante 1 mit Blickverengung auf seine Tat: *Dein Verhalten ist böse und abzulehnen. Mehr gibt es nicht zu sagen*. Variante 2 mit Blickerweiterung auf die positive Absicht: *Dein Verhalten ist abzulehnen, doch ich erkenne, welches Bedürfnis du dir erfüllen willst. Dein Bedürfnis ist nicht Rache. Dein Bedürfnis ist Gerechtigkeit. Das kann ich verstehen. Ich verstehe dein Bedürfnis, doch ich lehne dein Verhalten ab. Verwechsle bitte Gerechtigkeit nicht mit Rache. Wenn du mordest, entsteht vielleicht der Eindruck von Gerechtigkeit im Sinne von Gleichheit. Doch du irrst. Was du schaffst ist neues Leid. Lass die Mordabsicht und erfülle dir dein Bedürfnis nach Gerechtigkeit auf einem anderen Wege.*

Du nimmst mit … Mit der »Positiven Absicht« kannst du schwierige Situationen ganzheitlich betrachten. Hast du früher das beobachtete Verhalten vorschnell und einseitig bewertet oder verurteilt, kannst du jetzt innehalten und das verborgene Motiv als positive Absicht erkennen. Du lehnst das Verhalten zwar nach wie vor ab, doch du kannst nachvollziehen, warum dein Gegenüber so gehandelt hat, weil du seinen guten Grund sehen kannst. Diese Einsicht wird deine Bewertungen und oder Urteile aufheben und damit deinen Ärger minimieren.

Die Strategie »Positive Absicht« im Überblick

Konzept	Leitfragen	Beispiel
Hinter jedem unerwünschten Verhalten steckt eine positive Absicht im Sinne von »verborgenes Motiv« oder auch »unerfülltes Bedürfnis«. Wer dies erkennt, kann Beweggründe besser nachvollziehen und die verurteilende Haltung auflösen.	Wofür soll dieses negative Verhalten bloß gut sein? Welches Bedürfnis versucht sich mein Gegenüber gerade mit dieser unschönen Tat zu erfüllen?	Chef brüllt Mitarbeiter wegen einer fehlerhaften PowerPoint an. Die Tat (das Anbrüllen) ist unerwünscht, aber die positive Absicht(en) wie Qualität, Kundenbindung und Arbeitsplatzsicherung sind gut und nachvollziehbar.

Im nächsten Kapitel wirst du sehen, dass sich noch etwas Zweites hinter dem unerwünschten Verhalten versteckt.

6.6 Entwicklungsquadrat: Erkenne Yin und Yang

Stell dir vor ... Du hast dir Mühe gegeben. Deine Chefin wollte eine Powerpoint. Und die hat sie bekommen. Eine richtig gute, wie du dachtest. Leider sieht sie das wohl anders: zusammengekniffene Augen, angespannte Körperhaltung und das dir bekannte Seufzen. Du ahnst, gleich wird sich (mal wieder) ein Gewitter entladen. Und richtig, schon poltert sie los. Schweigend lässt du die Tirade über dich ergehen. Nachdem sie fertig ist, ziehst du von dannen – mit hängenden Schultern. Mal wieder.

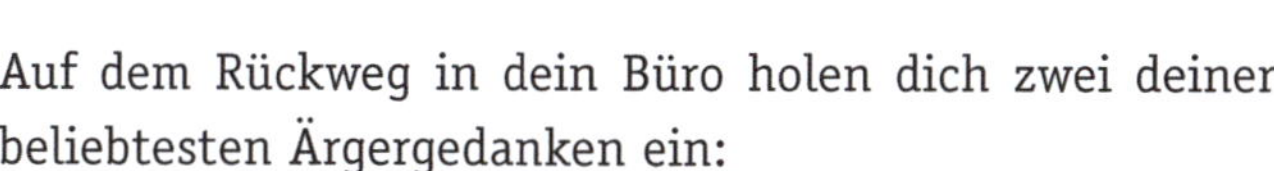

Auf dem Rückweg in dein Büro holen dich zwei deiner beliebtesten Ärgergedanken ein:

- *Wie kann man nur so penibel, so perfektionistisch sein?*
- *Wie kann man nur so cholerisch, so aggressiv sein?*

Du hast das Gefühl, dass du es deiner Chefin nie recht machen kannst und dass du immer einstecken musst. Wie sollst du jemals mit ihr und ihrem Verhalten klarkommen?

Doch vielleicht ist das zu kurz gedacht, vielleicht hast du bei deiner Bewertung etwas Wichtiges übersehen? Womöglich birgt ihr Verhalten bei genauerem Hinsehen auch positive Aspekte? Antworten auf diese Fragen gibt dir das Entwicklungsquadrat.

Theoretisch heißt das ... In jeder noch so ablehnungswürdigen Verhaltensweise deines Gegenübers liegt eine bewundernswerte Stärke verborgen, die auf den ersten Blick kaum zu sehen ist. In dieser Logik ähnelt das Entwicklungsquadrat der Strategie »Positive Absicht« aus dem vorigen Kapitel. Die Gemeinsamkeit: Beide Strategien gehen davon aus, dass im unerwünschten Verhalten deines Gegenübers etwas Positives, etwas Anerkennenswertes steckt. Der Unterschied: Bei der Positiven Absicht handelt es sich um ein Motiv beziehungsweise Bedürfnis; beim Entwicklungsquadrat hingegen um eine Kompetenz beziehungsweise Stärke.

Dieses Modell geht zurück auf das von Nicolai Hartmann stammende Wertequadrat. Es wurde von Friedemann Schulz von Thun für die Belange der zwischenmenschlichen Kommunikation genutzt und mit dem Entwicklungsgedanken verbunden und dann Werte- und Entwicklungsquadrat genannt.

Die folgenden fünf Schritte eröffnen dir wertvolle neue Perspektiven auf dein Gegenüber, die deinen Ärger spürbar minimieren können:

Schritt 1: Entdecke in der Übertreibung den positiven Kern

Welche besondere Stärke besitzt mein Gegenüber, dass er eine bestimmte Eigenschaft oder Fähigkeit in übertriebener Form ausprägen kann? Übertragen auf das Beispiel oben, frag dich also: Welche grundlegende Eigenschaft ermöglicht es meiner Chefin, derart perfektionistisch zu sein? Schnell wirst du auf die Antwort kommen: Nur jemand der im Kern gewissenhaft ist, kann im Extremfall perfektionistisch – also übertrieben gewissenhaft – wirken. Schulz von Thun spricht in diesem Zusammenhang von »Überoptimierung»: Etwas Gutes ist zu stark ausgebildet und somit überoptimiert. Oder anders ausgedrückt: Weniger ist mehr.

Nun kannst du auch überlegen, welche Kompetenz der Aggressivität deines Gegenübers zugrunde liegt. Bevor du weiterliest, halte also kurz inne und frag dich: Was braucht jemand, um aggressiv auftreten zu können? Wahrscheinlich gehören im Kern Selbstsicherheit und Mut zu diesem Verhalten. Ohne diese (positiven) Eigenschaften wäre eine (negative) Überoptimierung in Form von Aggressivität kaum möglich.

Mithilfe des Entwicklungsquadrats kannst du das Verhalten deines Gegenübers aus einer anderen Perspektive betrachten: Du siehst jetzt nicht mehr nur den Perfektionismus darin, sondern zugleich die Gewissenhaftigkeit.

Diese Öffnung hilft dir, deinen Ärger spürbar zu minimieren und deinem Gegenüber mit Wertschätzung zu begegnen – trotz deiner berechtigten Kritik an seinem überoptimierten Auftreten (vergleiche folgende Tabelle).

Einfluss des Entwicklungsquadrats auf die Einschätzung deines Gegenübers

Ohne das Entwicklungsquadrat	Mit dem Entwicklungsquadrat
Sie ist so perfektionistisch! – Schrecklich.	Ich finde sie noch immer perfektionistisch. Aber ich erkenne an, dass diesem nervigen Verhalten ein hohes Maß an Gewissenhaftigkeit zugrunde liegt. Gewissenhaftigkeit finde ich gut.
Sie ist so aggressiv! – Furchtbar.	Ich halte sie noch immer für aggressiv. Aber mir ist bewusst, dass sie auch selbstsicher und mutig sein muss, wenn sie so auftritt. Diesen Eigenschaften kann ich einiges abgewinnen.

Dein Ärger ist immer noch stark? Keine Sorge. Wir haben ja erst den ersten von fünf Schritten zurückgelegt. Gehen wir über zu Schritt 2:

Schritt 2: Finde die förderliche fehlende Schwesterntugend

Welche förderliche zweite Kompetenz fehlt deinem Gegenüber? Schulz von Thun nennt diese wichtige ergänzende Kompetenz »komplementäre Schwesterntugend« (Schulz von Thun 2010, 55 ff.). Die Grundannahme: Erst die Ausgewogenheit zweier widerstreitender Kompetenzen macht eine Person zu einem angenehmen Mitmenschen.

Übertragen auf Schritt 1 und das Beispiel »Gewissenhaftigkeit – Perfektionismus« lautet nun die Frage: Welche zusätzliche Eigenschaft benötigt Gewissenhaftigkeit, um nicht in Perfektionismus umzuschlagen? Überleg wieder einen Moment, bevor du weiterliest. Was kann Gewissenhaftigkeit ausgleichen? Was liegt ihr diametral gegenüber und kann die Gefahr des Perfektionismus bannen?

Könnte Gelassenheit die gesuchte Schwesterntugend sein? Stell dir die Chefin vor, die zugleich gewissenhaft und gelassen handelt. Sie könnte höchsten Ansprüchen gerecht werden, ohne jedoch verbissen zu wirken. Bewundernswert. Wenden wir uns dem zweiten Ärgernis zu, der Aggressivität. Was fehlt Selbstsicherheit und Mut, damit diese Eigenschaften nicht in Aggressivität münden? Was hältst du von Empathie? Sie hilft den beiden, nicht zu übermütig zu werden, sondern mit Rücksicht auf andere zu handeln. Für alle Fälle von möglicher Überoptimierung gilt: Erst wenn sich auch das jeweilige Korrektiv entfaltet, ist ein angenehmes Neben- und Miteinander möglich.

Betrachten wir an dieser Stelle ein zweites Beispiel für die Ambivalenz zweier konkurrierender Kompetenzen: Authentizität ist gut, aber zu viel davon bedeutet, allzu große Offenheit im falschen Augenblick zu zeigen. Die so entstandene naive Unverblümtheit kann sich negativ auswirken. Damit es kein Zuviel an Authentizität gibt, braucht sie ein Korrektiv. Diplomatie ist eine solche Schwesterntugend oder auch ein sogenannter Wertegegenspieler (Schulz von Thun). Fehlt es nämlich umgekehrt der Diplomatie an Authentizität, wird sie ihrerseits überoptimiert und kann hierdurch manipulierend und fassadenhaft wirken (siehe Abbildung mit den angedeuteten Entwicklungspfeilen auf der nächsten Seite):

Das Entwicklungsquadrat, dargestellt am Beispiel »Naive Unverblümtheit«

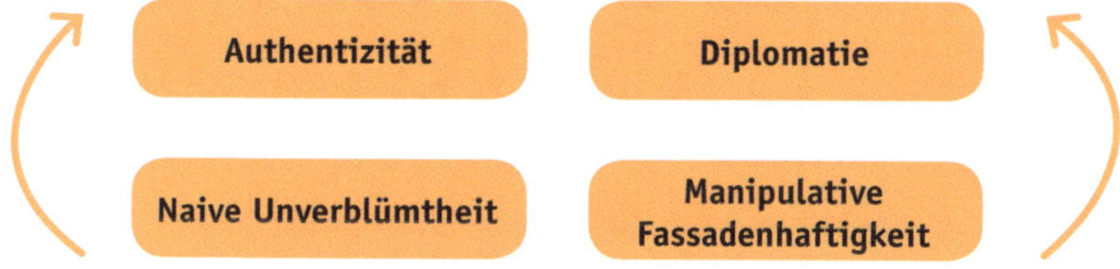

Statt einer eindimensionalen Spitzenleistung (also zum Beispiel immer nur 100 Prozent Authentizität), ist also die Integration der Gegensätze zu empfehlen und darüber eine Balance anzustreben. Bevor wir uns dem dritten Schritt zuwenden, noch zwei weitere Beispiele:

Das Entwicklungsquadrat, dargestellt am Beispiel »Harmoniesucht«

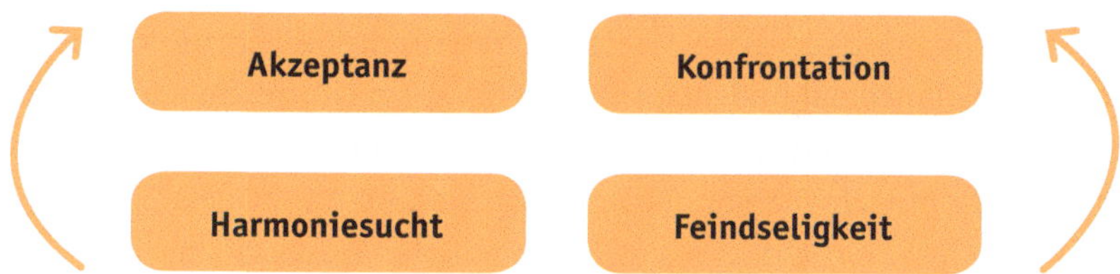

Das Entwicklungsquadrat, dargestellt am Beispiel »Überheblichkeit«

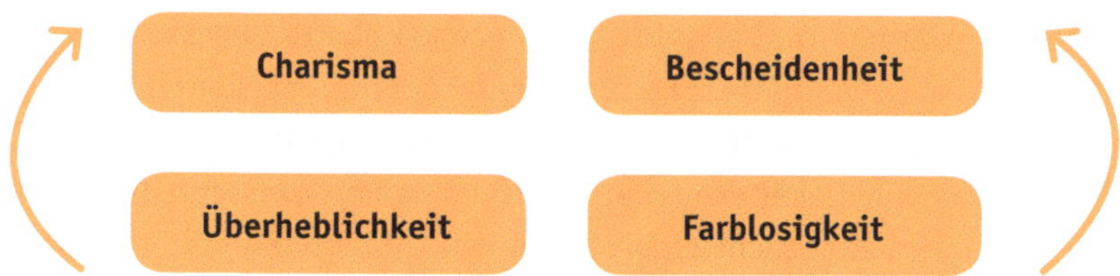

Wie du siehst, lässt sich das Entwicklungsquadrat auf weitere Kontexte problemlos anwenden. Und ich habe noch bessere Nachrichten für dich: Das Quadrat lässt sich auf jeden erdenklichen Kontext anwenden! Es gibt keinen einzigen Ärgeranlass, den du nicht mit dem Entwicklungsquadrat auflösen kannst. Klingt vielleicht vermessen, aber bisher ist mir noch kein Gegenbeispiel über den Weg gelaufen.

Schritt 3: Erkenne im anderen das Vorbild (Arschengel 1)

Kehren wir zurück zur identifizierten Kompetenz (aus Schritt 1). Wir hatten gesehen, dass Gewissenhaftigkeit dem Perfektionismus zugrunde liegt und Selbstsicherheit und Mut der Aggression. Lass in diesem Zusammenhang die folgenden Fragen auf dich wirken:

- Wenn du dich über Perfektionismus ärgerst, kann es sein, dass du manchmal gerne etwas gewissenhafter wärest?
- Und wenn du dich über Aggression ärgerst, kann es sein, dass du manchmal gerne etwas selbstsicherer und mutiger wärest?

Bevor du reflexhaft verneinst, achte auf zwei zentrale Begriffe in den beiden Fragen: manchmal und etwas. Die Frage war nicht, ob du das unschöne Verhalten des Gegenübers komplett kopieren willst, denn das lehnst du wahrscheinlich nach wie vor ab. Die Frage war, ob du dir eine Scheibe abschneiden willst. Ein klitzekleines Stück von der Riesensalami.

Was glaubst du: Wer ärgert sich über Perfektionismus des Gegenübers mehr? Jemand, der selbst sehr gewissenhaft ist, oder jemand der kaum gewissenhaft ist? Sehr wahrscheinlich derjenige, der selbst kaum gewissenhaft ist. Warum? Weil er spürt, dass er mit höherer Gewissenhaftigkeit mehr Erfolg im Leben hätte. Er würde weniger Fehler machen und er würde öfter die Erwartungen anderer erfüllen. Der wenig Gewissenhafte lehnt also Perfektionismus ab, weil er den anderen um seine Gewissenhaftigkeit beneidet, sich dies aber nicht eingestehen will. Ablehnung erscheint als der einfachere und schmerzfreiere Weg.

Ganz anders jener, der sich selbst für ausreichend gewissenhaft hält. Diese Person sieht im anderen eine ihm vertraute Kompetenz, die dieser lediglich übermäßig entwickelt hat. In diesem Fall entsteht eher Anteilnahme oder ein Achselzucken, aber eben keine Bewunderung oder Neid. Genauso verhält es sich bei der Aggression. Jemand, der selbst selbstsicher und mutig ist, hadert kaum mit einer aggressiven Person. Denn er erkennt die eigene Stärke im anderen. Eine schüchterne Person hingegen, die sich oft zurückhält und hierfür gelegentlich einen hohen Preis zahlt – zum Beispiel durch das Gefühl des Zu-kurz-Kommens – wird viel eher mit einer aggressiven Person hadern, weil sie dessen positiven Kern als erstrebenswert erlebt.

Schritt 4: Erkenne im anderen den Schatten (Arschengel 2).

Fall du die obigen Fragen verneint hast, stell dir folgende alternative Fragen:

- Wenn du dich über den Perfektionismus ärgerst, es dir an Gewissenhaftigkeit aber nicht fehlt, kann es sein, dass du dich selbst manchmal auch für perfektionistisch hältst?
- Und wenn du dich über die Aggression ärgerst, es dir an Selbstsicherheit und Mut aber nicht fehlt, kann es sein, dass du dich selbst manchmal auch für aggressiv hältst?

Wenn du diese Fragen nicht komplett verneinen kannst, nimmst du im Gegenüber deine Schatten wahr. Also jene Eigenschaften, die du bei dir selbst ablehnst und unterdrückst. Der andere erinnert dich – schmerzhaft – daran, was du an dir selbst nicht magst. Hier zeigt er dir nicht wie in Schritt 3, was dir (noch) fehlt, sondern im Gegenteil: Er spiegelt dir deine Schattenseiten. Fassen wir die Schritte 3 und 4 zusammen: Mal wirst du den anderen für das bewundern, was er entwickelt hat und du (noch) nicht, und mal wirst du ihn ablehnen für etwas, was er entwickelt hat und du (leider) auch. Manchmal trifft vielleicht sogar beides zu: Du beneidest ihn wegen etwas, das dir manchmal fehlt und zugleich lehnst du in ihm etwas ab, was du manchmal auch an dir selbst nicht magst.

In sämtlichen Fällen erkennst du im Gegenüber deinen Arschengel. Eine Person, die du zunächst ablehnst (Arsch), der du aber auf den zweiten Blick dankbar sein, kannst, weil sie dir zeigt, was du auch entwickeln (Engel 1) oder loslassen (Engel 2) möchtest.

Schritt 5: Erkenne an, dass du Ohnmacht nicht (wahr-) haben willst.

Wenn du nach reiflicher Selbstbetrachtung du dem Schluss kommst, dass du weder eine bei dir unterentwickelte Kompetenz im Gegenüber bewunderst noch eine überoptimierte Kompetenz des Gegenübers auch bei dir selbst ablehnst, dann frage dich, ob du dir nicht doch etwas vormachst. Ist auch das nicht der Fall, kannst du über das Entwicklungsquadrat hinausgehend eine weitere Erklärung für deinen Ärger herleiten: Du fühlst dich ohnmächtig, weil du meinst, nichts gegen das unerwünschte Verhalten des Gegenübers tun zu können. Wenn du keine Idee hast, wie du der Perfektion und der Aggression deiner Chefin etwas entgegensetzen kannst, gerätst du leicht ins Gefühl des Ausgeliefertseins, der Hilflosigkeit. Und wer fühlt sich damit schon wohl. Trifft dies auf dich zu, dann ist es an der Zeit, einen Weg aus der Ohnmacht zu suchen oder sie zu akzeptieren. Ohnmacht zu akzeptieren ist dann sinnvoll, wenn es tatsächlich nichts zu tun gibt. So lange jedoch Hoffnung besteht und du noch nicht alles ausprobiert hast, ist genau das deine Aufgabe: zu attackieren. Wie das geht, erfährst du in Kapitel 7. Doch zuvor lernst du noch drei weitere Ärgerminimierungsstrategien kennen.

Praktisch bedeutet das ... Welche Schwierigkeiten drohen bei der Umsetzung? Drei Aspekte sind wichtig:

Anregung 1: Beachte den Grundsatz: Keine Ärgereinladung ohne Entwicklungseinladung!

Zu Beginn wird es dir wahrscheinlich – wie den meisten Menschen – schwerfallen, das Entwicklungsquadrat konsequent anzuwenden. Es verlangt ja auch geradezu Unmögliches von dir: Du sollst den spontan aufkommenden

Ärger über eine andere Person in Bewunderung oder Selbstkritik umwandeln. Diese Schwierigkeit wird sich jedoch schnell auflösen, sobald du deine ersten Arschengel entdeckst.

Widerstehe also der reflexhaften Ärgereinladung und schau immer wieder in den Spiegel, den dir dein Gegenüber – freundlicherweise – hinhält. Die Worte von Hermann Hesse treffen es recht gut: »Wenn wir einen Menschen hassen, so hassen wir in seinem Bild etwas, was in uns selber sitzt. Was nicht in uns selber ist, das regt uns nicht auf.«

Halte inne und suche nach jener Kompetenz, die in dir wie im anderen steckt. Wenn du nichts findest, liegt es wahrscheinlich daran, dass du nicht gründlich genug gesucht hast. Sicherlich erscheint es einfacher, sich damit dann zufriedenzugeben. Das bedeutet aber zugleich, sich weiter zu ärgern. Und damit die eigene Entwicklung zu bremsen.

Anregung 2: Lass anfängliche Selbstzweifel zu. Denn keine Geburt ohne Geburtswehen

Zu Beginn wirst du wenig Lust auf kritische Selbsterkundung haben, und damit bist du in bester Gesellschaft. Denn was wir fast alle wollen: Die Aufrechterhaltung des eigenen Selbstbildes. Dieses Bild ist allerdings selten realistisch. Was prima hilft, um es dennoch am Leben zu erhalten: reflexhafte Abwertungen des anderen.

Wenn du dagegen das Entwicklungsquadrat als Konzept der Selbsterkundung konsequent anwenden willst, sei vorbereitet auf zwei Phasen:

- **Initiale Selbstabwertung (Phase 1):** Zunächst wird dir bewusst, dass der Ärger über den anderen eine Illusion ist, eine Ablenkungs- beziehungsweise Verführungsstrategie. Er spiegelt dir, was du bewunderst (was du noch nicht hast) oder was du ablehnst (weil du es leider auch hast). Aus der Ablehnung des anderen wird die oft sehr unangenehme Einsicht, dass mit dir selbst »etwas nicht stimmt«.

- **Potenzielle Persönlichkeitsentwicklung (Phase 2):** Anschließend erkennst du jedoch im Verhalten des anderen die eigene Entwicklungschance. Der andere ist ein Modell (für das, was du erreichen willst) beziehungsweise ein Anti-Modell (für das, was du loslassen willst). In dieser Phase beginnen der Aufbruch und der Wandel.

Angesichts dieser zwei Phasen können wir auch von einer »typischen Erstverschlimmerung« sprechen. Das Entwicklungsquadrat lädt dich ein, zunächst in einen selbstwertbezogenen Abgrund zu schauen, um daraufhin mit dieser neuen Erkenntnis eine höhere Stufe deines Selbst zu erreichen.

Anregung 3: Stelle drei Fragen und vermeide zu schnelle Neins

Wenn du dich entschieden hast, deine nervigen Gegenüber konsequent als Arschengel zu betrachten, stelle dir nacheinander folgende drei Fragen:

1. Was bewundere ich gerade bei meinem Gegenüber? Welche verborgene Stärke beneide ich, von der ich auch gerne ein bisschen mehr hätte? Gewiss nicht so viel wie mein Gegenüber (die ganze Torte), aber ein bisschen davon definitiv (ein Tortenstück)?
2. Was lehne ich gerade bei meinem Gegenüber ab? Welche überoptimierte Stärke kenne ich so oder so ähnlich auch bei mir? Wovon hätte ich gerne weniger?
3. Falls ich tatsächlich nichts bewundere und nichts ablehne (bin ich wirklich ehrlich zu mir?), ärgere ich mich dann gerade über meine Ohnmacht? Meine Hilflosigkeit, nichts tun zu können beziehungsweise mich nicht zu trauen, meinem Unmut Ausdruck zu geben?

Falls du drei Mal ein schnelles »Nein« parat hast, halte inne und suche nach einem »Ja«. Denn früher oder später wirst du mindestens eine Frage, wenn nicht alle drei, positiv beantworten können. Und dein Ärger und deine Stagnation haben ein Ende.

Du nimmst mit ... Mit dem Entwicklungsquadrat kannst du im anderen (d)einen Arschengel erkennen. Entweder bewunderst du die verborgene Kompetenz oder du lehnst die überoptimierte Stärke auch bei dir ab oder du ärgerst dich über deine Ohnmacht. Auch möglich, dass alles zugleich zutrifft. Was auch immer dein Gegenüber gerade tut oder nicht tut: Sobald du dich ärgerst, zeigt sich dir eine Entwicklungschance. Aus dem Ärger über den anderen kann so – im Idealfall – Dankbarkeit werden: Danke, dass du Arschengel mir zeigst, was ich noch nicht gelernt habe.

Die Strategie »Entwicklungsquadrat« im Überblick

Konzept	Leitfragen	Beispiel
Hinter jedem unerwünschten Verhalten steckt eine verborgene Kompetenz. Und hinter deinem entstandenen Ärger verbirgt sich Neid. Um nicht zu sagen Bewunderung. Wer dies erkennt, kann übertriebene Stärken besser nachvollziehen und die verurteilende Haltung auflösen.	Welche positive Eigenschaft bewundere ich gerade bei meinem Gegenüber? Welche überoptimierte lehne ich auch bei mir ab? Und ärgere ich mich in Wahrheit nicht auch über meine Ohnmacht, gerade nichts tun zu können?	Authentizität ist gut, aber »zu« authentisch ist ungünstig. Also braucht Authentizität eine »Schwesterntugend«, um nicht zu naiver Unverblümtheit zu verkommen. Diplomatie hat eine solche Funktion. Wird Diplomatie hingegen »überoptimiert«, so droht Fassadenhaftigkeit.

Im nächsten Kapitel wirst du sehen, dass du selbst zur Entstehung all deiner Konflikte beiträgst, auch wenn es auf den ersten Blick nicht danach aussieht.

6.7 Zirkularität: Sieh die Henne und erblicke das Ei

Stell dir vor ... Endlich bist du dran. Zumindest glaubst du das. Hast deinem Kollegen aufmerksam zugehört. Einige Minuten lang. Er scheint zu einem vorläufigen Ende gekommen zu sein. Hat gerade Luft geholt und recht entspannt ausgeatmet. Schaut dich erwartungsvoll an. Du beginnst also mit deinem Redebeitrag. Wird auch nur ein ganz kurzer sein.

Zu deiner Überraschung kommst du allerdings nicht weit. Du hast kaum zwei, drei Sätze gesagt, da holt dein Gegenüber schon wieder Luft und grätscht mitten in deinen Satz rein. Ohne mit der Wimper zu zucken. Ohne zu fragen.

»Ausgewogenheit geht anders, Aufmerksamkeit auch«, denkst du. Sagst aber nichts. Es fällt dir allerdings schwer, ihm zuzuhören. Denn der Ärger über seine Unterbrechung macht dir zu schaffen: »Wieso nimmt der sich das Recht raus, mich zu unterbrechen? Interessiert den gar nicht, was ich zu sagen habe?« Du kannst den Kollegen jetzt nur noch als Täter wahrnehmen, der dir – dem Opfer – den Raum nimmt. »Egoistisch und rücksichtslos«, so dein Urteil über ihn.

Gut, dass dir in diesem Moment die Zirkularität zur Seite springt.

Theoretisch heißt das ... Es muss einen Grund geben, warum der andere dich unterbricht. Und vor allem: Du trägst eine Mitverantwortung. Es handelt sich also um eine Zirkularität, wie sie von Schulz von Thun beschrieben wird (Schulz von Thun/Ruppel/Stratmann 2003).

Wenn wir diesen Fragen konsequent nachgehen, kann es aus meiner Sicht am Ende nur zwei Erklärungen geben – und die schließen sich gegenseitig aus. Welche trifft zu?

1. Du ohne Teilverantwortung: Der andere hat sich völlig unabhängig von dir dieses Recht herausgenommen. Die Tatsache, dass du unterbrochen wirst, hat absolut nichts mit dir und deinem Verhalten zu tun. Du wirst unterbrochen, ohne dazu beigetragen zu haben. Er ist als Täter (Unterbrecher) alleinverantwortlich, und du trägst als Opfer (Unterbrochener) keinerlei Teilverantwortung.

2. Du mit Teilverantwortung: Der andere hat dich unterbrochen, weil du vorher bestimmte Signale gesendet hast, die ihn dazu einluden. Ob bewusst oder unbewusst, ob absichtlich oder versehentlich, ob verbal oder nonverbal. Völlig irrelevant. Aufgrund deines Auftretens ging er davon aus, sich das Recht herausnehmen zu dürfen, dich zu unterbrechen. Und er meinte auch, damit durchzukommen. Ihr tragt also beide Verantwortung für das Geschehen. In diesem Fall bist du kein bloßes Opfer, sondern der Unterbrechungseinlader.

Was denkst du? Welcher Erklärung würdest du (eher) zustimmen? Meine Haltung: Erklärung 1 ist falsch, Erklärung 2 ist richtig. Ich schließe mich damit der Systemtheorie an, wonach Elemente eines Systems miteinander interagieren und sich über Rückkopplungsschleifen gegenseitig beeinflussen. Wenn A beispielsweise ein Verhalten zeigt, das B ermöglicht, eine Tat zu begehen, die für B mit Vorteilen verbunden ist, wird B diese Tat aus Eigenmotivation heraus umsetzen. Es sei denn sie erhält von A oder einem anderen Akteur zusätzliche gegenteilige Anreize, die stärker sind als der Ausgangsreiz von A. Wie ein System sich letztlich entwickelt, hängt also stark von den positiven und negativen Anreizen der einzelnen Systemelemente und den daraus resultierenden Interaktionen und Steuerungsmechanismen ab. Das Gegenteil dieses systemischen Denkens wäre die Annahme von völlig autonomen, roboterähnlichen Subjekten, die frei und unabhängig von anderen immer gleich und vor allem vorhersehbar auftreten. Soweit ein kleiner Exkurs in die Systemtheorie.

Übertragen auf den obigen Fall, lässt sich folgende systemische Leitfrage formulieren: Was genau hast du getan (oder nicht getan), dass der andere denkt, er dürfe dich einfach so unterbrechen? Denn: Hättest du ihm andere Signale gesendet (zum Beispiel ein strenger Blick, ein auffällig lautes Räuspern oder auch eine entschlossene Frage wie »Unterbrichst du mich gerade?«), er hätte sich nicht getraut. Ob du es wahrhaben willst oder nicht: Niemand außer dir hat ihm die Erlaubnis gegeben. Und falls es doch eine andere Person gewesen sein sollte: Wie kommt diese Person zu der Auffassung, man dürfe dich so behandeln? Du kannst es drehen und wenden, wie du willst: Es liegt an dir – du gibst vor, wie andere mit dir umgehen dürfen. Für die meisten ein schmerzhafter Gedanke.

Praktisch bedeutet das ... »Kein unerwünschtes Verhalten ohne dein vorheriges Zutun«. – Wie kannst du dir diese neue Erkenntnis zunutze machen? Und welche Schwierigkeiten lauern bei der Umsetzung?

Anregung 1: Leg fest, was andere dir antun dürfen und definiere passende Grenzen

Woher soll dein Gegenüber wissen, wie weit er gehen kann, wenn du das selbst nicht weißt? Kläre zunächst für dich, welches Verhalten du von anderen Menschen akzeptieren beziehungsweise gerade noch tolerieren kannst. Mit dieser neuen Klarheit legst du anschließend deine persönlichen Grenzen fest. Du weißt dann genau, bis zu welchem Punkt du deinem Gegenüber freien Lauf lässt, und wann du ihn spätestens stoppst. Und zwar entschlossen: »Bis hierhin, und keinen Schritt weiter!« Du erlaubst dir selbst, der gnadenlose Wächter dieser Grenze zu werden. Mit diesem selbstfürsorglichen Koordinatensystem vor Augen bist du gut aufgestellt, deine Grenze immer und überall abzusichern. Allerdings: Eindeutig zu wissen, wo die Grenze beginnt, ist lediglich eine notwendige Voraussetzung. Noch keine hinreichende. Dazu brauchst du noch etwas Zweites.

Anregung 2: Keine halben Sachen: Setz Worte, Stimme und Körpersprache gezielt ein

Das eine ist, sich seiner Grenzen bewusst zu sein; das andere, bei der Überschreitung auch wirklich etwas zu tun. Einschreiten kannst du verbal (mit Worten), paraverbal (über die Stimme) oder nonverbal (mittels Körpersprache). Je stimmiger du diese drei Kommunikationskanäle einsetzt, desto wirkungsvoller ist dein Feedback. Willst du präventiv wirken, benenne deine Grenzen immer wieder klar und deutlich. Sollte jemand sie – trotzdem – übertreten haben, frage dich, an welcher Stelle du es versäumt hast, den anderen auf deine Grenzen aufmerksam zu machen. Kannst in diesem Versäumnis und dem Verhalten des anderen die Zirkularität erkennen?

Anregung 1: Wehre den Anfängen, denn so mancher verwechselt Schweigen mit Zustimmung

»Wenn sich jemand nicht explizit zur Wehr setzt, muss mein Verhalten wohl okay sein.« Weil wohl leider viele Menschen so denken, verfahre nach dem Grundsatz: »Wehret den Anfängen.« Sobald irgendjemand irgendeine Minigrenze von dir überschreitet, biete ihm sofort Paroli. Bring ihm schlagartig in Erinnerung, wenn nötig schmerzhaft, dass er sich gerade vergaloppiert hat. Er hat dein Gartentor nicht beachtet und ist – vielleicht versehentlich – in deinem Garten gelandet. Und da hat er nun mal nichts zu suchen. Begleite ihn zurück nach draußen. Wie das am besten funktioniert, erfährst du in Kapitel 7 *Konfrontieren*.

Du nimmst mit ... Das Verständnis von Zirkularität hilft dir, Verantwortung zu übernehmen. War es bisher leicht, dem anderen die alleinige Schuld für etwas zu geben, so ist das jetzt glücklicherweise nicht mehr möglich. Du weichst deiner Verantwortung nicht länger aus und zeigst nicht mehr mit dem Finger auf dein Gegenüber. Du akzeptierst, dass es auch an dir liegt. Denn: Wer schweigt, darf sich nicht wundern, dass andere das für Zustimmung halten. Und wer alles schluckt, darf sich nicht wundern, wenn ihm andere einen einschenken. Und überhaupt: Wer den Anfängen nicht wehrt, darf sich nicht wundern, wenn sich was zusammenbraut.

Es geht um Verantwortung – und zwar zweimal: Einmal, wenn dein Gegenüber lediglich testet, wie weit er bei dir gehen kann. Und das nächste Mal, wenn er tatsächlich zu weit gegangen ist. Erkenne an, dass du als Teil des Ganzen zu jedem Zeitpunkt mitbestimmst, wie sich das System weiterentwickelt. Und frage dich, welche Einladung du möglicherweise aussprichst – ständig und überall. Du bist nie unschuldiges Opfer, du bist immer auch Co-Täter.

Die Strategie »Zirkularität« im Überblick

Konzept	Leitfragen	Beispiel
Kein unerwünschtes Verhalten und kein Konflikt ohne dein vorheriges Zutun. Entweder hast du durch eine begangene ungünstige Tat oder eine versäumte günstige Tat dazu beigetragen, dass ein Konflikt entstanden ist.	Wie habe ich dazu beigetragen? Was ist mein Anteil? An welcher Stelle hätte ich etwas Positives tun können oder etwas Negatives lassen sollen?	Dein Chef brüllt dich auch deshalb wegen der fehlerhaften PowerPoint heute wieder an, weil du ihm letzte Woche kein Kontra gabst, als er das erste Mal patzig wurde, und weil du tatsächlich wesentlich genauer hättest arbeiten können.

Im nächsten Kapitel wirst du sehen, wie du mit spielerischen Umformulierungen deines Ärgergedankens dich und dein Gegenüber ganz anders wahrnehmen kannst.

6.8 The Work: Schau in den Spiegel an der Wand

Stell dir vor ... Du und deine Kollegen in der Besprechung. Irgendetwas passt dem einen Kollegen wohl nicht so ganz. Er sitzt schon seit einer Weile mit verschränkten Armen da, an die Rückenlehne gepresst, Augen zusammengekniffen. Natürlich alles keine Beweise, aber zumindest Indizien, dass nicht alles wünschenswert verläuft. Du hast keine Ahnung, was ihn stören könnte. Aber so schlimm wird's schon nicht sein.

Doch plötzlich steht er auf und verlässt den Raum. Du bist sprachlos. Wie kann der so was machen? Einfach weggehen, wenn ihm etwas nicht passt. Du ärgerst dich über sein egoistisches Verhalten und findest ihn in diesem Moment total bescheuert. Doch bevor dich der Ärger überwältigen kann, denkst du glücklicherweise an The Work.

Theoretisch heißt das ... Mit »The Work« nach Byron Katie (http://thework.com/sites/thework/deutsch) kannst du die Ärger auslösenden Gedanken identifizieren, hinterfragen – und sogar auflösen. Wie gelingt dir das? Indem du deine Perspektive auf recht unkonventionelle Weise erweiterst.

Während Katie mehrere Jahre an einer Depression litt, entdeckte sie einen Zusammenhang zwischen ihren (subjektiven) Beobachtungen, ihren (negativen) Gedanken und ihren (unangenehmen) Emotionen. Sie erkannte, dass es nicht die Beobachtungen selbst waren, die ihren Ärger auslösten, sondern ihre Gedanken über die Beobachtungen. Als ihr zudem klar wurde, dass sie jeden einzelnen (schmerzhaften) Gedanken kontrollieren und verändern kann, hatte sie das Grundgerüst von The Work entwickelt. Vereinfachend zusammengefasst: Achte auf deine Gedanken, hinterfrage sie, ändere sie, und der Ärger wird es schwierig haben bei dir.

Nach The Work richtet sich dein Fokus nicht auf die Außenwelt, also auf das Verhalten der anderen, sondern auf deine Innenwelt: deine Gedanken. Das Verhalten anderer kannst du nicht beziehungsweise kaum beeinflussen. Deine Gedanken aber schon. Aus dieser Gegenüberstellung wird deutlich, dass das Außen immer nur der Auslöser deines Ärgers ist, die Ursache jedoch in deinem Inneren (siehe auch folgende Tabelle):

Unterschiede zwischen dem Fokus auf Außenwelt oder Innenwelt

	außen	**innen**
Kategorie/Objekt	Verhalten	Gedanken
sinnlich-kognitive Dimension	beobachtet	konstruiert
Ärgerquelle	nein (nur Auslöser)	ja (Ursache)
beeinflussbar durch dich	nein	ja

Mit The Work kannst du der Wirklichkeit so begegnen, wie sie ist, ohne negativ über sie zu denken. Mit dieser neuen Einsicht kannst du deine Wahrnehmung auf das beschränken, was (wirklich) ist, ohne vermeidbare negative Energie in Form von Ärgergedanken hinzuzufügen. Was sich vielleicht etwas fernöstlich anhören mag, sind letztlich nur fünf Schritte, die jeder problemlos zurücklegen kann. Bist du bereit? Ich verspreche dir maximale Ärgerbefreiung.

Praktisch bedeutet das ... The Work lässt sich in folgende fünf Schritte unterteilen:

Schritt 1: Formuliere stichpunktartig den ausgelösten Ärgergedanken

Beginn damit, deinen Ärger über die andere Person stichpunktartig aufzuschreiben. Da The Work zu Beginn sehr komplex ist, empfiehlt sich tatsächlich die Arbeit mit Stift und Papier. Stell zum Beispiel fest, wie du dich fühlst, was du von deiner Chefin willst, womit sie aufhören soll oder auch was du über sie denkst. Diese erste lose Sammlung von Ärgergedanken dient als eine Art vorbereitendes Brainstorming für Schritt 2.

Schritt 2: Formuliere einen Ärgersatz – so konkret wie möglich

Ausgehend von den gesammelten Stichpunkten formuliere einen prägnanten und präzisen Ärgersatz, beispielsweise: *Ich bin* ... (Gefühl), *weil er/sie* ... (Verhalten) oder *Er/sie sollte* ... oder *Er/sie ist* ... (Eigenschaft), *weil er/sie* ... (Verhalten).

Im obigen Fallbeispiel kann dein Ärgersatz folgendermaßen lauten: Ich spüre Wut und Ohnmacht, wenn der einfach so geht, ohne uns zu sagen, was ihn stört. Lass uns mit diesem beispielhaften Ärgersatz nun weiterarbeiten.

Wir konnten diesen Satz gut umwandeln, weil die zentralen Aussagen klar benannt waren: Ich – Wut und Ohnmacht – einfach so gehen – ohne etwas zu sagen. Wenn es dir in einem anderen Kontext nicht gelingen sollte, die Dinge effektiv und effizient beim Namen zu nennen, wird The Work nicht funktionieren können. Ein Ärgerausgangssatz wie »Ich fand das doof, dass der plötzlich weg war« lässt sich nämlich umwandeln, weil die Ärger auslösenden Elemente und Phänomene unerwähnt bleiben. Ähnlich schwierig wäre es, wenn du mehrere Zeilen brauchst, weil dann der Fokus verloren geht. Wenn dir The Work also helfen soll, sei präzise und prägnant. Präzise im Sinne von klar und eindeutig: Alle wesentlichen Ärgerfaktoren sind unmittelbar sichtbar. Prägnant im Sinne von »so viel wie nötig und so wenig wie möglich«: Dein Satz verzichtet auf jegliches Beiwerk, was dich ablenken könnte. Finde die zentrale Aussage und kondensiere sie maximal ein.

Schritt 3: Beantworte vier Fragen zum Ärgersatz

Mithilfe von vier Fragen attackierst du jetzt deinen Ärgersatz. Du prüfst, ob er in der Form bestehen bleiben kann und du machst dir bewusst, welchen Preis du aufgrund des Satzes zahlst. Gehe Schritt für Schritt vor und antworte, so ehrlich, wie du kannst:

Vier Fragen zum anfänglichen Ärgersatz

Frage	Mögliche Antworten	Nutzen
1. Ist es *wahr*, dass du Wut und Ohnmacht spürst, wenn der einfach so geht, ohne euch zu sagen, was ihn stört?	Antwort 1: *Ja, es ist wahr.* Antwort 2: *Na ja, wenn ich es mir recht überlege, dann ist es nicht wahr, sondern ich habe es mir nur eingebildet.*	Bei Antwort 1: Weiter mit Frage 2. Bei Antwort 2: Erleichterung, dass der Ärger nur eingebildet war.
2. Ist es *wirklich* wahr, dass du Wut und Ohnmacht spürst?	*Ja, es ist wirklich wahr.* *Na ja, wenn ich es mir recht überlege, dann ist es nicht wahr, sondern ich habe es mir nur eingebildet.*	Bei Antwort 1: Weiter mit Frage 3. Bei Antwort 2: Erleichterung, dass der Ärger nur eingebildet war.
3. Wie *geht* es dir, wenn du Wut und Ohnmacht spürst?	*Ich ärgere mich über meine Wut und ich leide unter meiner Ohnmacht.*	Erste Einsicht, dass der Ärger und das Leid selbst gemacht sind.

Frage	Mögliche Antworten	Nutzen
4. Wie *ginge* es dir, wenn du Wut und Ohnmacht nicht spüren würdest?	*Wenn ich das nicht über ihn denken würde, dann würde ich mich gut und leicht fühlen.*	Erste Andeutung von Ärgerminimierung und zugleich Einstimmung auf Schritt 4.

Schritt 4: Kehre den Ärgergedanken um und finde je drei bestätigende Beispiele

Spiele mit dem Ausgangsärgersatz, indem du ihn sprachlich veränderst. Finde zu jeder geänderten Formulierung drei reale Beobachtungen aus dem Alltag, die belegen, dass die geänderten Aussagen auch stimmen. Stelle im Ergebnis fest, dass sowohl dein Ausgangsärgersatz als auch die drei alternativen Beobachtungen stimmen. Beobachte, wie sich durch die Blickwinkelerweiterung von einer auf vier Wirklichkeiten dein Ärger minimiert oder sogar auflöst. Der Ärgersatz »Ich spüre Wut und Ohnmacht, wenn der einfach so geht, ohne uns zu sagen, was ihn stört.« kann folgendermaßen umgewandelt werden (siehe auch Spalte 2 zur neuen, Ärger auflösenden Perspektive):

Perspektivwechsel mithilfe einer dreifachen Umwandlung des Ausgangsärgersatzes

Ärgersatz nach Umwandlung und drei bestätigende Beispiele	Neue, Ärger auflösende Perspektive
Ich spüre keine Wut und Ohnmacht, wenn der einfach so geht, ohne uns zu sagen, was ihn stört. Beispiel 1: Vorletzte Woche … Beispiel 2: Am ersten Tag nach … Beispiel 3: Am 17. Mai 2017 …	**Ich muss kein Opfer sein.** Ich muss nicht so urteilen. Manchmal kann ich das auch gut aushalten, ganz ohne unangenehme Emotionen.

Ärgersatz nach Umwandlung und drei bestätigende Beispiele	Neue, Ärger auflösende Perspektive
Er spürt Wut und Ohnmacht, wenn er (beziehungsweise andere) einfach so geht (gehen), ohne zu sagen, was ihn (sie) stört. Beispiel 1: Eben gerade … Beispiel 2: Letzte Woche … Beispiel 3: Am 1. Oktober 2016 …	**Auch er ist manchmal ein Opfer.** Auch er leidet, wenn er das tut beziehungsweise wenn andere das tun.
Andere spüren Wut und Ohnmacht, wenn ich einfach so gehe, ohne den anderen zu sagen, was mich stört. Beispiel 1: Gestern Nachmittag … Beispiel 2: An Weihnachten … Beispiel 3: Anfang der Achtziger …	**Auch ich bin manchmal der Täter.** Denn auch ich bin schon einmal einfach so gegangen, ohne etwas zu sagen.

Ich beobachte bei diesem vierten Schritt häufig zwei Herausforderungen.

Schwierigkeit 1: Eine Zurückhaltung, um nicht zu sagen Verweigerung, bei der Aufgabe, den Ausgangssatz zu verändern

Wahrscheinlich liegt das daran, dass Menschen ungeübt sind, einen Satz ohne ein Ziel zu verändern. Ohne ein klares »Wozu?« oder ein eindeutiges »Wie?« wirken sie oft konfus und richtungslos. Diese Verwirrung legt sich jedoch meist schon nach dem ersten Durchgang. Mit anderen Worten: Wer das Konzept von The Work erst einmal verstanden hat, kennt die Aufgabe in Schritt 4. Er weiß, dass er lediglich eine alternative Aussage erzeugen soll, ohne diese sofort zu begreifen oder sie als richtig einstufen zu müssen. Formuliere deshalb die neuen Sätze so spielerisch und frei wie möglich und mit dem Vertrauen, dass sie im Schritt darauf ihren Dienst tun. Den Dienst der Ärgerminimierung.

Schwierigkeit 2: Der geänderte Ausgangssatz liegt ausgeschrieben vor dem Ärgergebeutelten, doch der schüttelt nur den Kopf

Nee, beim besten Willen, da fällt mir kein Beispiel ein! Oder: *Kann schon sein, das da mal was war, aber da kann ich mich jetzt echt nicht mehr erinnern.* Reflexe wie diese sind in der Regel nichts anderes als mal bewusste, mal unbewusste Verweigerungshaltungen. Hintergrund: Die Andeutung von Scham vernebelt den freien Blick. Die Angst, gleich zugeben zu müssen, dass man selbst ja auch schon mal so war, und das sogar mindestens drei Mal, lässt sie erstarren. Diese Falle hat eine sehr hohe Anziehungskraft. Sei dir bewusst, dass sie sich auch dir stellen wird, und tappe nicht hinein. Verzichte auf ein schnelles »Nee, jetzt echt nicht!« und halte inne. Lass deinen Blick in die Vergangenheit möglichst frei und neugierig herumstreifen und dich überraschen, was du letztlich alles entdeckst.

Warum sollte für dich nicht gelten, was für alle anderen auch gilt? Als Mensch mit all seinen Verstrickungen und Launen und Defiziten, kannst du einfach keine weiße Weste haben. Auch du warst mal der Täter, den du jetzt an den Pranger stellen willst. Alles andere wäre Größenwahn. Und gegen Ignoranz und Doppelmoral hatten wir uns weiter oben ja schon ausgesprochen.

Schritt 5: Prüfe, ob dein Ausgangsärgersatz an Wucht verloren hat

Nachdem du drei Umkehrungen formuliert und diese alternativen Wirklichkeiten mithilfe von drei realen Erfahrungen beziehungsweise Beispielen auch als wahr belegt hast, kannst du den anfangs geäußerten Ärgersatz tatsächlich relativieren. Der Clou: Der Ausgangstatbestand stimmt zwar noch immer (du warst eben gerade wütend, als er wortlos ging), doch neu ist, dass auch andere Tatbestände stimmen (du bist nicht wütend, wenn er geht oder du bist auch schon einmal wortlos gegangen), sodass der Ausgangsärgersatz an Größe, Wucht und Einseitigkeit verliert.

Du schwächst dein Urteil ab, indem auch andere, teils konkurrierende Sichtweisen dazukommen. Du legst die Scheuklappen und die Richterrobe ab und siehst Täter und Opfer und Nicht-Täter und Nicht-Opfer zugleich. Du bist der Wahrheit ein Stück nähergekommen, indem du deiner selbstgerechten, warmen und dunklen Höhle entflohen bist. Ein Hauch Weitsicht, ein Hauch Aufklärung. Zumindest für einen kurzen Augenblick.

Du nimmst mit ... The Work kann deine Scheuklappen sprengen. Hältst du anfangs dein Gegenüber noch für den alleinigen Übeltäter und dich für das alleinige Opfer, entlarvst du diese Sicht als höchst einseitig und selbstgerecht. Mithilfe von ein paar aufwühlenden Fragen und drei spielerischen Umkehrungen erweiterst du deine Sicht. Du erkennst das gleichberechtigte Nebeneinander alternativer Wirklichkeiten und weichst somit dein Urteil auf.

Als möglicherweise größte Herausforderung erkennst du im Gegenüber einen Spiegel deiner Selbst. Hast du eben die zu verurteilende Tat noch allein bei ihm gesehen, siehst du nach und nach ein, dass auch du das kannst. Auch du kannst Täter sein. Diese neue Sicht auf sich selbst als Auch-Täter führt bei vielen Menschen zu einer sofortigen Ärgerauflösung in Bezug auf den anderen.

Nur zwei Haltungen können dich vor dieser selbstkritischen, aufklärerischen Sicht bewahren: zum einen Ignoranz, indem du die Gegenbeispiele konsequent leugnest. Zum anderen Doppelmoral, indem du unterschiedliche Maßstäbe anlegst. Dass, was bei deinem Gegenüber so stark ins Gewicht fällt, zeigt sich bei dir nur gelegentlich und nur am Rande. Die guten Nachrichten: Ignoranz und Doppelmoral haben keine Chance, wenn du dich für Ehrlichkeit und Gerechtigkeit entscheidest. Mach The Work und lege deine Scheuklappen ab: Vom anfänglichen Nur-Opfer wirst du auch zum Nicht-Opfer und auch zum Täter. Du nimmst dich ganzheitlicher wahr, mit all deinen Facetten und Rollen, auch den unterdrückten und verdrängten.

Als Seminarleiter und Coach weiß ich, dass die wenigsten Menschen diese Arbeit gerne machen. Denn sie kann das Selbstbild ganz schön zum Wackeln bringen. Daher steht The Work auch erst hier, an achter Stelle der Ärgerminimierung.

Die Strategie The Work im Überblick

Konzept	Leitfragen	Beispiel
Kein Mensch zeigt immer nur negatives, sondern auch mal positives Verhalten. Umgekehrt: Auch du zeigst nie nur positives Verhalten, sondern manchmal auch negatives Verhalten. Wer im Gegenüber einen Spiegel seiner selbst erkennt, kann sein Urteil auflösen.	Ist er/sie immer so? Und bin ich das nie? Wie lautet dein Ärgersatz und wie die drei Umkehrungen? Welche Beispiele aus deinem Leben belegen, dass auch diese Wirklichkeiten stimmen?	Dich nervt, dass ein Anrufer labert. Plötzlich wird dir bewusst, dass auch du manchmal weitschweifig sein kannst, letzte Woche in der Besprechung zum Beispiel.

Im nächsten Kapitel wirst du sehen, dass du ganz am Ende, falls immer noch Ärger übrig sein sollte, diesen mit einem Kunstgriff loslassen kannst. Denn Empathie muss auch mal ein Ende haben.

6.9 Negativität: Mach Schluss mit der Empathie

Stell dir vor ... Das soundsovielte Meeting. Kollege Dr. Laberlaber mal wieder am Zug. Du hast in den vergangenen Wochen alles gegeben: Hast mit Peter und Paul (1) dein Gegenüber als Menschen in Not erkannt, dann geprüft, ob deine Konstruktionen stimmen (2), und schließlich der Ärgersituation mit Reframing (3) einen neuen Rahmen gegeben. Du hast dann – weil du noch immer deutlichen Ärger gespürt hast – mit dem Situationsmodell (4) geschaut, welche Laus ihm über die Leber gelaufen sein könnte, die zunächst verborgene positive Absicht (5) erkannt und schließlich die versteckte Stärke mithilfe des Entwicklungsquadrats (6) identifiziert. Weil jedoch noch immer Restärger da war, hast du weitergemacht und dank der Zirkularität (7) eingesehen, dass auch du zum Ärger beigetragen hast und mit The Work (8) im anderen einen Spiegel deines Selbst erkannt.

Du hast das Minimieren von 1 bis 8 also konsequent und entschlossen durchgezogen. Hast dir nichts vorzuwerfen. Nichts ausgelassen und bei keiner Strategie geschludert. Doch noch immer ist Ärger da. Was kannst du jetzt noch machen angesichts eines Menschen, den du einfach nicht final verstehen kannst? Trotz der geballten Ladung von acht Ärgerminimierungsstrategien? Du denkst an Kündigung, Frühverrentung, Kopfschuss – in deinen oder den von Kollege Dr. LL. Und dann, Gott sei Dank, kurz vorm Gang ins Munitionslager, fällt dir Nummer 9 ein. Und Nummer 9 zaubert dir ein Lächeln ins Gesicht, denn Nummer 9 sagt dir: »Lass los. Die Arbeit ist getan.«

Theoretisch heißt das ... Wenn du wirklich alle acht Strategien der Ärgerminimierung gewissenhaft angewendet hast und noch immer (Rest-) Ärger besteht, gibt es nur noch eins: das Negativitätsattest. Du stellst es dem anderen ohne Wenn und Aber aus. Denn offensichtlich strahlt er eine Form negativer Energie aus, die du dir nicht erklären kannst.

Irgendwann kommt jeder an die Grenzen seiner Einfühlung und seiner Reflexion. Es kann schon sein, dass da noch was ist, was du entdecken könntest, aber: Du bist wahrscheinlich kein ausgebildeter Psychologe und erst recht kein Therapeut. Und selbst wenn: Du hast ja nach bestem Wissen und Gewissen alles versucht. Irgendwann muss Schluss sein mit Empathie, und in dem hier vorgestellten Modell ist dieser Punkt nach der Anwendung der acht Ärgerminimierungsstrategien erreicht.

Praktisch bedeutet das ... Tief Luft holen und erst mal innehalten. Werde dir bewusst, dass die Arbeit in Phase 3 des AÄM erledigt ist. Du hast alles gegeben, um dir selbst auf die Schliche zu kommen. Erkenne an, dass du keinen Zugriff auf den verbliebenen Restärger hast. Die Gründe dafür entziehen sich momentan deinem Einflussbereich. Falls dich das Ergebnis wütend, traurig oder ohnmächtig macht, nimm diese Gefühle einfach nur wahr. Belass es dabei und sei gnädig mit dir; mehr war einfach nicht drin. Nach all deiner Arbeit ist Selbstkritik jetzt fehl am Platze. Wenn du nicht aufpasst, könntest du dich nämlich über den gefühlt zu hohen Restärger ärgern. Und das wäre nicht nur ungünstig, sondern auch unnötig.

Stattdessen hast du allen Grund, deine Leistung zu feiern. Stelle fest, dass du den anfänglichen Ärger signifikant reduziert hast. Auf der gedachten Skala zum Beispiel um sechs Einheiten, etwa von 9 auf 3. Egal wie hoch der Ausgangswert war, egal wie niedrig der Endwert ist: Mit der dir bestmöglichen Ärgerreduzierung bist du nun gut vorbereitet für Phase 4, das Konfrontieren. Und damit hat zugleich die Zeit begonnen, in der es für dein Gegenüber unangenehm wird. Doch ein letzter Schritt gehört noch zur Phase 3: Vergewissere dich, dass du nicht geschludert hast. Die meisten Menschen möchten ihren Ärger so schnell es geht am auslösenden Gegenüber abreagieren. Daher besteht die große Versuchung, Phase 3 nur halbherzig zu durchlaufen, um möglichst schnell zur Attacke überzugehen. Stelle also sicher, dass du die acht Strategien des Minimierens mit größter Sorgfalt durchlaufen hast. Falls du daran zweifelst, wiederhole lieber die eine oder andere. Das gelingt dir mit Ehrlichkeit und ein bisschen Disziplin.

Du nimmst mit … Mit der Strategie »Negativität attribuieren« kannst du dich ganz am Ende deiner Minimierungsarbeit gut trösten. Die Strategie hilft dir, den verbliebenen Restärger auszuhalten. Sie hilft dir, dein Ergebnis nicht als Niederlage oder Scheitern zu betrachten, sondern als das, was es de facto ist: ein großer Schritt in deiner Entwicklung und im Erkenntnisprozess.

Die Strategie »Negativität« im Überblick

Konzept	Leitfragen	Beispiel
Auch Empathie und Ärgerminimierung haben Grenzen. Wenn du nach achtfacher Minimierung noch immer Restärger verspürst, kannst du dich getrost zurücklehnen. Der andere muss Verstrickungen haben, die sich deinem Verständnis entziehen.	Hast du alle acht Ärgerminimierungsstrategien tatsächlich gewissenhaft umgesetzt? Oder hast du manchmal alibihaft oder aktionistisch gehandelt? Hast du mit bestem Wissen und Gewissen wirklich alles gegeben? Oder willst du aus Ungeduld abkürzen?	Eine Kollegin grüßt dich deutlich neutraler als viele andere (kein Lächeln, kein offener Blick etc.). Auch nach allen acht Strategien spürst du weiterhin Ärger, dass sie sich so verhält. Ohne eine nachvollziehbare Erklärung für ihr Tun lässt du (sie) los und beobachtest es, ohne es verstehen zu wollen.

Bevor wir nach dem Ende von Phase 3 »Minimieren« zur Phase 4 »Konfrontieren« wechseln, fasst Kapitel 6.10 alle Ärgerminimierungsstrategien in einer Tabelle zusammen.

6.10 Zusammenfassung

Du hast neun Ärgerminimierungsstrategien kennengelernt. Schauen wir sie uns abschließend noch einmal auf einen Blick an:

Die neun Ärgerminimierungsstrategien im Überblick

Strategie	Leitfragen	Symbolbild
1. Peter und Paul	Welche Not hat mein Gegenüber gerade? Was projiziert er auf mich, das zu ihm gehört?	
2. BIBER	Stimmt das wirklich, was ich glaube? Ist meine Interpretation zu 100 Prozent richtig?	
3. Reframing	Welchen Nutzen hat das Problem für mich? Wozu ist es gut? Was lerne ich gerade?	
4. Situationsmodell	Welche Laus ist dem Gegenüber über die Leber gelaufen? Egal, ob heute Morgen oder letzte Woche oder in früher Kindheit.	
5. Positive Absicht	Welches Motiv versteckt sich hinter dem unerwünschten Verhalten?	
6. Entwicklungs-quadrat	Welche Stärke versteckt sich hinter dem unerwünschten Verhalten?	
7. Zirkularität	Wie habe ich dazu beigetragen? Was ist mein Anteil?	
8. The Work	Ist er/sie manchmal nicht auch ganz anders? Und bin auch ich nicht manchmal genauso?	
9. Negativität	Ich habe zwar noch Restärger. Er entzieht sich jedoch meinem Zugriff. Ich kann trotzdem loslassen. Die Arbeit ist getan.	

Endlich, endlich. Nach drei langen Phasen innerer Arbeit erhältst du jetzt die Gelegenheit zu konfrontativen Attacken. Nach der anstrengenden Selbstreflexion in Phase 3 bist du nun bestens gewappnet, deinem Gegenüber von Angesicht zu Angesicht zu begegnen. Du hast mit ihm noch etwas zu klären. Denn der Restärger aus Phase 3, den lässt du nicht auf dir sitzen. Es geht dir aber nicht um Durchsetzung, und es geht dir auch nicht um Unterwerfung. Es geht dir um souveräne und gelassene Selbstbehauptung. Alles, was du dafür brauchst, erfährst du im nächsten Kapitel.

Falls du nach Phase 3 jedoch gar keinen Ärger mehr verspüren solltest, noch besser. In diesem Fall wäre die Arbeit bereits getan. Wer sich nicht ärgert, muss auch nicht konfrontieren.

7.
Konfrontieren (Phase 4): Grenzen setzen, wo sich Grenzen setzen lassen

4. Konfrontieren

Grenzen setzen, wo sich diese setzen lassen

DIE KONSTRUKTIVE STRATEGIE
Sachlich aufklären

Ich-Botschaft statt Du-Botschaft • Einzelfall statt Verallgemeinerung • Konkret statt vage • Soll statt Ist • Positiv statt negativ • Punkt statt Ausrufezeichen • Bedürfnis statt Strategie • Beobachtung statt Bewertung • Neutral- statt Reizformulierungen • Prägnant statt redundant • Verhalten statt Person • Auslöser statt Ursache •
Emotion statt Pseudoemotion • Kongruent statt inkongruent • Bildhafte Vergleiche statt schlichte Worte

DIE PROVOKATIVE STRATEGIE
Schlagfertig kontern

Ablenken • Abweisen • Bedanken • Bedeutung erfragen • Beobachtung erfragen • Beschwichtigen •
Bestätigen • Dummheit vorgaukeln • Emotion erfragen • Fangfrage stellen •
Kontrastieren • Neid aufdecken • Sarkasmus entlarven • Rationalisieren • Übersetzen • Übertreiben • Vertrösten • Verwirren • Zurückdrohen

DIE OFFENSIVE STRATEGIE
Nonverbal irritieren

Einfrieren • Imitieren • Amplifizieren • Kontrastieren • Ignorieren • Pausieren • Isolieren

Falls du in Phase 3 allen Ärger auflösen konntest, liest du diese Zeilen nicht mehr. Du hast das Buch längst mit einem befreiten Grinsen zur Seite gelegt. Das Anti-Ärger-Modell hat seine Arbeit getan. Dein Ärger ist verflogen.

Falls du diese Zeilen doch liest, dann konntest du mit den neun Strategien im Kapitel zuvor nicht allen Ärger wegminimieren. Kein Problem. Für diesen Fall wurde die Phase 4 konzipiert. Nach langer und harter »interner Arbeit« trittst du jetzt (endlich) im Außen auf. Dein Ziel: den anderen informieren, sensibilisieren, konfrontieren. Vielleicht sogar attackieren. Auf jeden Fall willst du dein Gegenüber zum Handeln bewegen, damit dein Restärger verschwinden kann. Denn das bist du dir wert. Der andere soll also entweder mit etwas Unangenehmem aufhören oder mit etwas Angenehmem beginnen. Dazu wirst du ihm gekonnt Grenzen setzen, damit er dir gegenüber zukünftig aufmerksamer und respektvoller auftritt. Und zwar freiwillig.

Doch wie gelingt dir ein solches Feedback? Was gilt es zu beachten? Zunächst informiert dich das Unterkapitel *Sieben Thesen* über Möglichkeiten und Grenzen von Feedback. Wie wir sehen werden, lohnt sich Feedback, birgt jedoch meist auch Risiken. Anschließend stelle ich dir drei Strategien von Feedback vor.

Strategie 1: Das sachliche Aufklären kommt zum Einsatz, wenn dein Gegenüber kooperiert, du ihm vertraust und mit ihm maximal ehrlich sein kannst. Dies ist der Königsweg, weil du wohlwollend und konstruktiv mitteilst, was ist. Du sprichst dein Gegenüber auf der Sachebene an, beachtest dabei aber auch die Beziehungsebene.

Strategie 2: Das schlagfertige Kontern kommt zum Einsatz, sobald dein Gegenüber nicht mehr wertschätzend auftritt. Das sachliche Aufklären ist jetzt nicht mehr sinnvoll, weil dein Gegenüber offensichtlich kein Interesse an einer (gemeinsamen) Lösung hat. Wer dich auflaufen lässt, den lässt du ebenfalls auflaufen. Du spielst das Spiel mit. Dein Gegenüber merkt: Mit dir kann er das nicht machen.

Strategie 3: Das nonverbale Irritieren kommt zum Einsatz, wenn dein Gegenüber nur noch auf Krawall gebürstet ist. Wenn er dich derart gewieft verunsichert, dass du kein Land mehr siehst. Selbst deine höfliche Schlagfertigkeit hebelt er gekonnt aus. Was auch immer du unternimmst, er ist dir immer einen Schritt voraus. In diesen – hoffentlich seltenen Fällen – gehst du über zum dritten Ansatz. Denn der lässt niemanden unberührt. Du wirst deine Freude haben – manchmal vielleicht sogar gepaart mit etwas Schadenfreude.

Nachdem wir uns die drei Feedback-Strategien angeschaut haben, widmen wir uns abschließend noch der Frage, *wann*, *wie* und *wo* du Feedback gibst. Es kann einen großen Unterschied machen, ob du sofort oder später etwas sagst, welchen Kommunikationsweg du wählst und ob du unter vier Augen oder vor einem großen Publikum Feedback gibst. Wie du sehen wirst, können Zeit, Ort und Form deines Feedbacks großen Einfluss auf seine Wirkung haben.

7.1 Was heißt hier Feedback? – Sieben Thesen

Steigst du mit der richtigen Haltung in den Ring, wird der Rest zum Selbstläufer. Das meint übrigens auch Zig Ziglar, ein amerikanischer Autor, Verkäufer und Motivationstrainer: »It is your attitude, not your aptitude, that determines your altitude«. Was so viel heißt wie: Es liegt an deiner Einstellung und nicht an deinen Fähigkeiten, wie erfolgreich du wirst.

Du solltest die Feedback-Arena also nicht unvorbereitet betreten, sondern bedacht und besonnen. Wie achtest du auf deine Deckung, wenn du attackierst? Wie verhinderst du einen Gegenschlag, der dich womöglich schlimmer dastehen lässt, als vor deinem Angriff? Und mit welcher Haltung zum Feedback betrittst du überhaupt den Ring?

Die sieben Thesen zur Feedback-Haltung:

These 1: Feedback ist alternativlos, denn eine Nichtreaktion ist unmöglich

Jemand tut dir etwas an. Du hast die Wahl, wie du reagierst. Nicht ob du reagierst. Sondern wie du reagierst. Denn egal, was du tust oder nicht tust: Es ist Feedback – verstanden als eine Reaktion auf einen Reiz. Der Kommunikationswissenschaftler Paul Watzlawick formuliert dieses Phänomen so: »Du kannst nicht nicht kommunizieren«. Für uns heißt das übertragen: Du kannst nicht nicht feedbacken. Du zeigst immer eine Reaktion. Ob sie richtig gedeutet wird, darum geht es nicht. Es geht hier lediglich um die Einsicht, dass du im menschlichen Miteinander dazu verdammt bist, ständig Feedback zu geben. Ob du willst oder nicht.

Egal, welche Signale du von dir gibst, sie kommen bei deinem Gegenüber an. Selbst wenn er nichts wahrnimmt, ist auch das Teil eurer Kommunikation. Du schaust weg und meinst, es wäre kein Feedback? Du siehst deinem Gegenüber in die Augen und schweigst? Du atmest bloß aus, ohne etwas zu sagen? Ja, selbst wenn du weggehen würdest oder gar nicht erst erschienen wärest. Keine Chance. Alles Feedback.

Was heißt das für dich? Ganz einfach: Wenn du ums Feedback sowieso nicht herumkommst, mach das Beste draus. Nutze die Notwendigkeit als Chance.

These 2: Es ist deine Verantwortung, denn Mama und Papa sind nicht mehr da

Deine Mutter ist nicht da. Dein Vater auch nicht. Und das ist gut so. Du bist erwachsen und deshalb selbst verantwortlich für dein Leben. Also auch für dein Wohlbefinden. Du kannst diese Zuständigkeit natürlich abgeben: an einen fürsorglichen Chef, einen starken Fürsprecher, eine kämpferische

Kollegin. Der Vorteil: Du musst dich nicht anstrengen, andere machen deine Arbeit. Die Gefahr: Du erscheinst womöglich als Schwächling. Wirst vielleicht als Opfer wahrgenommen, dem stets ein Retter zur Seite springen muss. Und begibst dich in Abhängigkeit. Denn was machst du, wenn deine Helfer gerade nicht da sind?

Was heißt das für dich? Meine Empfehlung: Steh für dich ein und übe Selbstbehauptung. Sei jemand, auf den du stolz sein kannst, wenn du abends in den Spiegel schaust. Weil du dich bestmöglich eingesetzt hast – für dich und dein Wohlbefinden. Feiere deinen Krafteinsatz, deine Entschlossenheit – selbst dann, wenn du mit dem Ergebnis nicht (völlig) zufrieden bist.

These 3: Feedback ist riskant, denn das Leben lässt sich weder planen noch kontrollieren

Feedback ist die Königin der Kommunikation, so meine Überzeugung. Keine Gesprächsart verlangt zugleich so viel Einfühlung, Präzision bei Formulierungen und Fingerspitzengefühl für die jeweilige Situation wie Feedback. Ganz anders zum Beispiel als Verhandlungs- oder Präsentationstechniken, die du in nahezu jedem Kontext immer wieder auf dieselbe Art anwenden kannst.

Feedback hingegen ist jedes Mal ein Wagnis. Warum? Weil du nie wissen kannst, welche Laus deinem Gegenüber heute über die Leber gelaufen ist. Oder welche frühkindlichen Kränkungen er mit sich rumträgt. Ein Beispiel: Ein vergleichsweise harmloses Wort wie »Vereinbarung« kann bei deinem Gegenüber einen mittelschweren Tsunami auslösen, wenn dessen Eltern ihn in seiner Kindheit immer wieder mit diesem Begriff gängelten (»Du hast schon wieder eine Vereinbarung nicht eingehalten!«). Woher solltest du wissen, dass das Wort Vereinbarung eine so verheerende Wirkung auf ihn hat? Ob vorübergehende Stimmungen oder tiefe Prägungen, du begibst dich mit jedem Feedback auf Glatteis. Mehr dazu im nächsten Kapiteln, wenn wir uns fünfzehn Erfolgs- beziehungsweise Risikofaktoren anschauen.

Was heißt das für dich? Sei dir auf der einen Seite bewusst, dass du ein Risiko eingehst. Und scheue es auf der anderen Seite nicht. Wie du ja weißt: Feedback lässt sich nicht vermeiden. Also entscheide dich, lieber bewusst etwas zu wagen und zu steuern, als die Dinge einfach laufen zu lassen. Denn auch das birgt Risiken.

These 4: Aktives Feedback bedeutet Entwicklung, denn auch ein Rückschritt kann ein Fortschritt sein

Du wirst immer mal wieder einen Rückschlag erleben. Und möglicherweise sogar bedauern, dass du (aktiv) Feedback gegeben hast. Doch du kannst es auch anders sehen, das heißt günstiger bewerten: Du bist das Wagnis des Feedbacks eingegangen. Du hast eine Veränderung eingeleitet. Und da Veränderungen oft mit Ängsten und Widerständen verbunden sind, ist eine Erstverschlimmerung erwartbar. Erst geht es einen Schritt zurück, bevor zwei nach vorne folgen können. Was auch immer eintritt: Das Potenzial zur Veränderung ist zu begrüßen.

Was heißt das für dich? Urteile nicht zu schnell. Betrachte alle eintretenden Phasen und Ergebnisse – egal wie unerfreulich sie erscheinen – als notwendige Zwischenschritte einer Entwicklung. Nicht umsonst heißt es Krise als Chance.

These 5: Feedback ist Beziehungspflege, denn ohne Austausch keine gemeinsame Entwicklung

Was ist die Alternative zum aktiven Feedback? Du schweigst vielleicht aus Höflichkeit, vielleicht aus Diplomatie, vielleicht aus Feigheit. Welchen Grund auch immer du aufführst für deine Zurückhaltung, unterm Strich bezahlst du womöglich einen hohen Preis. Zwar hältst du nach außen Ruhe und Frieden aufrecht. Doch der Schein trügt. Denn im Kessel steigt der Druck.

Außerdem: Wie soll ein offenes, ehrliches und vor allem vertrauensvolles Verhältnis zu deinem Gegenüber entstehen, wenn du ihm nicht sagst, was sein Verhalten bei dir auslöst? Willst du eine Beziehung führen, in der du deinem Gegenüber deine kritischen Gedanken vorenthältst? Aus meiner Sicht wäre diese Haltung eine Lüge zweiter Ordnung: Deine Kritik am anderen behältst du für dich. Du lässt ihn im Unklaren und gaukelst ihm Harmonie vor.

Wie wir in Kapitel 4.3 gesehen haben, eskalieren ungelöste Verstimmungen gerne mal. Vielleicht nicht sofort, aber irgendwann später. Und später kommt manchmal früher als du glaubst.

Was heißt das für dich? Raus mit der Wahrheit. So schnell wie möglich – und so einfühlsam wie möglich. Denn Wahrheit schafft Klarheit, und Klarheit schafft Beziehung. Wenn du deine Wahrheit deinem Gegenüber zumutest, trägst du zu Klarheit zwischen euch bei. Und wenn du Klarheit ermöglichst, entsteht Beziehung. Beziehung im Sinne von »ich kann dir trauen« und »Reibung gehört dazu, denn du und ich, wir sind nicht immer gleich«.

These 6: Feedback formuliert Wünsche, keine Erwartungen. Denn Erwartungen machen unfrei

Viele Menschen äußern ihr Feedback nicht ergebnisoffen, sondern hegen bestimmte Erwartungen. Manchmal bewusst, manchmal unbewusst. Sie gehen davon aus, dass der andere nach dem Feedback sein Verhalten auf jeden Fall ändern wird. Für diese Menschen ist Feedback quasi ein Korrekturinstrument. Mit eingebauter Erfolgsgarantie.

Wer so vorgeht, verwechselt bittendes Feedback mit fordernder Erwartung. Der Unterschied zwischen Bitte und Erwartung ist jedoch fundamental. Bittest du jemanden, etwas zu tun – oder zu unterlassen –, hat der andere die Wahl. Er kann zustimmen oder ablehnen. Erwartest du aber vom anderen eine prompte Verhaltensänderung, erhebst du dich über ihn. Wer Feedback auf diese Weise missbraucht, verwendet es als Mogelpackung. Er kaschiert die Erwartung als Wunsch und ist dann enttäuscht, wenn der andere dem Wunsch nicht gehorcht. Und der Feedbacknehmer tut dies vor allem deshalb nicht, weil er keinen Wunsch gehört hat, sondern eine Forderung. Oder gar einen Befehl. Wenn du Feedback mit einer Erwartungshaltung verknüpfst, zwingst du deinen Gegenüber eine Handlung zu vollziehen, die du für ihn vorgesehen hast. Er muss dabei auf seine Freiheit verzichten. Oder sich entziehen. Und dann hast du das Problem der unerfüllten Erwartung (siehe auch Konfliktdefinition in Kapitel 2.1).

Was heißt das für dich? Bevor du sprichst, geh in dich und kläre, ob du dein Feedback auf Augenhöhe formulierst und ob es ein vorsichtiges Anfragen mit Nein-Option ist. Falls nicht, schweige. Oder sprich aus, was es in Wahrheit ist: eine Erwartung. Dann weiß der andere wenigstens, woran er ist.

These 7: Feedback ist nicht dein letztes Mittel, denn es gibt noch die 2L

Stell dir vor, du hast es mehrfach mit den unterschiedlichsten Feedback-Strategien probiert. Doch vergebens: Dein Gegenüber zeigt sich veränderungsresistent. Kaum auszuhalten für dich. Ganz zu schweigen vom Gesichtsverlust, da der andere sich mit seinem »Nein« durchgesetzt hat. Doch selbst wenn du erkennst, dass dein Gegenüber mit Feedback nicht erreichbar ist, kannst du erhobenen Hauptes die Arena verlassen. Jedenfalls dann, wenn du alles gegeben hast. Dann hast du die Wahl zwischen zwei Haltungen, die in Kapitel 8 ausführlich beschrieben werden: Das »Love it« und das »Leave it«.

Was heißt das für dich? Weil es diese beiden Auswege gibt, lohnt sich jeder Feedbackversuch. Gäbe es sie nicht, wäre es tatsächlich klug, so manches Feedback zu lassen. Doch allein du entscheidest, wie es im Fall eines für dich ungünstigen Ausgangs weitergeht. Also kannst du Feedback selbstbewusst einsetzen – wo und wann immer nötig.

Kommen wir nun zur ersten Feedback-Strategie, dem sachlichen Aufklären.

7.2 Die konstruktive Strategie: Sachlich aufklären

Dein Gegenüber scheint offen für Feedback. Ihr begegnet euch wohlwollend und auf Augenhöhe. Gute Voraussetzungen für das sachliche Aufklären. Du trittst also ungeschminkt auf und sagst offen und ehrlich, worum es dir geht. Doch du hast im vorherigen Kapitel gesehen: Feedback geben ist stets ein Risiko. Wenn du dich unbedacht zu schnell äußerst, verschlimmerst du die Situation. Vermeide daher vor allem eines: reflexhaften Widerstand beim anderen. Es kann auf einzelne Worte ankommen, ob dir dein Gegenüber gewogen bleibt oder sich schlagartig verschließt. Worauf kannst du achten?

In Schritt 1 zunächst auf **inhaltliche Aspekte**, und zwar auf fünfzehn Erfolgs- beziehungsweise Risikofaktoren. Je mehr du von diesen Faktoren berücksichtigst, desto größer die Wahrscheinlichkeit, dass du ihn nicht »verlierst«. In Schritt 2 achtest du dann auf **strukturelle Aspekte**. Bau dein Feedback so auf, dass dein Gegenüber dir zu jeder Zeit gerne zuhört. Hau die in Schritt 1 vorüberlegten Formulierungen nicht unbedarft einfach so raus, sondern komponiere sie zu einem passenden Stück. Denke in der Kategorie Musik: Die Noten alleine machen es nicht, es kommt auf die Reihenfolge und das Zusammenspiel an.

Wenden wir uns zunächst den Noten zu, den erwähnten fünfzehn Faktoren, die ich dir nun nach Schwierigkeitsgrad sortiert vorstelle. Alle sind gleichermaßen wichtig, nur lassen sich einige auf Anhieb leichter verstehen und umsetzen. Mit diesen kannst du beginnen, wenn du dich als wenig erfahren im Feedback einschätzt. Und dann Stück für Stück darauf aufbauen. Vielleicht sind dir die meisten der in Kategorie 1 und 2 genannten Faktoren aber auch längst bekannt und du wendest sie regelmäßig an. Prima, dann kannst du dich direkt an Kategorie 3 wagen.

Fünfzehn Erfolgsfaktoren – sortiert nach Schwierigkeitsgrad

1. Very easy Für Jedermann und Jedefrau	**2. Not so easy** Für Fortgeschrittene	**3. Not at all easy** Für Profis
1. Ich- statt Du-Botschaft (Seite 186) 2. Einzelfall statt Verallgemeinerung (Seite 188) 3. Konkret statt vage (Seite 189) 4. Soll statt Ist (Seite 191) 5. Positiv statt Negativ (Seite 192) 6. Punkt statt Ausrufezeichen (Seite 193)	7. Bedürfnis statt Strategie (Seite 195) 8. Beobachtung statt Bewertung (Seite 197) 9. Neutral-formulierung statt Reizformulierung (Seite 199) 10. Prägnant statt redundant (Seite 200) 11. Verhalten statt Person (Seite 202)	12. Auslöser statt Ursache (Seite 203) 13. Emotion statt Pseudoemotion (Seite 205) 14. Kongruenz statt Inkongruenz (Seite 207) 15. Bildhafte Vergleiche statt schlichte Worte (Seite 208)

An einer typischen Situation aus dem Berufsleben gehen wir die fünfzehn Faktoren nun einzeln durch: Ein Kollege trifft mit viertelstündiger Verspätung im Meeting ein. Du ärgerst dich. Vor allem auch deshalb, weil der Kollege schon öfter unpünktlich war. Also: Was machst du? Was kannst du ihm wie am besten sagen?

Bevor wir uns das anschauen, noch eine Anregung zum Umgang mit der jetzt auf dich zukommenden Vielfalt und Komplexität: Entscheide am besten beim Lesen der folgenden fünfzehn Faktoren, wann du welche übernehmen willst und kannst. Der sequenzielle Ansatz wäre: Strategie für Strategie. Du würdest also zunächst alle Aufmerksamkeit dem ersten Erfolgsfaktor schenken und über einen bestimmten Zeitraum diesen in deinen Alltag integrieren. Ähnlich wie bei REWE, wo es Mitarbeiter der Woche gibt, wäre es dein Feedback-Erfolgsfaktor der Woche. Der simultane Ansatz: Alle auf einmal. Du pfeifst dir alle fünfzehn rein und beachtest sie alle gleichzeitig. Vorteil: Du hast von allen schon einmal gehört. Nachteil: Du fühlst dich vielleicht überwältigt. Als möglicher Kompromiss: Du strebst eine Mischung an, sequenziell und simultan, und das wäre auch meine Empfehlung. Entscheide beim Lesen, wann die Komplexität ein Ausmaß erreicht, das dich überfordern könnte. Wähle auf diese Weise drei, vier oder vielleicht fünf Faktoren, die du zeitgleich beim Feedbackgeben in einem bestimmten Zeitraum beherzigen willst. Arbeite dich so in Phasen voran, bis du sie alle parat hast. Um hierdurch das Risiko für unerwartete Wendungen und Überraschungen zu minimieren.

Und noch ein Hinweis zu den weiter unten ausgewählten Beispielsätzen: Aufgrund der Komplexität von Feedback werden manche Sätze zwar sehr gut einen bestimmten Risikofaktor repräsentieren können, nicht aber zwingend alle übrigen. Jeder Beispielsatz hat somit lediglich die Aufgabe, einen einzigen Risikofaktor zu veranschaulichen. Ansonsten würden wir die Beispielsätze überfrachten, sodass sie an Klarheit verlieren. Daher betrachte sie als exemplarische Ausschnitte, die lediglich den jeweils ausgewählten Faktor beleuchten und nicht dem Anspruch genügen können, gleichzeitig alle Risikofaktoren zu berücksichtigen und alle erdenklichen Kontexte abzudecken.

Erfolgsfaktor 1: Ich-Botschaft statt Du-Botschaft

Sprich von dir und beginne deine Sätze mit »Ich«. Auch wenn es dir vielleicht anders beigebracht wurde: Stell beim Feedback bewusst dich und deine Beobachtungen, Bedürfnisse und Emotionen in den Vordergrund. Dadurch ziehst du das Scheinwerferlicht auf dich und stellst dein Gegenüber nicht an den Pranger. Sprich durchaus auch vom Verhalten des anderen, wenn es für deine Rückmeldung erforderlich ist, aber beginne deine Sätze nicht mit »Du«.

Dein Feedback mit Hinwendung zur Ich-Botschaft könnte so lauten:

Ich ärgere mich, wenn du unpünktlich bist. Das liegt daran, dass mir Pünktlichkeit und Verbindlichkeit wichtig sind.

Wenn du hingegen unvorsichtig und leichtsinnig bist, formulierst du versehentlich Du-Botschaften. Du würdest beschreiben, was der andere alles getan oder nicht getan hat und Sätze direkt mit »Du« anfangen. Dein riskantes Feedback würde dann etwa so lauten:

Du verärgerst mich, wenn du unpünktlich bist.

Sachlich zwar nicht wirklich falsch, aber musst du es so direkt und schonungslos formulieren? Dein Gegenüber wird sich wahrscheinlich wie am Marterpfahl vorkommen. Bloßgestellt von dir vor allen Anwesenden und damit zugleich auch deren Urteilen ausgeliefert. Die folgende Tabelle nennt dir drei Beispiele für ungünstiges Du-Feedback:

Drei Feedbackbeispiele zur Unterscheidung »Ich-Botschaft statt Du-Botschaft«

Ich-Botschaft	Du-Botschaft
Ich ärgere mich, wenn du unpünktlich bist.	*Du verärgerst mich, wenn du unpünktlich bist.*
Ich komme zu kurz, wenn du dir weiterhin so viel Raum nimmst.	*Du nimmst mir den Raum, wenn du weiterhin so lange sprichst.*
Ich finde Präsis mit mehr Bildern besser.	*Du hast in der Präsi zu wenig Bilder eingesetzt.*

Was nimmst du mit?

Erkenne an, dass Menschen sich selten freuen, wenn andere über sie (negativ) sprechen. Verzichte daher prinzipiell auf Du-Botschaften.

Erfolgsfaktor 2: Einzelfall statt Verallgemeinerung

Bleibe konsequent bei Einzelbeobachtungen. Benenne die Vorkommnisse, wie du sie beobachtest hast und vermeide dabei jede Ungenauigkeit. Begriffe wie *oft*, *meistens*, *in der Regel* und ähnliche unterlässt du besser. Dein Feedback mit Betonung des Einzelfalls könnte folgendermaßen lauten:

Du warst diese Woche dreimal zu spät. Am Montag, am Dienstag und heute.

(Hinweis: Diese Einzelfallbetrachtung ist zwar besser ist als eine Verallgemeinerung. Du solltest sie aber so isoliert nicht stehen lassen, damit sie nicht wie ein schuldhafter Fingerzeig Richtung Vergangenheit wirkt, sondern lediglich als Beobachtungssatz zu Beginn deines Feedbacks.)

Wenn du hingegen unvorsichtig und leichtsinnig bist, verallgemeinerst du. Damit erweckst du den Eindruck, dass es in der Natur des anderen liegt, bestimmte Dinge stets falsch zu machen. Du verwendest hierfür beispielsweise Begriffe wie *alle*, *immer* oder *jede …*, die ein sehr hohes Reizpotenzial aufweisen (siehe auch Kapitel *Kommunikationskonflikte: die Reizformulierungen*). Dein riskantes Feedback würde dann etwa so lauten:

Du bist immer(!) unpünktlich.

Sachlich ist das in den meisten Fällen falsch. Du schaffst Regelmäßigkeiten und Muster, wo es Ausnahmen und Zufälle gab. Du gehst hierbei das Risiko ein, dass sich dein Gegenüber angegriffen fühlt und sich entweder rechtfertigt oder einen Gegenangriff startet. Die folgende Tabelle nennt dir abschließend drei Beispiele für ungünstige Verallgemeinerungen.

Drei Feedbackbeispiele zur Unterscheidung »Einzelfall statt Verallgemeinerung«

Einzelfall	Verallgemeinerung
Du warst diese Woche dreimal zu spät. Am Montag, am Dienstag und heute.	*Du bist immer unpünktlich.*
Bitte fass dich jetzt gerade kürzer.	*Bitte fass dich grundsätzlich kürzer.*
Du hast heute Morgen in der Präsentation zwei bis drei Bilder eingesetzt.	*Du setzt in deinen Präsis jedes Mal zwei bis drei Bilder ein.*

Was nimmst du mit?

Erkenne an, dass die meisten Menschen keine Verallgemeinerungen oder pauschalen Urteile über sich hören wollen, aber durchaus bereit sind, Verantwortung für einzelne Versäumnisse oder Fehltritte zu übernehmen. Benenne deshalb stets Einzelfälle.

Erfolgsfaktor 3: Konkret statt vage

Sei so konkret wie du nur kannst. Denn je konkreter du etwas sagst, desto weniger Missverständnisse können entstehen. Dein Feedback könnte also folgendermaßen lauten:

Wir haben wie vereinbart um 10 Uhr angefangen. Bitte sei beim nächsten Mal pünktlich.

Unvorsichtig und leichtsinnig dagegen wären bloße Andeutungen oder rätselhafte Aussagen wie zum Beispiel:

Es ist 10:15 Uhr.

Dein Gegenüber ahnt wahrscheinlich, dass du mit ihm nicht über die Position der Uhrzeiger sprechen willst. Wenn du Glück hast, versteht er dich trotz deiner Unklarheit und geht sachlich auf deine Kritik ein. Wenn du Pech hast, geht er unsachlich auf deine Kritik ein, weil er sich über das Versteckspiel ärgert – er könnte sich vorgeführt vorkommen. Oder er hört die wahre Botschaft nicht, blickt nur auf die Uhr und erwidert: »Stimmt«. Er könnte dich auch auflaufen lassen, weil er zum Beispiel dieses Buch gelesen hat und im Kapitel *Schlagfertig kontern* (7.3) weiter unten die Strategie »Bestätigen« gelernt hat. Denn wenn dir dein Gegenüber dieses »Stimmt!«, mit einem Lächeln im Gesicht und mit Liebe in der Stimme entgegen haucht, dann weißt du, dass es gerade nicht sehr gut aussieht für dich. Die folgende Tabelle nennt dir abschließend drei Beispiele für ungünstige Ungenauigkeiten.

Drei Feedbackbeispiele zur Unterscheidung »konkret statt vage«

Konkret	Vage
Wir haben wie vereinbart um 10 Uhr angefangen. Bitte sei beim nächsten Mal pünktlich.	*Es ist 10:15 Uhr.*
Bitte präsentiere maximal drei Minuten.	*Bitte präsentiere nicht so lange.*
Bitte finde ein Bild pro Kapitel.	*Bitte ergänze noch ein paar Bilder.*

Was nimmst du mit?

Erkenne an, dass die meisten Menschen in der Kommunikation Klarheit und Transparenz bevorzugen und missverständliche Andeutungen ablehnen. Formuliere daher konkret.

Erfolgsfaktor 4: Soll statt Ist

Lenke die Aufmerksamkeit vom gegenwärtigen Problem (Ist) zur erwünschten Zukunft (Soll) und formuliere hierbei eine attraktive Zielvorstellung. Jeder Mensch will sich entwickeln, so eine Grundannahme. Ein Hin-zu hat für die meisten daher deutlich mehr Charme als ein Weg-von. Warum? Weil die Abwendung von etwas zugleich das Problem benennt und dabei oft Schuld und Scham generiert. Die Konzentration auf einen Sollzustand verleiht hingegen eine gewisse Aufbruchstimmung: Yes we can! Dein lösungs- beziehungsweise zielorientiertes Feedback könnte folgendermaßen lauten:

Bitte sei beim nächsten Meeting pünktlich.

Benennst du dagegen nur das Problem, betonst du die gegenwärtige beziehungsweise vergangene unangenehme Situation. Dein riskantes Feedback würde dann etwa so lauten:

Du bist unpünktlich.

Mit dieser Formulierung lenkst du die Aufmerksamkeit deines Gegenübers auf das Unerwünschte. Um nicht zu sagen auf seinen Fehler. Du gehst hier das Risiko ein, dass er sich schuldig fühlt und sich schämt. Und weil er diese Gefühle als unangenehm empfindet, ärgert er sich möglicherweise. Die folgende Tabelle nennt dir abschließend drei Beispiele für ungünstige Problemfixierungen.

Drei Feedbackbeispiele zur Unterscheidung »Soll statt Ist«

Soll	Ist
Bitte sei pünktlich.	*Du bist unpünktlich.*
Bitte fass dich kürzer.	*Du sprichst (zu) lang.*
Bitte ergänze in deiner Präsentation noch zwei bis drei Bilder.	*In deiner Präsi gibt es kein Bild.*

Was nimmst du mit?

Erkenne an, dass die meisten Menschen sich eher für etwas Neues erwärmen, wenn sie das attraktive Neue betrachten als das unattraktive Alte. Fokussiere deshalb das Soll als erwünschte Zukunft und nicht das Ist als unerwünschte Gegenwart.

Erfolgsfaktor 5: Positiv statt negativ

Wenn du das Soll als erwünschte Zukunft formulierst, dann formuliere dieses Ziel positiv. Beschreibe also, was du dir in der Zukunft wünschst und nicht das, was du dir in der Zukunft nicht wünschst. Wir gehen also noch einen Schritt weiter. Wenn es dir gelungen ist, das Soll zu betonen (Schritt 1), dann formuliere es positiv, nicht negativ (Schritt 2). Was heißt das konkret? Verzichte einfach auf das kleine, aber doch sehr wirksame Wörtchen »nicht«. Denn dann hört dein Gegenüber deinen Wunsch direkt – er muss ihn sich nicht erst übersetzen. Dein Feedback mit Hinwendung zum Positiven könnte folgendermaßen lauten:

Bitte sei beim nächsten Meeting pünktlich.

Wenn du hingegen unvorsichtig und leichtsinnig bist, betonst du das Negative. Also das, was du gerade nicht willst. Was zukünftig nicht geschehen soll. Dein riskantes Feedback würde dann etwa so lauten:

Bitte sei beim nächsten Meeting nicht unpünktlich.

Du gehst hierbei zwei Risiken ein. Erstens: Der andere überhört das kleine Wörtchen »nicht« und wird hierdurch das unerwünschte Verhalten eher wiederholen. Zweitens: Er ärgert sich, weil du ihn an eine Tat erinnerst, mit der er Scham verbindet (siehe auch Unterscheidung *Soll statt Ist*). Die folgende Tabelle nennt dir abschließend drei Beispiele für eine ungünstige Negativ-Fokussierung.

Drei Feedbackbeispiele zur Unterscheidung »positiv statt negativ«

Positiv	Negativ
Bitte sei pünktlich.	*Bitte sei nicht unpünktlich.*
Bitte fass dich kürzer.	*Bitte rede nicht so lang.*
Bitte ergänze in deiner Präsentation noch zwei bis drei Bilder.	*Bitte gib deine Präsi nicht mit so wenig Bildern ab.*

Was nimmst du mit?

Erkenne an, dass die meisten Menschen weitaus kooperativer sind, wenn wir sie zu einem erwünschten Verhalten bewegen wollen als von einem unerwünschten Verhalten abbringen. Wähle stets die positive Formulierung.

Erfolgsfaktor 6: Punkt statt Ausrufezeichen

Dieser Hinweis gilt für dein schriftliches Feedback, zum Beispiel in E-Mails und Geschäftsbriefen: Beschränke dich auf jene Satzzeichen und Symbole, die unbedingt notwendig sind und verzichte auf Hervorhebungen jeglicher

Art. Ob Fettung, Unterstreichung oder Kursivsetzung, sie alle haben das Potenzial, beim Betrachter Stress auszulösen. Dein schriftliches Feedback mit neutralen Satzzeichen könnte folgendermaßen aussehen:

Bitte sei beim nächsten Meeting pünktlich.

Wenn du hingegen unvorsichtig und leichtsinnig bist, verwendest du Stress-Symbole. Und zwar reichlich. Könnte ja sein, dass eins allein übersehen wird, nach dem bekannten Motto: »Viel hilft viel«. Dein riskantes Feedback würde dann etwa so aussehen:

Bitte sei beim nächsten Meeting pünktlich!!!

Du gehst hierbei das Risiko ein, dass du den Adressierten verprellst. Denn während du die Sachebene (Pünktlichkeit) ansprichst, erwischst du ihn auf der Beziehungsebene (Scham, Schuld, Ärger). Und verlierst ihn hierbei. Mit Angst und Widerstand als Konsequenz. Die folgende Tabelle nennt dir abschließend drei Beispiele für einen ungünstigen Einsatz von Stresssymbolen.

Drei Feedbackbeispiele zur Unterscheidung »Punkt statt Ausrufezeichen«

Punkt	Ausrufezeichen
Bitte sei pünktlich.	*Bitte sei pünktlich!*
Bitte fass dich kürzer.	*Bitte fass dich kürzer!*
Bitte ergänze in deiner Präsentation noch zwei bis drei Bilder.	*Bitte ergänze in deiner Präsentation noch zwei bis drei Bilder!*

Was nimmst du mit?

Erkenne an, dass manche Menschen empfindlich auf bestimmte Hervorhebungen wie Ausrufezeichen, Fettung, Unterstreichung oder Kursivsetzung reagieren. Verzichte daher idealerweise auf potenzielle Stress-Symbole.

Nach den ersten sechs Feedback-Erfolgsfaktoren kommen wir nun zur zweiten Kategorie. Wir betreten somit den Bereich für **Feedback-Fortgeschrittene**. Entscheide, ob du erst einmal die bisher genannten ersten sechs Strategien im Alltag erproben willst oder gleich weitergehen willst.

Erfolgsfaktor 7: Bedürfnis statt Strategie

Sprich dein zugrunde liegendes Bedürfnis an, also das, worauf es dir wirklich ankommt. Bedürfnisse sind unverhandelbar, denn sie resultieren aus deinen innersten Überzeugungen und Wünschen. Nenne also zuerst das Bedürfnis und dann die Strategie:

Mir ist Verlässlichkeit wichtig. ⇨ Bedürfnis

Kannst du daher beim nächsten Mal bitte pünktlich sein. ⇨ Strategie

Dein riskantes Feedback gegenüber dem verspäteten Kollegen würde dagegen dein Bedürfnis verschweigen oder erst an zweiter Stelle nennen und könnte so lauten:

Bitte sei beim nächsten Mal pünktlich. (Mir ist Verlässlichkeit wichtig.)

Sachlich zwar durchaus richtig, aber vernebelnd. Denn Pünktlichkeit stellt lediglich eine Verhaltensstrategie dar, durch die sich ein bestimmtes Bedürfnis ausdrückt (in unserem Fall: Verlässlichkeit). Anders als Bedürfnisse sind Strategien jedoch austauschbar, und sie erzeugen häufig sofortige Gegenwehr. Stell dir vor: Du und dein Partner, ihr streitet euch um eine

Orange. Du möchtest den Saft trinken, er benötigt die Schale als Zutat für einen Kuchen. Wenn ihr euch lediglich auf der Strategie-Ebene begegnet (»Ich will die Orange« versus »Ich auch!«), seid ihr automatisch im Konflikt. Vielleicht teilt ihr die Orange und jeder bekommt die Hälfte, vielleicht geht aber auch einer leer aus. Berücksichtigt ihr hingegen die Bedürfnisebene (»Ich habe Durst und möchte daher den Saft« versus »Ich habe Hunger und möchte die Schale, um einen Kuchen zu backen«), findet ihr schnell die Lösung. Ihr bekommt beide, was ihr möchtet – und zwar zu 100 Prozent. Das Beispiel zeigt: Es lohnt sich, unter der sichtbaren Strategie das unsichtbare Bedürfnis zu erkennen.

Manchmal sprichst du beides an, Bedürfnis und Strategie. Nenne idealerweise das Bedürfnis zu erst. Warum? Wenn du mit einer unpopulären Strategie dein Gegenüber erst einmal in den Widerstand getrieben hast, wird es dir schwerfallen, ihn zu überzeugen. Es kann auch passieren, dass ihr eine Stellvertreterdebatte um das Mittel führt und das Eigentliche – das Bedürfnis – völlig aus den Augen verliert. Ihr streitet dann über eine bestimmte Strategie und überseht, welche anderen es noch gäbe.

Du wunderst dich jetzt vielleicht, warum der Satz *Bitte sei beim nächsten Mal pünktlich* hier als Negativ-Beispiel dient, beim vorherigen Erfolgsfaktor »Punkt statt Ausrufezeichen« aber als Positiv-Beispiel. Hier begegnet dir die im Einleitungsteil bereits angedeutete Komplexität von Feedback. Denn oben ging es allein um das Satzzeichen: Punkt statt Ausrufezeichen. Nun gehen wir einen Schritt weiter und betrachten die Reihenfolge. Heißt: Wenn du zunächst nur darauf geachtet hast, keine Stress-Symbole wie Ausrufezeichen und Fettungen zu verwenden, achte dann zusätzlich auch darauf, dass du erst das Bedürfnis und dann die Strategie benennst. Es geht hier also um Reihenfolge, nicht mehr um Zeichen. Die folgende Tabelle nennt dir abschließend drei Beispiele für eine ungünstige Strategie-Fokussierung.

Drei Beispiele zur Priorisierung »Bedürfnis versus Strategie«

Bedürfnis statt Strategie	Strategie statt Bedürfnis
Effizienz und Effektivität sind mir wichtig. Bitte sei deshalb beim nächsten Mal pünktlich.	*Bitte sei beim nächsten Mal pünktlich, weil mir Effizienz und Effektivität wichtig sind.*
Mir ist Klarheit wichtig. Bring daher bitte alles in zwei bis drei Minuten auf den Punkt.	*Bring bitte alles in zwei bis drei Minuten auf den Punkt, weil mir Klarheit wichtig ist.*
Ich schätze Abwechslung. Bitte setze daher zwei bis drei Bilder in der Präsentation ein.	*Bitte setze viele Bilder in der Präsentation ein. Ich schätze Abwechslung.*

Was nimmst du mit?

Erkenne an, dass Menschen für (innere, unverhandelbare) Bedürfnisse empfänglicher sind als für (äußere, verhandelbare) Strategien. Stelle Bedürfnisse daher stets in den Mittelpunkt deines Feedbacks und nenne das Bedürfnis stets vor der Strategie. Warum? Weil Menschen für Bedürfnisse (das Wofür) in der Regel eher Verständnis aufbringen als für Strategien (das Was beziehungsweise Womit).

Erfolgsfaktor 8: Beobachtung statt Bewertung

Bleibe konsequent auf der Ebene der Beobachtung. Beschränke dich auf das, was wahrnehmbar war, ohne irgendeine Kleinigkeit dazu zu tun. Verzerre nichts und ergänze nichts, denn dann kann der andere dir weder widersprechen noch wird er dich attackieren – denn er kann sich gar nicht angegriffen fühlen. Beispiel für einen Beobachtungssatz:

VS

Du bist heute fünfzehn Minuten zu spät.

Fügst du hingegen Interpretationen, Bewertungen und Urteile hinzu, riskierst du Widerspruch oder einen Angriff. Beispiel:

Du bist als Einziger schon wieder unpünktlich. Typisch.

Sachlich vielleicht nicht unbedingt falsch, aber mit dieser Formulierung lenkst du die Aufmerksamkeit deines Gegenübers weg von dem was ist – seine fünfzehnminütige Verspätung – und du gehst das Risiko ein, dass er sich schuldig fühlt beziehungsweise sich schämt. Dein Gegenüber empfindet deine Bewertung wahrscheinlich als Kränkungseinladung. Er fühlt sich angeklagt und verspürt Rechtfertigungsdruck. Die folgende Tabelle nennt dir abschließend drei Beispiele für ungünstige Bewertungen.

Drei Feedbackbeispiele zur Unterscheidung »Beobachtung statt Bewertung«

Beobachtung	**Bewertung**
Du bist fünfzehn Minuten zu spät.	*Du bist als Einziger schon wieder unpünktlich. Typisch.*
Du hast sieben Minuten geredet.	*Du hast wieder (zu) lange geredet.*
Du hast in der Präsentation zwei bis drei Bilder eingesetzt.	*Du hast in der Präsi zu wenig Bilder eingesetzt.*

Was heißt das für dich? Erkenne an, dass die meisten Menschen stark negativ auf Bewertungen reagieren, weil sie sich durch diese attackiert fühlen. Benenne deshalb stets nur Beobachtungen.

Erfolgsfaktor 9: Neutral- statt Reizformulierungen

Formuliere so neutral wie du kannst. Verzichte auf alle Begriffe, die ein Kränkungspotenzial haben. Nennen wir sie Reizformulierungen (siehe auch die Auflistung von typischen Reizformulierungen im Anhang). Neutral formulierst du also beispielsweise so:

Bitte sei beim nächsten Meeting (wieder) pünktlich.

Wenn du hingegen viele Formulierungen verwendest wie *doch, aber, immer, nie, endlich, schon wieder, du musst* … klingt es eher so:

Beim nächsten Meeting musst du aber endlich mal wieder pünktlich sein.

Glaubst du, der andere wird diesen Satz gerne hören und empfänglich sein für deine darin enthaltene Bitte? Er wird sich wahrscheinlich eher angegriffen fühlen. Er verliert den Fokus auf die Sache (Pünktlichkeit, Respekt, Effektivität) und richtet möglicherweise sein ganzes Augenmerk auf die Beziehungsebene und die von ihm empfundene Kränkung. Während du »immer« pünktlich bist, ist er »immer« unpünktlich. Und schon hast du ihn verloren. Wenn du Glück hast, nur kurzzeitig, wenn du Pech hast, dauerhaft. Die folgende Tabelle nennt dir abschließend drei Beispiele für ungünstige Reizformulierungen.

Drei Feedbackbeispiele zur Unterscheidung »Neutralformulierung statt Reizformulierung«

Neutralformulierung	Reizformulierung
Bitte sei (wieder) pünktlich.	*Bitte sei zur Abwechslung mal pünktlich.*

Neutralformulierung	Reizformulierung
Bitte fass dich (wieder) kürzer.	*Bitte fass dich endlich mal wieder kürzer.*
Bitte ergänze in deine Präsentation noch zwei bis drei Bilder.	*Bitte ergänze in deine Präsi noch ein paar Bilder. Da sind aktuell viel zu wenige.*

Was nimmst du mit?

Erkenne an, dass bei Reizformulierungen viele Menschen in Widerstand gehen. Wähle daher stets neutrale Formulierungen.

Erfolgsfaktor 10: Prägnant statt redundant

Sei so prägnant, wie du kannst. Warum Umwege gehen, wenn es einen direkten Weg gibt? Im richtigen Leben wählst du ja auch nicht freiwillig einen längeren Weg. Verwechsle Sozialverträglichkeit nicht mit Laberei. Sozial verträglich ist es, wenn du einfühlsam und rücksichtsvoll sprichst. Zur Laberei werden deine Worte, wenn du aus Angst oder fehlender Klarheit viel redest, aber inhaltlich wenig sagst. Auch im Feedback gilt die Formel: so viel wie nötig – so wenig wie möglich. Prägnant äußerst du dich zum Beispiel so:

Das Meeting hat um 10 Uhr angefangen. Du erscheinst erst jetzt, um 10:15 Uhr.

Wenn du stattdessen viele Worte verlierst – und damit zugleich Zeit – hört es sich womöglich so an: *Weißt du, bezogen auf unsere Besprechungen ist mir in letzter Zeit aufgefallen, dass du es manchmal, wenn auch nicht immer, in Hinblick auf den Beginn unserer Treffen wohl oft nicht so genau nimmst, sodass es vorkommt, dass wir hier schon eine Weile sitzen, so wie heute, und du dann erst ein wenig später eintriffst manchmal, was ja eigentlich nicht so schlimm wäre, nur haben wir öfter etwas Wichtiges schon besprochen und ich finde, du könntest vielleicht, also ich mein ja nur …*

Wenn du dein Gegenüber derart zutextet, wird dieser ziemlich sicher abschalten. Und das wäre noch glimpflich. Wahrscheinlich wird er sich sogar aufregen angesichts deiner Rumdruckserei. Die folgende Tabelle nennt dir abschließend drei Beispiele für ungünstige Wiederholungen.

Drei Feedbackbeispiele zur Unterscheidung »prägnant statt redundant«

Prägnant	Redundant
Das Meeting hat um 10 Uhr angefangen. Du erscheinst erst jetzt, um 10:15 Uhr.	*Weißt du, bezogen auf unsere Besprechungen ist mir so ein bisschen aufgefallen, dass du manchmal, also nicht immer, bezogen auf die Zeit …, also ich mein ja nur …*
Bitte fass dich kürzer.	*Kannst du bei deinem nächsten Redebeitrag, also ich meine jetzt im Dialog oder im Meeting, aber auch sonst, darauf achten, dass du zwar alles Wichtige sagst, aber dass du schaust, ob du das eine oder andere Wort, was andere vielleicht nicht unbedingt brauchen, irgendwie weglässt, also …*
Bitte ergänze in deine Präsentation noch zwei bis drei Bilder.	*Weißt du, in deiner Präsi, so wie sie gerade vorliegt, gibt es ja Text- und Bildelemente. Ich finde, wenn man sich so das Verhältnis ansieht, dass es durchaus noch Potenzial gibt für das eine oder andere Bild mehr. Also ich meine ja nur, wir können bestimmt das eine oder andere Bild noch integrieren, wenn man bedenkt, dass auf manchen Seiten …*

Was nimmst du mit?

Erkenne an, dass auch deine Mitmenschen im Zeitalter der Globalisierung und Digitalisierung leben und dankbar sind für wenig Daten. Formuliere deshalb prägnant, kompakt und pointiert.

Erfolgsfaktor 11: Verhalten statt Person

Benenne lediglich das unerwünschte Verhalten deines Gegenübers. Gib ihm die Sicherheit, dass du ihn als Person respektierst, seine aktuelle Unpünktlichkeit jedoch ablehnst. Warum ist diese Unterscheidung so wichtig? Weil du dem anderen damit signalisierst, dass du dir lediglich die Änderung eines einzelnen Verhaltens wünschst, nicht jedoch die Veränderung seiner gesamten Persönlichkeit. Was wohl auch kaum möglich sein dürfte. Wenn du dich also nur auf ein bestimmtes Verhalten beziehst, könntest du sagen:

Du bist heute unpünktlich.

Wenn du hingegen die Person als solche in den Mittelpunkt deiner Kritik rückst, würdest du wahrscheinlich so etwas sagen wie:

Du bist ein Zuspätkommer.

Wenn du den anderen auf diese oder ähnliche Weise abstempelst, fühlt er sich ziemlich sicher auf eine Schwäche reduziert, statt in seiner Komplexität wahrgenommen. Und wahrscheinlich nimmst du ihm damit zugleich die Motivation, sein Verhalten zu überdenken und womöglich zu ändern. Die folgende Tabelle nennt dir abschließend drei Beispiele für ungünstige »Du-bist«-Zuschreibungen.

Drei Feedbackbeispiele zur Unterscheidung »Verhalten statt Person«

Verhalten	Person
Du warst heute unpünktlich.	*Du bist ein Zuspätkommer.*
Du hast heute doppelt so lange geredet wie Stefan.	*Du bist eine Labertasche.*
In deiner Präsentation sind drei Bilder.	*Du bist ein Textfanatiker.*

Was nimmst du mit?

Erkenne an, dass Menschen viel eher bereit sind, sich über ihr leicht veränderbares Verhalten zu unterhalten als über ihre eher stabilen Wesenszüge. Benenne daher stets das einzelne Verhalten.

Kommen wir nun zur Kategorie für **Feedback-Profis**. Sei vorbereitet, dass die nun folgenden vier Faktoren noch komplexer sind als die bisher beschriebenen. Vielleicht leuchtet dir der Sinn der einen oder anderen Strategie nicht gleich ein. Nur Geduld, bei näherer Betrachtung – und vor allem beim Ausprobieren – werden sie sich dir alle erschließen.

Erfolgsfaktor 12: Auslöser statt Ursache

Betrachte das Verhalten deines Gegenübers als Auslöser deines Ärgers, nicht als Ursache. Belasse also die Verantwortung für alle (emotionalen) Kosten bei dir – wo sie auch hingehören. Dein Feedback könnte dann folgendermaßen lauten:

Ich ärgere mich, wenn du unpünktlich bist.

Willst du dagegen im anderen die Ursache für deinen Ärger sehen, formulierst du dein Feedback womöglich so:

Wegen deiner Verspätung bin ich jetzt sauer.

Sachlich klingt das zwar ganz richtig, aber nur auf den ersten Blick. Du hast zwar recht, es gibt einen Zusammenhang. Denn weil dein Kollege verspätet erscheint, reagierst du mit Ärger. Aber: Deine Bewertung der Situation ist die Ursache deines Ärgers – nicht das Verhalten des Kollegen. Wenn du dein Gegenüber für deinen Ärger verantwortlich machst, gehst du gleich zwei Risiken ein. Der andere lässt dich eiskalt abblitzen, denn er fühlt sich – zu Recht – nicht verantwortlich für deinen Ärger. Oder er startet einen Gegenangriff, und die Situation eskaliert. Die folgende Tabelle nennt dir abschließend drei Beispiele für ungünstige Verantwortungsverweigerung.

Drei Beispiele zur Unterscheidung »Auslöser statt Ursache«

Auslöser	Ursache
Ich ärgere mich, wenn du unpünktlich bist.	*Wegen deiner Verspätung bin ich jetzt sauer.*
Ich werde ungeduldig, ***wenn*** *du länger sprichst als die anderen.*	*Ich werde ungeduldig,* ***weil du*** *länger sprichst als die anderen.*
Ich bin wütend, weil du bei der Präsentation so wenig Bilder eingesetzt hast.	*Du hast mich mit deiner Präsentation wütend gemacht, weil sie so wenig Bilder enthält.*

Was nimmst du mit?

Erkenne an, dass die meisten Menschen keine Verantwortung für etwas übernehmen wollen, für das sie nicht verantwortlich sind. Betrachte das Verhalten des anderen deshalb immer nur als Auslöser, nie als Ursache deines emotionalen Aufwands.

Erfolgsfaktor 13: Emotion statt Pseudoemotion

Erkläre dem anderen, welche deiner Emotionen warum entstanden sind. Denn: Oft meldet sich ein bestimmtes Bedürfnis genau dann als unangenehmes Gefühl, wenn jemand etwas getan oder auch unterlassen hat. Nur weiß derjenige nichts davon – deshalb teile ihm mit, was du fühlst. Gib ihm WOSSAT (siehe auch Kapitell 4.2): Benenne deine Wut, deine Ohnmacht, deine Schuld, deine Scham, deine Angst und/oder deine Traurigkeit. So erleichterst du ihm, Verständnis für dich zu entwickeln und sein Verhalten zu ändern. Dein Feedback könnte also folgendermaßen lauten:

Ich ärgere mich über deine Unpünktlichkeit, weil wir ohne dich noch nicht richtig beginnen konnten.

Riskant wäre es, stattdessen sogenannte Pseudo-Emotionen zu benennen:

Ich bin enttäuscht (von dir), weil wir ohne dich noch nicht richtig beginnen konnten.

Dein Gegenüber vernimmt hier nicht dein wahres Gefühl, in unserem Fall Ärger, sondern eine Mischform aus unangenehmen Emotionen und Vorwürfen. Du gehst hierbei zwei Risiken ein. Risiko 1: Du wirst vom anderen nicht ausreichend wahrgenommen und kannst somit auch nicht wirklich von ihm verstanden werden: Wenn du »enttäuscht« sagst, erfährt dein Gegenüber nicht, wie es dir wirklich geht. Risiko 2: Dein Gegenüber hört einen Vorwurf heraus: Adjektivisch gebrauchte Partizipien wie *enttäuscht, verärgert, beleidigt* und so weiter enthalten stets den subtilen Hinweis auf einen Verursacher, nämlich denjenigen, der die Tätigkeit ausgeführt hat. Ohne ihn jedoch zu benennen. Und so werden sie schnell zur versteckten, vorwurfsvollen Du-Botschaft: Du hast mich enttäuscht/verärgert/beleidigt. (Vergleiche oben die nicht ausgesprochene, aber durch dein Gegenüber herausgehörte Botschaft »von dir«.) Die folgende Tabelle nennt dir drei Beispiele für ungünstiges, pseudoemotionales Feedback:

Drei Feedbackbeispiele zur Unterscheidung »Emotion statt Pseudoemotion«

Emotion	Pseudoemotion
Ich ärgere mich über deine Unpünktlichkeit, weil wir ohne dich noch nicht richtig beginnen konnten und mir Effizienz wichtig ist.	*Ich bin enttäuscht, dass du heute fünfzehn Minuten zu spät zum Meeting erscheinst.*
Ich spüre gerade aufkommende Ungeduld, weil ich nicht weiß, wann du fertig bist.	*Ich fühle mich unterdrückt, weil ich nicht weiß, wann ich dran bin.*
Ich bin traurig, weil du trotz meines Vorschlags nur drei Bilder in deiner Präsentation eingesetzt hast.	*Ich fühle mich nicht ernst genommen, weil du trotz meines Vorschlags nur drei Bilder in deiner Präsi eingesetzt hast.*

Was nimmst du mit?

Erkenne an, dass die meisten Menschen auf offen geäußerte Gefühle empfänglicher und verständnisvoller reagieren als auf nebulöse und potenziell vorwurfsvolle Pseudoemotionen. Benenne daher deine Emotionen und Bedürfnisse möglichst klar.

Erfolgsfaktor 14: Kongruenz statt Inkongruenz

Kommuniziere kongruent. Stelle sicher, dass deine Worte, Stimme und Körpersprache zueinander passen. Oder sich zumindest nicht widersprechen. Und: Glaube nicht zu sehr an die Kraft von Lügen. Denn deine Stimme und Körpersprache verraten dich wahrscheinlich früher oder später. Kläre erst innerlich, ob du zu dem stehst, was du gleich sagen wirst. Entsprechend könnte dein kongruentes Feedback lauten:

Ich bin sauer, dass du heute fünfzehn Minuten zu spät kommst. (Mit deutlicher Anspannung in Stimme und Gesicht.)

Wenn sich dagegen deine verbalen, paraverbalen und nonverbalen Aussagen widersprechen, könnte sich das etwa so anhören:

Ich bin sauer, dass du heute fünfzehn Minuten zu spät kommst.
(Mit einem Lächeln und in neutral-freundlicher Stimmlage.)

Vermittelst du deinem Gegenüber derart widersprüchliche Botschaften, sind (weitere) Missverständnisse absehbar. Denn der andere wird verwirrt sein und sich womöglich sogar veräppelt fühlen. Falls du jetzt kritisch einwirfst, sauer sei doch eine Reizformulierung, dann hast du recht und zugleich unrecht. Ja, für manche Menschen ist der Begriff sauer sicher eine Reizformulierung. Und zugleich auch nein, denn für manche ist der Begriff lediglich ein Synonym für wütend und als solches eine dankbare Beschreibung dessen, was ist: »Danke, dass du so ehrlich aussprichst, was ich bei dir ausgelöst habe. So kann ich dir vertrauen!« Wir sehen erneut, wie komplex Feedback ist. Und wie viel Feedback mit Risikoabschätzung zu tun hat. Und mit Toastern. Aber dazu unten mehr. Die folgende Tabelle gibt einen Überblick über die drei Kommunikationsebenen.

Das Zusammenspiel der drei Kommunikationsebenen

Verbale Botschaften (Worte)	Paraverbale Botschaften (Stimme)	Nonverbale Botschaften (Körpersprache)
Die gewählten Worte für die beabsichtigten Botschaften. Die Aussagen, die dein Gegenüber hört beziehungsweise liest.	Geschwindigkeit Lautstärke Höhe Modulation Pausen	Mimik Gestik Körperhaltung Körperbewegung Kleidung

Was nimmst du mit?

Erkenne an, dass Menschen dich (richtig) verstehen und dir viel eher folgen können, wenn deine Äußerungen auf allen drei Ebenen dasselbe mitteilen. Kommuniziere daher kongruent.

Wir sind am Ende der fünfzehn Faktoren angelangt. Fast. Denn einen habe ich noch. Und der hat es in sich. Im Grunde ist davon abzuraten, weil das Risiko sprunghaft steigt. Die meisten Menschen werden sich provoziert fühlen, wenn du das Folgende machst. Und doch rate ich dir dazu. Zumindest in ganz bestimmten Fällen. Vor allem dann, wenn dein Gegenüber mit Worten nicht mehr erreichbar ist. Wenn er etwas anderes braucht, um sich zu bewegen. Eine Art Arschtritt. Und weil du dich wahrscheinlich gegen Gewalt ausgesprochen hast, zumindest physische, greifst du in diesen ganz seltenen Fällen auf visuelle Gewalt zurück. Genauer: auf die Kraft radikaler Bilder.

Erfolgsfaktor 15: Bildhafte Vergleiche statt schlichte Worte

Wenn Worte verpuffen, male Bilder. Weil Bilder oft mehr sagen als tausend Worte. Ein Bild, das sofort auf den Punkt bringt, worum es dir geht. Sprich nicht über Verspätungen und physikalische Zeiteinheiten, weil du damit manchmal auch langweilen kannst. Sondern male ein Bild, in dem der andere ein Täter ist. Wenn er sich sehen kann, erreichst du ihn in den oben beschriebenen Ausnahmefällen viel eher. Dein Feedback mithilfe von Bildern könnte folgendermaßen lauten (wobei du das mit Liebe in der Stimme und einem Lächeln im Gesicht sagen solltest, um dem Satz das Aggressive zu nehmen):

Du läufst hier rein wie ein König. Als hätten wir Hofdiener alle nur auf dich gewartet.

Wenn du hingegen allzu naiv bist, beschränkst du dich auf reinen Text und verzichtest komplett auf Bilder und bildhafte Vergleiche. Du würdest stattdessen weiterhin möglichst sachlich sprechen und argumentieren, im Glauben, dass diese schnöden Worte den anderen doch irgendwann mal erreichen werden. Dabei scheint er längst immun gegen Argumentation und Sachlichkeit zu sein. Wenn du trotzdem weiterhin sachlich bleibst, würde dein riskantes Feedback etwa so lauten:

Das Meeting hat um 10 Uhr begonnen. Jetzt ist es 10:15 Uhr. Du bist fünfzehn Minuten zu spät.

Mit dieser Formulierung informierst du zwar sachlich richtig, aber du verpasst es möglicherweise, dein Gegenüber emotional zu erreichen. Er nickt vielleicht artig, aber du erreichst ihn nicht. Im schlimmsten Fall langweilst du ihn. Kein Fehler. Aber eben auch kein Brüller. Die folgende Tabelle nennt dir abschließend drei Beispiele für ungünstige Auslassungen von Bildern.

Drei Feedbackbeispiele zur Unterscheidung »Bildhafte Vergleiche statt schlichte Worte«

Bildhafte Vergleiche	(Allzu) schlichte Worte
Du läufst hier rein wie ein König. Als hätten deine Hofdiener alle nur auf dich gewartet.	*Das Meeting hat um 10 Uhr begonnen. Jetzt ist es 10:15 Uhr. Du bist fünfzehn Minuten zu spät.*
Sprich bitte schneller beim nächsten Mal. Kalaschnikow, Ferrari ... such dir was aus.	*Du hast drei Minuten gesprochen. Bitte fass dich beim nächsten Mal kürzer.*
Mach deine Präsentation zu einem Bildermeer.	*Deine Präsi besteht zurzeit fast nur aus Text. Bitte ergänze pro Abschnitt mindestens fünf Bilder.*

Was nimmst du mit?

Erkenne an, dass du manche Menschen mit Bildern und Vergleichen eher mobilisieren kannst als mit schlichten Informationen. Sei dir aber auch bewusst, dass die wenigsten begeistert davon sein werden. Wäge also vorher ab, was dir wichtiger ist: Die Möglichkeit der Veränderung beim Gegenüber oder die Aussicht auf Harmonie. Wähle bewusst bildhafte Vergleiche, wenn Worte nicht ausreichen und die Situation diesen Schritt rechtfertigt.

Auf einen Blick: Die fünfzehn Risikofaktoren

In diesem Kapitel hast du fünfzehn Erfolgs- beziehungsweise Risikofaktoren für Feedback kennengelernt. Je mehr dieser Strategien du integrierst, desto höher deine Rückmeldungskompetenz. Und desto geringer das Risiko für unerwünschte Nebeneffekte wie Widerstand, Rückzug oder Gegenattacken.

Für alle fünfzehn Risikofaktoren gilt jedoch ausnahmslos: Sie bieten dir keine Garantie, dass dein Feedback zu einem guten Ergebnis führt. Wenn du nach Faktoren suchst, die immer und überall funktionieren, hast du leider überzogene Erwartungen. Oder wie Clint Eastwood es ausdrückte: »If you want a guarantee, buy a toaster.« Und noch nicht mal beim Toaster kannst du mit absoluter Sicherheit davon ausgehen, dass auch die nächsten beiden Scheiben optimal braun gebrannt herauspoppen.

Was beim Toaster vielleicht gerade noch geht, ist beim Feedback unmöglich. Sei dir bewusst: Egal, wie gut du dich vorbereitest und egal, was du letztlich von dir gibst, du gehst ein Risiko ein. Auf der anderen Seite: Je mehr du von den fünfzehn Risikofaktoren beherzigst, desto größer die Wahrscheinlichkeit, dass deine Botschaft ankommt und du erfolgreich Grenzen setzt.

Die gewählten Beispielsätze in der folgenden Tabelle beziehen sich allein auf den jeweiligen Risikofaktor und sind nicht übertragbar auf die anderen Risikofaktoren.

Fünfzehn Feedback-Erfolgsfaktoren im Überblick

Strategie	Beispielsatz mit eher geringerem Risiko	Beispielsatz mit eher höherem Risiko
I. Very easy – Für Jedermann und Jedefrau		
1. Ich-Botschaft statt Du-Botschaft	*Ich ärgere mich, wenn du unpünktlich bist.*	*Du verärgerst mich, wenn du unpünktlich bist.*
2. Einzelfall statt Verallgemeinerung	*Du warst diese Woche dreimal zu spät. Am Montag, am Dienstag und heute.*	*Du bist immer unpünktlich.*
3. Konkret statt vage	*Wir haben pünktlich um 10 Uhr angefangen. Bitte sei beim nächsten Mal pünktlich.*	*Es ist 10:15 Uhr.*
4. Soll statt Ist	*Bitte sei pünktlich.*	*Du bist unpünktlich.*
5. Positiv statt negativ	*Bitte sei pünktlich.*	*Bitte sei nicht unpünktlich.*
6. Punkt statt Ausrufezeichen	*Bitte sei pünktlich.*	*Bitte sei pünktlich!*
2. Not so easy – Für Fortgeschrittene		
7. Bedürfnis statt Strategie (im Sinne von »vor« Strategie)	*Effizienz und Effektivität sind mir wichtig. Bitte sei deshalb beim nächsten Mal pünktlich.*	*Bitte sei deshalb beim nächsten Mal pünktlich, weil Effizienz und Effektivität mir wichtig sind.*
8. Beobachtung statt Bewertung	*Du bist fünfzehn Minuten zu spät.*	*Du bist schon wieder und wie kein anderer unpünktlich.*

Strategie	Beispielsatz mit eher geringerem Risiko	Beispielsatz mit eher höherem Risiko
9. Neutral- statt Reizformulierungen	*Bitte sei (wieder) pünktlich.*	*Bitte sei zur Abwechslung mal pünktlich.*
10. Prägnant statt redundant	*Das Meeting hat um 10 Uhr angefangen. Du erscheinst um 10:15 Uhr.*	*Weißt du, bezogen auf unsere Besprechungen ist mir so ein bisschen aufgefallen, dass du manchmal …, also ich mein ja nur.*
11. Verhalten statt Person	*Du warst heute unpünktlich.*	*Du bist ein Zuspätkommer.*
3. Not at all easy – Für Profis		
12. Auslöser statt Ursache	*Ich ärgere mich, wenn du unpünktlich bist.*	*Wegen deiner Verspätung bin ich jetzt sauer.*
13. Emotion statt Pseudoemotion	*Ich bin sauer, dass du zu spät kommst, weil wir ohne dich noch nicht richtig beginnen konnten und mir Effizienz wichtig ist.*	*Ich bin enttäuscht, dass du heute fünfzehn Minuten zu spät zum Meeting erscheinst.*
14. Kongruenz statt Inkongruenz	*Ich bin sauer, dass du heute fünfzehn Minuten zu spät kommst. (In Verbindung mit einer angespannten Stimme und einem angestrengten Gesicht)*	*Ich bin sauer, dass du heute fünfzehn Minuten zu spät kommst. (Und während du das sagst lächelst du und deine Stimme klingt neutral).*
15. Bildhafte Vergleiche statt schlichte Worte	*Du läufst hier rein wie ein König. Als hätten wir Hofdiener alle nur auf dich gewartet.*	*Das Meeting hat um 10 Uhr begonnen. Jetzt ist es 10:15 Uhr. Du bist fünfzehn Minuten zu spät.*

Die Entscheidung, welche Strategie(n) du anwendest beziehungsweise besser weglässt, hängt entscheidend von deiner Einschätzung deines Gegenübers und der Situation ab. Es liegt überhaupt in deiner Verantwortung, dich bewusst für dieses oder jenes Vorgehen zu entscheiden, weil du deine Umwelt aufmerksam wahrnimmst und nur deshalb auf sie möglichst angemessen, flexibel und sinnvoll reagieren kannst. Ohne Lebenserfahrung und Menschenkenntnis bist du bei deinen Feedback-Versuchen auf verlorenem Posten.

Ob du diesen Weg wählst oder jenen – wenn du nicht locker lässt wirst du am Ende deiner Entwicklung zum Feedbackfachmann beziehungsweise zur Feedbackfachfrau über alle fünfzehn verfügen. Und das ist wichtig. Denn was bringt dir das Wissen um fast alle Feedback-Risikofaktoren, wenn du mit dem nicht-beachteten fünfzehn. Risikofaktor alles zerstörst, was du vorher mühsam aufgebaut hast. Daher mein Credo: Betrachte alle fünfzehn Faktoren als gleichrangig. Sie unterscheiden sich nicht in der Relevanz, sondern lediglich im Schwierigkeitsgrad.

Worauf ist noch zu achten, bevor du dein Feedback aussprichst? Das nächste Kapitel behandelt wichtige Rahmenbedingungen: Wann willst du Feedback geben, auf welchem Kommunikationsweg und vor wem? Wie du sehen wirst, können diese Fragen einen erheblichen Einfluss auf die Wirkung deines Feedbacks haben. Denn Worte sind das eine. Kontext das andere.

Nachdem dir aus dem vorherigen Kapitel die fünfzehn Risikofaktoren geläufig sind, kommen wir nun zur Komposition. Du nimmst die Zutaten und bringst sie in eine Form. Die Leitfrage: Wie kannst du dein Feedback im Sinn einer Mini-Rede gut aufbauen, damit du dein Gegenüber nicht verlierst? Oder als Leitsatz formuliert: Achte darauf, dass du deinem Gegenüber zu jedem Zeitpunkt Wertschätzung entgegenbringst.

Die Kunst ist, eine kritische Rückmeldung so zu verpacken, dass sie klar ankommt, aber nicht verletzt. Im Folgenden erhältst du drei Anregungen, wie du dein Feedback strukturieren kannst.

Anregung 1: Die 3W

Wenn du nach einer Feedbackformel nach dem Grundsatz »so viel wie nötig, so wenig wie nötig« suchst, empfehlen sich die 3W. In nur drei Schritten teilst du deinem Gegenüber alles mit, was er an Information braucht, um dich zu verstehen:

W **ahrnehmung:** Was hast du gesehen oder gehört, was hast du beobachtet? In diesem ersten Schritt nennst du lediglich deine Beobachtung. Du verzichtest komplett auf Interpretationen und Bewertungen (siehe auch 2.3).

W **irkung:** Welche Auswirkung hat die geschilderte Beobachtung? Nach der Formel »Weil ... passiert ist, habe ich ... diesen oder jenen Nachteil« erfährt dein Gegenüber die für dich entstandenen Unannehmlichkeiten. Es geht hier nicht um Schuldzuweisung, sondern um Verantwortung. Weil der andere etwas getan beziehungsweise nicht getan hat, ist dir ein Nachteil entstanden. Es geht um das Aufzeigen von Zusammenhängen. Es geht um Kausalität.

W **unsch:** Welche Veränderung wünschst du dir? Der Nachteil soll verschwinden. Du nennst deinem Gegenüber deine Idee(n), wie die (negative) Wirkung nachlassen oder sogar ausbleiben könnte. Es ist ein Appell. Eine Bitte etwas zu tun oder zu lassen. Ein Blick in die Zukunft. Keine Erwartung. Keine Forderung. Und schon gar kein Befehl.

Ein Beispiel für diese 3W-Formel

Du hast mich gestern um 16:30 Uhr angerufen, obwohl wir für 16 Uhr verabredet waren (= Wahrnehmung). *Ich habe eine halbe Stunde auf deinen Anruf gewartet und konnte mich nicht wirklich auf andere Dinge konzentrieren* (=

Wirkung). *Kannst du beim nächsten Mal bitte zur vereinbarten Zeit anrufen* (= Wunsch)?

Anregung 2: Die 4B

Wenn du etwas ausführlicher sein willst, geh über zur 4B-Formel – angelehnt an die Gewaltfreie Kommunikation (GFK) nach Marshall Rosenberg. Im Unterschied zur 3W-Formel beschreibst du die Wirkung hier zweifach: Erstens mit deinen unerfüllten Bedürfnissen und zweitens mit der dadurch ausgelösten unangenehmen Befindlichkeit. Dadurch entstehen vier Schritte:

B **eobachtung:** Was hast du gesehen oder gehört?

B **efindlichkeit** (im Sinne von Emotion): Welche unangenehmen Emotionen hat deine Beobachtung bei dir ausgelöst?

B **edürfnisse:** Welche deiner Bedürfnisse sind aufgrund deiner Beobachtung nicht erfüllt?

B **itte:** Welches Anliegen hast du in Bezug auf dein Gegenüber?

Die 4B-Formel kannst du bei jenen Menschen einsetzen, die vergleichsweise aufgeschlossen für innere Befindlichkeiten sind. Die 3W-Formel eignet sich eher für jene, die dir analytisch, sachlich und verschlossen erscheinen.

Worauf bei beiden Ansätzen zu achten ist:

Wahrnehmung/Beobachtung

Erwähne stets nur das, was eine Videokamera sehen oder hören würde: neutral und bedürfnisfrei. Verzichte auf jegliche subjektive Färbungen, die dein Gegenüber einladen können, sie als Vorwürfe zu deuten (siehe auch 2.3). So gibt es beispielsweise keinen grimmigen Gesichtsausdruck (das wäre eine Bewertung), sondern lediglich einen Blick, bei dem die Stirn in

Falten gelegt ist oder die Augen vielleicht etwas zusammengezogen sind. Formuliere deine Beobachtung stets so, dass dein Gegenüber dir leicht zustimmen kann. Mach ihm ein »Nein« unmöglich.

Befindlichkeit

Bleibe bei echten Emotionen. Pseudoemotionen haben häufig die Eigenschaft, als versteckte Vorwürfe missverstanden zu werden. Statt »Ich bin enttäuscht« zu sagen, benenne lieber konkret deine Gefühle und den Grund dafür: »Ich bin sauer und auch traurig, wenn …« (auslösende Beobachtung). Der Vorteil: Du übernimmst volle Verantwortung für deine emotionale Reaktion, und du gibst dem anderen keine Rätsel auf.

Bedürfnis

Unterscheide Bedürfnisse von Strategien (siehe auch 5.5). Bedürfnisse bezeichnen das, was dir fehlt (zum Beispiel Anerkennung, Freiheit, Sicherheit, Wahrnehmung etc.). Sie entstehen durch Mangelerfahrungen. Strategien hingegen sind das, was du tust oder andere tun sollen, damit deine Bedürfnisse befriedigt werden. Bei den Bedürfnissen haben wir streng genommen keine Alternative. Wenn du Wahrnehmung willst, willst du gesehen werden. Das »ob« ist also gesetzt, nicht aber das »wie«. Hier kommt die Strategie, die Verhaltensweise im Außen, ins Spiel. Du kannst über einen Blick, ein Lächeln, einen Handschlag etc. wahrgenommen werden. Du siehst: Die Wahrnehmung ist gesetzt, bei der Umsetzung entstehen Spielräume.

Bitte/Wunsch

Richte die Bitte an dein Gegenüber im Wissen, dass er sie auch ablehnen kann. Verwechsle Bitten nicht mit Erwartungen oder Forderungen. Eine mögliche Formulierung hierfür: »Auf die Gefahr hin, dass du mir meine Bitte nicht erfüllst: Ich wünsche mir, dass du …«

Zudem hat sich in der Praxis bewährt, dass du zugleich einen Wunsch an dich selbst formulierst, damit dein Gegenüber sich nicht am Pranger stehen sieht. Damit deutest du an, dass es um Teilverantwortung geht. So könntest du beispielsweise anbieten, dass du beim nächsten Mal früher Rückmeldung gibst, damit der andere dich früher wahrnehmen kann.

Anregung 3: Die fünf Stufen

Wenn du noch ausführlicher sein willst, empfehle ich dir eine Erlaubnisfrage zu Beginn und eine Akzeptanz- beziehungsweise Okayfrage am Ende des Feedbacks. Du würdest also die drei- beziehungsweise vierstufigen Schritte um zwei Phasen ergänzen:

Eingerahmtes Feedback in fünf Stufen

	Phase	Funktion	Beispielhafte Formulierungen
1	Erlaubnis-Frage	Holt dein Gegenüber ab. Erlaubt ihm, »Nein« zu sagen.	*Darf ich dir Feedback geben?*
2	Das eigentliche Feedback in drei beziehungsweise vier Schritten.	Informiert über deine Wahrnehmung(en).	*Weißt du noch gestern, da hast du …?*
3		Informiert über die Wirkung(en) auf dich.	*Dadurch entstand bei mir das Problem, dass ich …*
4		Informiert über deine Wünsche.	*Ich bitte dich, beim nächsten Mal …*
5	Okay-Frage und/oder Dank.	Erlaubt dem Gegenüber, ein Feedback zum Feedback zu geben. Zollt Wertschätzung.	*War das okay, dir das zu sagen?* *Danke, dass ich so ehrlich sein durfte, dir das zu sagen.*

Ob du dich für die 3W, die 4B oder die fünfstufige Variante mit der beginnenden Erlaubnisfrage und der abschließenden Okay-Frage entscheidest (oder eine ganz andere Variante), bedenke immer auch die folgenden beiden Aspekte:

Anregung 4: Dialog statt Monolog

Sprich im Feedback dialogisch. Warte nach jeder Information ab, was sie mit deinem Gegenüber macht. Lass ihn antworten und dir durch seine Antwort die Erlaubnis geben, fortzufahren. Selbst wenn es nur ein kaum merkliches Nicken ist – Hauptsache dein Gegenüber hat dir seine Zustimmung signalisiert. Je monologischer du auftrittst, desto höher die Gefahr, dass er sich bevormundet und beschämt fühlt.

Anregung 5: Sandwich statt Peitsche

Wenn du dem anderen dein kritisches Feedback unmittelbar anbietest, kann es gut sein, dass er reflexhaft eine Verteidigungshaltung einnimmt. Beginne dein Feedback deshalb lieber wertschätzend. Sandwich heißt: Dein Gegenüber empfängt die möglicherweise schwierig zu nehmende Kritik in einer wohlwollenden Verpackung. Und das geht so: Zuerst etwas Positives benennen, dann die Kritik äußern und mit einer positiven Aussage abschließen. Zum Beispiel:

- *Stefan, ich mag dich als Kollege.* (= wertschätzend)
- *Was mich stört ist, dass du nicht immer pünktlich zu den Meetings kommst.* (= kritisch)
- *Das ändert aber nichts daran, dass ich mich auf das gemeinsame Projekt freue, das nächste Woche beginnt.* (= wertschätzend)

Bedenke jedoch auch die Grenzen des Sandwich-Ansatzes, denn er birgt ein großes Risiko: Dein Gegenüber könnte meinen, die wohlwollende Verpackung sei nur Makulatur, nur Manipulation. Sandwich ist prima, wenn es vom Herzen kommt und wenn das Positive zu Beginn und am Ende ehrlich, persönlich und konkret ist. Wenn du gerade nichts Wertschätzendes zu sagen hast, dann lass es. Dein Gegenüber braucht wahrscheinlich keine fragwürdigen Komplimente. Schenke ihm in einem solchen Fall lieber deine uneingeschränkte Authentizität und Integrität, indem du ihm ungeschminkt mitteilst, was du ehrlich empfindest. Wenn du dein Feedback entlang der Risikofaktoren aus Kapitel 7 *Was heißt hier Feedback? – Sieben Thesen* aufbaust, wird es dir ohnehin sozial verträglich gelingen.

Auf einen Blick: Jedes Feedback ist hochindividuell

Ein Patentrezept für den jeweiligen Aufbau wird dir niemand geben können. Bei allen Unwägbarkeiten kannst du dich in Hinblick auf die Struktur dennoch an folgenden Grundsätzen orientieren:

- Dreistufiger Ansatz mithilfe der 3W (Wahrnehmung, Wirkung und Wunsch)
- Vierstufiger Ansatz mithilfe der 4B (Beobachtung, Befindlichkeiten, Bedürfnis, Bitte)
- Fünfstufiger Ansatz mithilfe einer einleitenden Erlaubnisfrage und einer abschließenden Okay-Frage
- Dialog statt Monolog
- Sandwich statt Peitsche

7.3 Die provokative Strategie: Schlagfertig kontern

Wenn dein Gegenüber an einer konstruktiven und wertschätzenden Auseinandersetzung scheinbar nicht interessiert ist, sondern dich offensichtlich verunsichern will, dann findest du in diesem Kapitel gute Reaktionsstrategien. Es geht jetzt nicht mehr um wohlwollendes Aufklären, es geht jetzt um klare Kante. Klare Kante, indem du dich entziehst.

Reagiere zunächst so schlagfertig, wie du kannst. Vielleicht hältst du dich für weniger schlagfertige als andere. Dafür gibt es auch gute Gründe: Andere haben möglicherweise andere genetische Voraussetzungen mitbekommen und sie wurden anders sozialisiert. Doch Schlagfertigkeit ist keine Nanotechnologie und erst recht kein Hexenwerk. Mit ein paar Grundlagen machst du schnell Fortschritte – und zwar ausreichende. Du wirst nach diesem Kapitel feststellen, wie einfach Schlagfertigkeit ist und dass du die eine oder andere der insgesamt fünfundzwanzig Strategien unmittelbar anwenden kannst. Es könnte sogar so weit gehen, dass du dich auf den nächsten Angriff deines Gegenübers freust, um dein neues Know-how zu testen.

Schauen wir uns aber zunächst die Definition und das Prinzip von Schlagfertigkeit an. Wikipedia definiert sie so: »Als Schlagfertigkeit bezeichnet man eine schnelle, treffende, zumeist witzige Reaktion auf sprachliche Angriffe.« Du findest dort auch zwei lässige Beispiele: Bei einer von Churchills Reden im Unterhaus soll eine oppositionelle Hinterbänklerin gerufen haben: *»Wenn ich mit dem Mann verheiratet wäre, würde ich ihm Arsen in den Kaffee geben.« Darauf Churchill: »Und wenn ich mit der Dame verheiratet wäre, würde ich ihn trinken.«* Und das zweite Beispiel: *Als Eduard VIII. ein unüberhörbarer Leibwind entweicht, zischt die hinter ihm gehende Herzogin: »Das ist mir ja noch nie passiert.« Darauf Eduard erstaunt: »Wirklich? Ich hätte wetten können, dass der von mir war.«*

Die beiden Beispiele deuten an, was erfolgreiche Schlagfertigkeit ausmacht:

Zeitnah

Wenn du dein Gegenüber auf Abstand halten, ihm Grenzen setzen oder Paroli bieten willst, dann tue es schnell. So schnell wie du kannst, ohne gestresst zu wirken. Wer zu lange überlegt, kommuniziert Unterlegenheit. Zumindest kann das so wirken. Ähnlich dem Grundsatz »Schweigen ist Zustimmung«.

Humorvoll-distanziert

Lass dein Gegenüber spüren, dass du über den Dingen stehst. Egal, was du von dir gibst, es ist ein Spiel, und du schaust von außen darauf. Du wirkst souverän, indem du aus einer sicheren Distanz heraus die Dinge nicht (allzu) ernst nimmst. Der andere will dich mit verbalen Pfeilen treffen, aber du bist keine Zielscheibe, weil du ausweichst oder die Pfeile abprallen lässt. Humor und Witz eignen sich hervorragend hierfür.

VPN-Kongruenz

Kommuniziere kongruent auf allen drei Ebenen. Das heißt: Deine Worte (verbal) und deine Stimme (paraverbal) und deine Körpersprache (nonverbal) drücken dasselbe aus. Wenn du etwas Lustiges sagst, sag es mit einer heiteren Stimme und mit einem Lächeln im Gesicht. Wenn dein Gegenüber diesen harmonischen Dreiklang wahrnimmt, wird er merken, dass er bei dir an der falschen Stelle ist. Achte vor allem auf deine Körpersprache (siehe auch Kapitel 2.4).

Ausgewählte Schlagfertigkeitsstrategien im Überblick

	Strategie	Kurzerläuterung	Beispielsätze
1	**Ablenken**	Das Thema (Schwitzen) zunächst aufgreifen und abstrahieren (Körper), dann zurück zum Thema lenken.	Dein Gegenüber zu dir: *Sie schwitzen ja!* Du: *Sie machen sich Gedanken über meinen Körperzustand. Ich würde hingegen lieber zum Thema …*
2	**Abweisen**	Radikal eine rote Linie aufzeigen. Den anderen aus dem eigenen Garten (ver-)weisen.	Dafür/für solche Äußerungen stehe ich nicht zur Verfügung!

	Strategie	Kurzerläuterung	Beispielsätze
3	**Alter erfragen**	Dem Gegenüber klarmachen, dass er nicht aus seinem Erwachsenen-Ich, sondern aus seinen Kind-Ich spricht und ihn damit in die Scham bringen.	*Und wie alt ist der, der das gerade sagt?*
4	**Bedanken**	Einen nicht ernstgemeinten Dank aussprechen. Mal aus Ironie, mal aus Sarkasmus. Je nach Laune.	*Danke!* *Thanks for sharing!*
5	**Bedeutung erfragen**	Herausfinden, wofür bestimmte Begriffe stehen. Dadurch versachlichen und Fehlannahmen aufdecken.	*Was verstehen Sie genau unter …* (Begriff wiederholen)*?*
6	**Bedürfnis erfragen**	Herausfinden, was dem Gegenüber gerade fehlt oder ihn stört. Gut kombinierbar mit Strategie 11.	*Und welches Bedürfnis ist gerade nicht erfüllt, wenn Sie das so sagen?* *Was haben Sie davon, wenn Sie das so sagen?*
7	**Beobachtung erfragen**	Herausfinden, was vor der Äußerung passiert ist. Was wurde wahrgenommen?	*Das ist eine Interpretation.* (Bewertung, Urteil) *Was hast du vorher beobachtet?*

	Strategie	Kurzerläuterung	Beispielsätze
8	**Beschwichtigen**	Relevanz herunterspielen. So tun, als sei es nebensächlich.	*Das ist nicht so schlimm.*
9	**Bestätigen**	Mit großer Freude zustimmen. Vor allem auch stimmlich und körpersprachlich. Thema ignorieren.	*Ja!* *Stimmt!* *Sie haben recht!*
10	**Dummheit vorgaukeln**	Ernsthaft so tun, als hättest du es nicht verstanden. Endlos wiederholbar, gerne auch sarkastisch.	*Ich habe nicht verstanden, was Sie damit sagen wollen.* *Das war mir ein bisschen zu kompliziert.*
11	**Emotion erfragen**	Herausfinden, wie es dem Gegenüber gerade gefühlsmäßig geht. Gut kombinierbar mit Strategie 6.	*Und welche Gefühle hast du, wenn du das so sagst?*
12	**Falle beziehungsweise Fangfrage stellen**	Dein Gegenüber mithilfe einer Fangfrage in die Ecke treiben. Antwortet er mit »Ja«, gibt er zu, etwas Negatives getan zu haben. Antwortet er mit »Nein«, gibt er zu, nicht gewusst zu haben, dass er etwas Negatives getan hat. So oder so, die Scham ist auf seiner Seite.	*Bist du dir bewusst, dass du gerade unsensibel warst?*

	Strategie	Kurzerläuterung	Beispielsätze
13	**Kontrastieren**	Den Angriff aufgreifen und abwerten im Vergleich zu einer noch relevanteren Schwäche.	*Lieber zu spät eingereicht als gar nicht (oder fehlerhaft).*
14	**Loben**	So tun, als bewundere man den Angriff.	*Das ist ein richtig gelungenes Statement, Respekt.*
15	**Neid aufdecken**	Aufzeigen, dass hinter dem Angriff Bewunderung beziehungsweise Neid stecken.	*Was habe ich mir denn erlaubt, was Sie sich nicht erlauben?*
16	**Projektion aufdecken**	Den Angriff zurückgeben. Aufzeigen, dass der andere in Wahrheit über sich spricht.	*Und was hat das mit dir zu tun?*
17	**Sarkasmus entlarven**	Aufzeigen, dass der versteckte Angriff erkannt wurde. Den anderen in die Scham bringen.	*Sie deuten an, dass Sie unzufrieden sind? Sagen sie das beim nächsten Mal gerne direkt, nicht durch die Blume.*
18	**Rationalisieren**	Einen scheinbaren Fehler als Nichtfehler neu definieren. Optional einen guten Grund für den scheinbaren Makel finden.	*Ja. Mir ist das nicht gelungen. Und das ist gut so.* *Mit so wenig Unterstützung kann es nicht funktionieren.*

	Strategie	Kurzerläuterung	Beispielsätze
19	**Übersetzen**	Die im Vorwurf verborgene eigene Stärke in den Vordergrund stellen. Gegebenenfalls mit vorheriger Verneinung.	*Sie halten mich für egoistisch? In Wahrheit bin ich selbstfürsorglich!* *Ich brauche keineswegs lang. Ich achte lediglich auf Qualität.*
20	**Übertreiben**	Angriff freudig bestätigen und ins Lächerliche ziehen. Mithilfe einer offensichtlich unrealistischen Übertreibung.	Der andere: *Sie haben ja Segelohren.* Du: *Ja, und wenn ich mit den Ohren wackle, kann ich fliegen.*
21	**Vertrauensfrage stellen**	Unterstellen, dass der Sender ein Vertrauensproblem hat. Wenn er/sie wieder vertrauen kann, wird alles gut werden. Es geht allein um den Sender/die Senderin.	*Kannst du mir vertrauen?* *Falls nicht, willst du mir (überhaupt) vertrauen?* *Falls ja, was brauchst du, um mir (dir/dem Leben) vertrauen zu können?*
22	**Vertrösten**	Gekonnt eine Bitte nicht erfüllen. In drei Stufen.	*Ich würde gerne helfen!* (ernsthaft) *Gerade ist es jedoch schwierig, weil …* (guten Grund nennen). *Aber um … würde es gehen. Reicht das noch?* (ernsthaft)

	Strategie	Kurzerläuterung	Beispielsätze
23	**Verwirren**	Belanglose Sätze, die nicht falsch sind, aber auch nicht zwingend erforderlich.	*Da kann man nichts machen!* *Sie kennen sich aus./ Sie sind da Experte!* *Sie tun ja fast so, als ob das was Schlimmes wäre.*
24	**Warten lassen**	Um Bedenkzeit bitten und diese bis ins Unendliche verstreichen lassen.	*Das ist ein guter Punkt. Lassen Sie mich kurz überlegen.*
25	**Zurückdrohen**	Drohung aufgreifen und zurückgeben. Gegebenenfalls eskalieren.	Der andere: *Ich gebe Ihnen zwei Monate Zeit, …* Du: *Und ich gebe Ihnen zwei Wochen Zeit, …*

Spiele mit diesen fünfundzwanzig Strategien. Probiere mal diese, mal jene aus und entwickle dabei ein Gespür, in welchen Situationen und bei welchen Angriffen welche Strategien einen wirkungsvollen Kontrapunkt setzen. Verschaffe dir auf diese Weise ein ganzes Arsenal an Schlagfertigkeitsstrategien, die du zeitnah, humorvoll und kongruent einsetzen kannst – und mit großer Gelassenheit.

Es gibt allerdings Menschen, die sich auch mit schlagfertigem Kontern nicht stoppen lassen, weil sie noch gewiefter kontern können als du. In diesem Fall habe ich noch etwas Drittes für dich: das nonverbale Irritieren.

7.4 Die offensive Strategie: Nonverbal irritieren

Wenn weder das *konstruktive Aufklären* (7.2) noch das *schlagfertige Kontern* (7.3) greifen, lass das Sprechen. Verzichte auf aufklärende Worte und verzichte auf ablenkende Worte, setze einfach nur dein Gesicht und deine Gestik ein. Du hast sieben Möglichkeiten, dein Gegenüber ohne ein einziges Wort aufzuhalten. Mehr Effizienz geht nicht!

Achtung: Bei diesem Ansatz geht es lediglich um Irritation, Unterbrechung und Störung – nicht um Aufklärung, auch nicht um Verständnis. Dein Ziel ist es, den anderen subtil durcheinander zu bringen, damit er ins Stocken gerät und mit seinen Übergriffen nicht weitermachen kann. Denn das ist dein eigentliches Anliegen: Ruhe und Frieden. In deinem Garten hat der andere nichts verloren. Es könnte sein, dass er nun bedauert, diesen eigenmächtig betreten zu haben. Aber bei aller Liebe zum Gegenüber – es geht hier auch um Selbstbehauptung.

Um es vorwegzunehmen: Ziemlich sicher wirst du beim Lesen der folgenden sieben Strategien starke Widerstände und Vorbehalte spüren. Ein möglicher Einwand könnte lauten: »Das sind doch Provokationen. Damit mache ich doch alles nur noch schlimmer!« Sind es wirklich Provokationen? Natürlich nicht. Es sind Konfrontationen. Bei den sieben nonverbalen Feedbackstrategien handelt sich um radikale Rückmeldungen, dass du für bestimmte Verhaltensweisen deines Gegenübers nicht zur Verfügung stehst. Wenn du innerlich frei bist, wirst du bereit sein, dieses Risiko einzugehen. Im Umkehrschluss heißt das: Wenn du nicht bereit sein wirst, dir diese Strategien zu erlauben, bist du innerlich (noch) nicht frei.

Vielleicht denkst du beim Lesen der folgenden nonverbalen Irritationsstrategien aber auch: »Das darf man doch nicht!« oder »Das gehört sich doch nicht!«. Dann frage dich, woher diese dich einschränkenden Gedanken kommen. Das deutsche Grundgesetz erlaubt alle sieben, ich habe genau nachgeschaut. In diesem Zusammenhang stell dir doch mal die folgende Frage: Ist dir der Unterschied zwischen legal und legitim bewusst?

Fakt ist: Wir bewegen uns hier in einem legalen Bereich. Entscheide in aller Ruhe, welche der sieben Strategien für dich zusätzlich auch legitim sind. Entscheide erst, nachdem du alle sieben kennengelernt hast. Je mehr Strategien du in dein virtuelles Feedbackköfferchen übernimmst, desto variabler kannst du dich wehren. Je mehr du aus Angst, Feigheit oder einschränkenden Glaubenssätzen aussortierst, desto weniger flexibel bist du.

Auf einen Blick: Legal versus Legitim

»Legal« ist alles, was das Gesetz nicht verbietet beziehungsweise explizit erlaubt. Bei der Frage nach dem »erlaubt« kann es daher auch keine zwei Meinungen geben. Und wenn doch, dann entscheidet ein Gericht. Spätestens dann steht fest, was richtig und falsch ist. Der Begriff »legal« ist somit juristisch zu sehen. Er bezieht sich auf allgemeingültige, also für alle Menschen geltende Normen, ob Gesetze, Verordnungen oder Richtlinien. Diese Vorgaben gelten für alle natürlichen Personen, die im jeweiligen Geltungsbereich leben. Schwarz und weiß, eins und null, kein Grau.

»Legitim« hingegen entzieht sich dem Rechtsraum. »Legitim« ist all das, was eine Person im Rahmen ihrer Werte und Überzeugungen für rechtens, besser: »angemessen« beziehungsweise »moralisch einwandfrei« hält. »Legitim« kennt kein objektives, externes Referenzsystem, sondern lediglich ein subjektives, internes Normengerüst. Dieses Gerüst kann nur bewerten (also etwas gut oder schlecht finden) und streng genommen nicht urteilen (also etwas für richtig oder falsch befinden).

Was heißt das für dich und deine Konfliktkompetenz? Verwahre dich gegen Urteile anderer, die legal mit legitim verwechseln. Konfrontiere dein Umfeld damit, dass jeder Mensch die Freiheit hat, dieses und jedes zu meinen und zu bewerten, dass es aber Grenzen der Übertragbarkeit auf andere gibt, wenn es sich um persönliche Wertvorstellungen handelt. Wenn du nicht auf diesen feinen Unterschied achtest, werden viele ihre (teils fragwürdigen) Normen zu deinen machen (wollen).

Die nonverbalen Irritationsstrategien sind vor allem dann geeignet, wenn dein Gegenüber vor dir gerade die Nerven verliert. Zum Beispiel wenn er heftig auf dich einredet: Kraftausdrücke, laute Stimme, aufgerissene Augen und so weiter. Wenn sich jemand so vor dir aufbaut, und du keine Lust auf konstruktives oder schlagfertiges Feedback hast, dann antworte nonverbal. Lass dich überraschen, welch unglaubliche Macht dein Gesicht hat.

Stell dir also vor: Dein Chef raunzt dich so richtig an, nach dem du einen Fehler gemacht hast. Verbal, paraverbal und nonverbal. Er ballert aus allen Rohren. Der inhaltliche Aspekt braucht uns hier nicht zu interessieren, es geht allein um sein kommunikatives Auftreten. Jetzt bist du dran. Schweige und stimme zu und er wird dich morgen wieder so behandeln. Oder setz die Macht deines Gesichts ein. Wie das geht, erfährst du jetzt.

Strategie 1: Einfrieren. Denn es ist plötzlich so eiskalt hier

Dein Gegenüber – in diesem Fall dein Chef – erwartet eine bestimmte Reaktion von dir: vielleicht dass du zurückschießt oder dich rechtfertigst; dass du klein beigibst oder sogar flüchtest. Nicht vorbereitet ist er auf: Freeze. Keine Reaktion.

Als hätte sich in Sekundenschnelle die nächste Eiszeit über dein Gesicht ausgebreitet, bleibt alles unbewegt, wie eingefroren: deine Stirn, deine Augenbrauen, deine Augen, deine Nasenflügel, dein Mund. Nichts rührt sich. Als wärest du gar nicht da. Oder sogar tot. Du konzentrierst dich währenddessen auf zwei wesentliche Punkte. Erstens: Atmung. Und zwar möglichst unauffällig. Zweitens: starrer Blick in seine Augen, besser noch durch sie hindurch. Scheinbar aufmerksam und fokussiert, in Wahrheit völlig teilnahmslos und abgeschnitten. Deine einzige Aufgabe: Da bleiben, in die Augen blicken, und sich nichts anmerken lassen. Reagiere nicht. Sei einfach nur da.

Welche Risiken drohen in der Praxis, und wie kannst du mit ihnen umgehen? Falls die Nachfrage kommt, was das denn solle, konterst du: »Ich versuche nichts zu verpassen!« Es klingt vollkommen schlüssig, auch wenn es nicht stimmt. Niemand kann dir das Gegenteil beweisen. Probiere es aus – du wirst womöglich sogar Spaß haben.

Strategie 2: Imitieren. Denn ein Spiegel lügt nie

Beim Imitieren hältst du nicht inne wie beim Einfrieren, sondern du wirst zum Spiegel deines Gegenübers. Legt er die Stirn in Falten, legst du ebenfalls die Stirn in Falten. Hebt er die Augenbraue, hebst du deine. Gestikuliert er mit den Armen, machst du dasselbe. Bewegt er seinen Mund, machst du was? Genau: Du bewegst auch deinen Mund, genau wie er. Was auch immer er tut, du machst es nach. Und zwar sofort. Idealerweise bewegt ihr beide euch synchron. Du imitierst den anderen so gut du kannst, jedoch ohne Laut. Ein stummer Spiegel, der gewissenhaft folgt.

Welche Risiken drohen in der Praxis, und wie kannst du mit ihnen umgehen? Vielleicht wird dein Gegenüber dir vorwerfen, du würdest ihn nachäffen oder sogar verarschen wollen. Mit folgender Antwort kannst du gut kontern: »Nein, ganz und gar nicht! Ich wollte dir nur zeigen, wie du gerade körpersprachlich auftrittst. Weil ich dachte, dass ich dir das nicht so gut erklären kann, habe ich entschieden, es dir einfach zu zeigen. Und nun frage ich dich: Wie geht es dir, wenn du so was siehst? Mir ging es beim Zuschauen und -hören jedenfalls gar nicht gut! Und dir?« Probiere auch das aus. Du wirst es nur wenige Sekunden andeuten müssen, und dein Gegenüber hört damit auf. Denn er wird irritiert sein, und genau das ist dein Ziel.

Strategie 3: Amplifizieren. Denn der Vergrößerungsspiegel ist noch genauer

Im Unterschied zum Imitieren übertreibst du hier das Spiegeln, ganz ähnlich dem Vergrößerungsspiegel, den du aus dem Badezimmer kennst. Falls dein Gegenüber also das 1:1-Spiegeln beim Imitieren nicht mitbekommt, legst du eine Schippe drauf. Spätestens wenn deine Gesten den Raum ausfüllen, wird die Störung einsetzen. Und ja, darum geht es.

Welche Risiken drohen in der Praxis, und wie kannst du mit ihnen umgehen? Spätestens hier wird dein Gegenüber wahrscheinlich aufhorchen und sich beschweren. Du kannst mit dem gleichen Satz reagieren, wie oben beim Imitieren.

Strategie 4: Kontrastieren. Denn Love is in the Air

Beim Kontrastieren können sich deine Arme und Hände mal entspannen. Deine einzige Rückmeldung gibst du mit der Form deines Mundes. Obwohl dir eigentlich zum Schreien, Heulen oder Abhauen zumute ist, strahlst dein Gegenüber an. Deine Mundwinkel heben sich und du blickst dein Gegenüber mit offenen Augen und entspannter Gesichtsmuskulatur an. Vielleicht unterstreichst du dein Strahlen sogar noch mit einem fröhlichen Nicken. Du kannst dir der Irritation deines Gegenübers sicher sein, denn auf Freude und Dankbarkeit ist er nun wirklich nicht vorbereitet.

Welche Risiken drohen in der Praxis? Und wie kannst du mit ihnen umgehen? Ein typischer Vorwurf könnte lauten: »Machst du dich jetzt lustig über mich oder was?« In dem Fall hast du zwei Möglichkeiten. Du kannst entweder weiter kontrastieren, und genießen, dass dein Gegenüber noch mehr die Fassung verliert. Es vielleicht sogar verstärken mit einem heiteren »Ja!«. Oder du verneinst in Verbindung mit einer nicht ernstgemeinten Begründung: »Nein, nein, ich höre dir nur so gerne zu.«

Und wenn du ihn mal so richtig austicken sehen willst, ergänzt du noch süffisant: »Besonders, wenn du aufgebracht bist!«

Strategie 5: Ignorieren. Denn plötzlich musst du ganz dringend mal

Dein Gegenüber verlangt deine volle Aufmerksamkeit. Und die verwehrst du ihm jetzt einfach mal. Lass es uns »temporären Aufmerksamkeitsentzug« nennen. Hast du ihm bisher in die Augen geschaut, betrachtest du nun mit scheinbar großem Interesse irgendetwas im Raum. Oder du ziehst deinen Stift aus der Hosentasche und schaust dir die Beschriftung darauf an. Oder du putzt dir die Nase. Ziehst eine Schublade raus. Öffnest ein Fenster. Oder, oder, oder ... Irgendetwas Nebensächliches wird dir garantiert einfallen, um dein einziges Ziel zu erreichen: Augenkontakt unterbrechen. Immer mal wieder, für zwei bis drei Sekunden.

Welche Risiken drohen in der Praxis, und wie kannst du mit ihnen umgehen? Beweisen kann dir dein Gegenüber gar nichts. Woher soll er schon wissen, ob in deiner Nase tatsächlich Rotz ist oder nicht? Woher soll er wissen, ob du jetzt gerade frischen Sauerstoff brauchst oder du lediglich simulierst? Am besten wechselst du die Phasen ab, damit es nicht so auffällt: Kurz in die Augen gucken, dann mal eben die Nase putzen, wieder anschauen, dann mal kurz eine Schublade herausziehen. Und auch das kann er nicht als Irritationsstrategie entlarven.

Strategie 6: Pausieren. Denn jeder muss mal Luft holen

Du gibst deinem Gegenüber ein Stoppzeichen. Wahlweise das Timeout-Zeichen aus dem Sport, wahlweise einfach beide Hände leicht gehoben mit beschwichtigenden Gesten nach unten. Nach dem Motto: »Ruhig, Brauner!« Je subtiler deine Bewegung, desto leichter anzunehmen. Reagiert dein Gegenüber sofort, stellst du die beruhigenden Bewegungen sofort ein.

Reagiert dein Gegenüber zeitversetzt, stellst du die Beschwichtigung erst dann ein. Reagiert er gar nicht, setzt du sie fort, bis er reagiert. Passiert auch nach mehreren Sekunden nichts, verstärkst du deine Armbewegungen bis ins Unerträgliche (vergleiche *Amplifizieren – Übertreibung als Mittel der Darstellung*). Bis er auf deine hartnäckigen Beschwichtigungsversuche reagiert. Er wird reagieren. Es ist nur eine Frage deiner Eskalationsbereitschaft.

Welche Risiken drohen in der Praxis, und wie kannst du mit ihnen umgehen? Dein Gegenüber könnte sich erniedrigt fühlen, weil du ihm diese Beschwichtigungsgesten anbietest. So what? Soll er das ruhig denken. Ist ja nicht die beziehungsweise deine Wahrheit.

Strategie 7: Isolieren. Denn niemand möchte allein gelassen werden

Die Höchststrafe. Wenn alles andere nicht geklappt hat. Du hast einfach keine Lust, dir das weiter anzuhören. Du gehst. Du verlässt den Raum. Mit allergrößter Konsequenz und Entschlossenheit zeigst du deinem Gegenüber den Rücken. In diesem Moment lernt er unmissverständlich: Für sein Verhalten stehst du nicht zur Verfügung. Denn du bist frei.

Welche Risiken drohen in der Praxis? Und wie kannst du mit ihnen umgehen? Das Isolieren ist zu empfehlen, wenn du in der Hierarchie entweder gleichrangig bist oder unter dem Andern stehst. Dein Gegenüber lernt in diesem Moment sehr schnell: So nicht. Nicht mit dir! Weniger zu empfehlen oder zumindest riskanter ist es, wenn du höherrangig bist. Denn dein Gegenüber könnte es als Flucht missverstehen, als Zeichen von Schwäche. Das wäre nicht in deinem Interesse. Isoliere also nur von unten oder auf Augenhöhe, nicht von oben. – Fühlst du dich frei genug, kannst du dir natürlich auch das leisten.

Fazit

Du hast dich wahrscheinlich das eine oder andere Mal in diesem Kapitel gefragt, ob das alles so rechtens und sinnvoll ist. Falls du starke Vorbehalte oder Widerstände spürst, gib ihnen nicht zu schnell zu viel Raum. Es kann gut sein, dass du dich nach und nach für alle sieben Strategien erwärmen kannst. Ich habe dazu drei abschließende Überlegungen:

All das, was wir uns hier angeschaut haben, ist legal und damit erlaubt

Es kann dir niemand verbieten. Du kannst dich natürlich dagegen entscheiden. Aber dann lässt du ein bestimmtes Potenzial zur Gegenwehr ungenutzt. Schade drum. Und noch mal: Schweigen wird oft mit Zustimmung verwechselt. Wenn mein Gegenüber entweder irrtümlich denkt, ich hätte mich unterworfen oder er meint, mein Feedback sei schroff, dann ist mir die zweite Option in jedem Fall lieber.

Keine der sieben nonverbalen Feedbackstrategien stellt an sich eine Provokation dar

Es sind lediglich Kommunikationsangebote. Falls dein Gegenüber es für eine Provokation hält, dann aufgrund seiner eigenen Bewertung. Nach der konstruktivistischen Sicht des Anti-Ärger-Modells gibt es keine Provokationen, nur Kommunikationsangebote, aber das weißt du ja schon.

Es geht bei dieser dritten Kategorie von Feedback explizit darum, nicht konstruktiv und nicht wertschätzend zu sein

Es geht darum, zu verwirren, um den anderen wachzurütteln und aus seinem Muster zu befreien. Meine Erfahrung: Aufgebrachte Menschen brauchen manchmal keine liebevollen und klaren Worte, sondern Gesten. Wer (gerade) nicht kooperieren will oder kann, dem kannst du konstruktiv kaum kommen. Aber mit intelligenten Irritationen auf die Sprünge helfen.

7.5 Die Rahmenbedingungen wählen: Die Zeit, den Kanal und das Publikum

Nachdem wir uns die drei Feedback-Strategien angeschaut haben, wenden wir uns jetzt drei Rahmenbedingungen beziehungsweise Begleitfaktoren zu. Mit anderen Worten: Welchen Einfluss hat der Zeitpunkt, der Kommunikationsweg und das Publikum, wenn du dich für einen der drei Feedback-Strategien entscheidest? Wie wir sehen werden, kann es eine große Rolle spielen, ob du jemandem sofort oder zeitversetzt, persönlich oder per E-Mail und alleine oder vor einem großen Publikum dein Feedback gibst. Die hier vorgestellten Rahmenbedingungen treffen nicht auf jede deiner einzelnen Feedbacksituationen zu. So stellt sich beim nonverbalen Irritieren zum Beispiel nicht die Frage, welcher Kommunikationsweg am günstigsten ist, denn den hast du ja bereits gewählt (»mündlich vor Ort« – siehe weiter unten). Anspruch dieses Unterkapitels ist es also nicht, auf alle erdenklichen Feedback-Kontexte anwendbar zu sein, sondern zu sensibilisieren, welche Rahmenbedingungen einen Einfluss haben können.

Den Zeitpunkt wählen

Welcher Augenblick ist der günstigste, um jemandem Feedback zu geben? Solltest du gleich etwas sagen oder besser warten, bis sich die Wogen geglättet haben? Oder liegt der richtige Zeitpunkt irgendwo dazwischen? Stell dir vor, innerhalb eines längeren Gesprächs nennt dich dein Gegenüber arrogant. Zeitlich bieten sich fünf Möglichkeiten für dein Feedback:

Zeitpunkt 1: Unmittelbar nach dem Reizwort beziehungsweise der Reizformulierung

Du wartest keine Sekunde. Denn für dich ist klar: Wer dir ein solches Wort an den Kopf knallt, dem musst du sofort etwas entgegensetzen. Sonst könnte der Eindruck entstehen, du würdest dieses Urteil akzeptieren. Häufig gilt nämlich (leider): Schweigen heißt Zustimmung. Natürlich stimmt das so nicht (immer), aber vielen ist das egal. Sie denken: »Er hat eingesteckt? Prima, dann darf ich ja munter weiter austeilen!«

Vielleicht hat sich der Andere aber auch nur im Ton vergriffen. Oder es ist ein Test. Er möchte wissen, wie weit er gehen kann. Ob du direkt konterst oder dich wegduckst. So oder so, wenn du sofort etwas sagst, gibst du dich zu erkennen und beugst falschen Annahmen vor (Du hast ja nix gesagt!). Das ist der Vorteil: Du zeigst dich so schnell wie möglich. Der Nachteil: Dein Gegenüber könnte deine Direktheit und das Unterbrechen als unhöflich betrachten. Es ist also wichtig, in der jeweiligen Situation schnell zu entscheiden, ob die Vorteile oder die Nachteile überwiegen. Und danach zu handeln. Deine Entscheidung hängt sicherlich auch davon ab, wie gut du den anderen kennst und wie du seine Äußerung im Kontext einschätzt.

Zeitpunkt 2: Am Ende des Satzes

Dir erscheint ein sofortiges Unterbrechen direkt nach der Reizformulierung zu heftig? Dann lass den Redner seinen Satz beenden. Du bist ja höflich. Aber nur diesen einen Satz. Sollte der andere Nebensatz an Nebensatz reihen und zu keinem Ende kommen, setzt du den Punkt. Der Vorteil: zeitnahes Dazwischengehen. Nachteil 1: Dein nicht sofortiges Dazwischengehen kann als Zustimmung gedeutet werden. Nachteil 2: Ob du sofort (nach dem Wort) oder erst gleich (nach dem Satz) dazwischengehst, du gehst in beiden Fällen dazwischen. Insofern auch hier das Risiko, dass dein Auftreten als unhöflich empfunden wird. Es geht nichts über Konsequenz.

Zeitpunkt 3: Am Ende des Wortbeitrags

Dir ist auch ein Unterbrechen am Satzende noch zu forsch? Dann lass ihn seinen Wortbeitrag beenden. Wobei du nicht wissen kannst, wann er aufhört. Zwei bis drei Minuten, das ist vielleicht kein Problem für dich. Bei vier bis fünf fällt es schon schwer. Bei sechs oder sieben Minuten kriegst du Zustände. Früher oder später erlaubst du dir also dazwischenzugehen. Denn auf Unterwerfung hast du keine Lust. Selbstbehauptung ist dein Credo. Vorteil: Du gehst etwas sozial verträglicher zu Werk als oben, weil du länger wartest. Nachteil: Du schweigst noch länger, sodass das Risiko steigt, dass der Andere bis zu deiner Unterbrechung deine Zurückhaltung für Akzeptanz hält.

Zeitpunkt 4: Am Ende des Gesprächs bzw. der Besprechung

Dir ist auch ein Unterbrechen am Ende des Wortbeitrags noch zu frech? Dann warte das Ende der Zusammenkunft ab. Es ist deine letzte Chance, zeitnah am Ort des Geschehens zu handeln. Vorteil: Die Kausalität dürfte noch leicht rekonstruierbar sein, wobei du durchaus mit einer Bemerkung rechnen solltest, die den Zusammenhang leugnet: »Daran kann ich mich jetzt echt nicht mehr erinnern.« Sei also auf der Hut, ob du deinem Gegenüber diese Chance zur Ausrede gewähren willst. Vorteil: noch sozial verträglicher als Zeitpunkt 3. Nachteil: noch größeres Risiko, als Zustimmung missverstanden zu werden als bei Zeitpunkt 3. Zudem: Du musst deinen Ärger bis dahin aushalten und kannst womöglich den – wichtigen – sonstigen Beiträgen nicht konzentriert folgen.

Zeitpunkt 5: Zeitversetzt

Dir ist auch ein Ansprechen am Ende des Meetings noch zu direkt, weil du dich erst beruhigen und über die Sache nachdenken möchtest? Dann warte ein paar Stunden oder Tage ab. Geh auf den Übeltäter zu, wenn die Wogen geglättet sind und du wieder ruhig und gelassen bist. Und er vielleicht auch. Vorteil: Sozial verträglicher geht's nicht. Zudem: Du hast Zeit, die Situation, die Vorgeschichte und den eigenen Anteil zu analysieren und dein Feedback zu planen. Nachteil: Sei darauf vorbereitet, dass der andere den Vorfall entweder herunterspielt (Na ja, das war ja nicht so gemeint …) oder sogar leugnet (Ich habe jetzt echt keine Ahnung, was du meinst!). Je später du dein Feedback bringst, desto höher die Wahrscheinlichkeit solcher Ausreden.

Je nachdem, für welchen der fünf Zeitpunkte du dich entscheidest, ändert sich die wahrgenommene Konsequenz und das gefühlte Unhöflichkeitsrisiko:

Vorteile und Nachteile der fünf Feedback-Zeitpunkte

Zeitpunkt		Vorteile und Nutzen	Nachteile und Risiken
1	Nach dem Wort	Du zeigst dich so schnell wie möglich. Du trittst mit bestmöglicher Konsequenz auf.	Dein Gegenüber erlebt dein Dazwischengehen als unhöflich.
2	Nach dem Satz	Du gehst zeitnah sozial verträglich dazwischen.	Dein nicht sofortiges Dazwischengehen kann als Zustimmung missverstanden werden. Auch hier unterbrichst du die Rede des Anderen (Unhöflichkeitsrisiko).
3	Nach dem Redebeitrag	Du gehst noch sozial verträglicher dazwischen als bei Zeitpunkt 2.	Je länger das Schweigen, desto höher das Risiko, dass deine Zurückhaltung als Zustimmung oder Akzeptanz missverstanden wird.
4	Am Ende des Meetings	Du gehst noch sozial verträglicher dazwischen als bei Zeitpunkt 3.	Noch größeres Risiko, als Zustimmung missverstanden zu werden als bei Zeitpunkt 3.
5	Zeitversetzt	Sozial verträglicher geht's nicht. Außerdem hast du Zeit, dein Feedback zu planen.	Dein Gegenüber kann den Vorfall entweder herunterspielen oder sogar leugnen. Je später dein Feedback, desto höher die Wahrscheinlichkeit von Ausreden.

Den Kommunikationsweg wählen

Du hast den für dich passenden Zeitpunkt gewählt. Bevor du loslegen kannst, solltest du dich noch für den passenden Weg entscheiden. Denkbar sind unter anderem folgende vier Zugänge:

Kommunikationsweg 1: Mündlich vor Ort

Du stehst vor deinem Gegenüber. Auge in Auge. Er nimmt deine Worte wahr, er hört deine Stimme, er sieht deine Körpersprache. Mehr Kommunikation geht nicht. Es ist die maximale Auseinandersetzung. Vorteil: Wenn du (aus Versehen) ungünstige Worte verwendest oder an seiner Mimik erkennst, dass er hadert, kannst du spontan und flexibel darauf reagieren. Nachteil: Du kannst deine Stimme und deine Körpersprache kaum kontrollieren. Das ist besonders dann schwierig, wenn du aufgeregt oder wütend bist. Es kann also passieren, dass die Situation aus dem Ruder läuft, weil deine Worte, Stimme und Körpersprache dein Gegenüber überwältigen oder verwirren.

Kommunikationsweg 2: Mündlich am Telefon

Immer noch Worte, immer noch Stimme, aber keine komplexe Körpersprache. Du verzichtest auf nonverbale Signale. Vielleicht aus Feigheit, vielleicht auch aus wohlwollender Kalkulation. Weil du denkst, dass die Mimik das Miteinander erschweren könnte. Vorteil: Du schützt dich und dein Gegenüber vor ungünstigen mimischen Reaktionen und Gegenreaktionen. Nachteil: Dir entgehen die mimischen Reaktionen deines Gegenübers. Und du kannst mimisch nicht reagieren, falls sich der Dialog ungünstig entwickelt.

Kommunikationsweg 3: Schriftlich digital (E-Mail oder Ähnliches)

Ob per E-Mail, SMS, WhatsApp – dein Gegenüber bekommt nur ein paar Buchstaben von dir. Vorteil: Du steuerst genau, was dein Gegenüber von dir erfährt. Jeden einzelnen Buchstaben kannst du mehrfach prüfen, bevor du auf „Senden" klickst. Nachteil: Worte wirken oft missverständlich. Was du denkst und was du von dir gibst, sind zwei Paar Schuhe. Denn was du kodierst (Gedanke zu Text), muss dein Gegenüber dekodieren (Text zu Gedanke). Es gibt also zwei Fehlerquellen auf dem Weg von dir zum Gegenüber. Wahrscheinlich kennst du dieses Phänomen nur zu gut: Wie deine wohlgemeinten E-Mails genau das Gegenteil bewirkten. Wenn du also mal wieder schnell eine Mail abschicken möchtest, frage dich zweimal, warum du Kanal 1 und 2 umgehst, und sei dir des hohen Risikos bewusst. Viele Konflikte entstehen nicht, obwohl, sondern weil du schriftlich aufgetreten bist. Manchmal ist weniger einfach mehr.

Kommunikationsweg 4: Schriftlich analog (Brief)

Was digital geht, geht manchmal auch (noch) analog. Statt einer E-Mail kannst du auch einen Brief schreiben. Vorteil: Höhere Aufmerksamkeit als nur eine E-Mail unter vielen und höhere Aufmerksamkeit durch das haptische Erlebnis. Nachteil: Dein Gegenüber könnte das Format Brief als Anklageschrift missverstehen.

Wir halten fest: Bei der Frage nach dem idealen Kommunikationskanal hast du die Wahl zwischen mündlich und schriftlich sowie analog und digital. Je nachdem, für welchen der vier Kanäle du dich entscheidest, ändern sich bestimmte Risiken. Nach Abwägung aller Vor- und Nachteile erscheint Kommunikationsweg 1 (mündlich vor Ort) ratsam. Auch wenn das für viele in der Realität am wenigsten attraktiv erscheint. Und genau darum geht es: zu erkennen, dass der angenehme Weg nicht unbedingt der intelligente Weg ist.

Vorteile und Nachteile der vier Feedback-Kommunikationswege

Zeitpunkt		Vorteile und nutzen	Nachteile und Risiken
1	Mündlich vor Ort	Du schützt dich und dein Gegenüber vor ungünstigen mimischen Reaktionen und Gegenreaktionen. Du reagierst maximal flexibel auf unerwünschte Reaktionen deines Gegenübers.	Du kannst deine Stimme und deine Körpersprache kaum kontrollieren. Weil dein Gegenüber davon überwältigt oder verwirrt wird, läuft die Situation aus dem Ruder.
2	Mündlich am Telefon	Du schützt dich und dein Gegenüber vor ungünstigen mimischen Reaktionen und Gegenreaktionen.	Dir entgehen die mimischen Reaktionen deines Gegenübers, und du kannst mimisch nicht reagieren, falls sich der Dialog ungünstig entwickelt.
3	Schriftlich digital	Du kannst genau steuern, was dein Gegenüber von dir erfährt. Jeden einzelnen Buchstaben kannst du mehrfach prüfen.	Deine Worte wirken missverständlich. Beim Codieren und Decodieren treten Übersetzungsfehler auf. Deine wohlgemeinte E-Mail bewirkt genau das Gegenteil.
4	Schriftlich analog	Höhere Aufmerksamkeit als nur eine E-Mail unter vielen; zudem höhere Aufmerksamkeit durch das haptische Erlebnis.	Dein Gegenüber kann das Format Brief als Anklage oder Urteilsspruch missverstehen.

Das Publikum wählen

Du hast den Zeitpunkt gewählt, zum Beispiel »am Ende des Meetings« und als Kommunikationskanal »mündlich vor Ort«. Bevor es losgehen kann, steht noch eine Entscheidung aus: Wer soll beziehungsweise. darf dabei sein, wenn du deinem Gegenüber ein Feedback gibst? Wähle zwischen drei Szenarien das für dich vielversprechendste:

Ohne Publikum

Du gibst deinem Gegenüber ein vertrauliches Feedback unter vier Augen. Nur du und er. Vorteil: Dein Gegenüber erhält die kritische Rückmeldung in einem geschützten Raum. Niemand weiß davon, und es sind keine Reaktionen von außen zu befürchten. Nachteil: Wenn dein Gegenüber sehr resistent ist und kaum etwas an sich heranlässt, gelingt es ihm in dieser Situation möglicherweise recht gut, sich dir zu entziehen. Oder dir eins auszuwischen, indem er ein zweites Mal angreift, wenn er sich dir überlegen fühlt.

Mit einem passiven Publikum

Es gab schon einmal ein unerfreuliches Vier-Augen-Gespräch? Dabei ist der Andere ausgewichen oder hat schwere Geschütze aufgefahren? Und jetzt spürst du Angst, dass sich das wiederholt? In einer solchen Situation kann es durchaus sinnvoll sein, eine Teilöffentlichkeit zu instrumentalisieren. Denn du weißt: Wenn ihr beide nicht alleine seid, wird es schwerer für ihn, sich daneben zu benehmen. Sowohl sich zu entziehen als auch erneut anzugreifen. Vorteil: Du beeinflusst ihn mithilfe sozialer Kontrolle. Seine Angst vor dem Urteil der Anwesenden zähmt und zügelt ihn. Nachteil: Er kann sich beschämt fühlen, wofür du jedoch nicht verantwortlich wärest.

Mit einem aktiven Publikum

Das passive Publikum reichte nicht aus, ihn zu bändigen? Kein Problem, du eskalierst einfach noch einmal um eine Stufe, indem du die Anwesenden gezielt einbindest, etwa so: »Ich weiß ja nicht, ob ich hier der Einzige bin, aber ich ...« Falls du keine solidarisierenden Bekundungen wahrnimmst, sprichst du daraufhin einzelne direkt an: »Martin, was ist mit dir, wie erlebst du …?«, »Ute, findest du auch, dass …?« Um sicherzugehen, kannst du schon im Vorfeld Verbündete suchen, die dir loyal zur Seite stehen, wenn es zur (erneuten) Konfrontation kommt. Du fragst dich jetzt vielleicht: Ist es unfair, Anwesende einzubeziehen oder vorher sogar auf die eigene Seite zu ziehen? Natürlich nicht, aber das weißt du ja längst. Denn unfair kann nur finden, wer vorher bewertet hat. Und für die Bewertung der anderen sind die anderen verantwortlich. Vorteil: Mehr Konfrontation ist nicht möglich. Nachteil: Maximales Risiko, als Beschämung missverstanden zu werden.

Anders als beim Zeitpunkt und beim Kommunikationskanal erscheint hier eine Empfehlung schwierig. Wähle je nach Situation das Vier-Augen-Gespräch, das passive oder das aktive Publikum:

Vor- und Nachteile von Publikumsanwesenheit beim Feedback

Zeitpunkt		Vorteile und nutzen	Nachteile und Risiken
1	Ohne Publikum	Dein Gegenüber erhält die kritische Rückmeldung in einem geschützten Raum. Ganz ohne Scham-Angebot.	Dein Gegenüber entzieht sich. Oder er wischt dir erneut eins aus.
2	Passives Publikum	Du beeinflusst ihn durch soziale Kontrolle: Seine Angst vor dem Urteil der Anwesenden zähmt und zügelt ihn.	Er kann sich beschämt fühlen.
3	Aktives Publikum	Du konfrontierst maximal.	Dein Gegenüber kann sich beschämt fühlen und dir dies vorwerfen.

Betrachten wir abschließend die bisherigen drei Faktoren – Zeitpunkt, Kommunikationskanal, Publikum. Zusammen, ergibt sich eine Vielzahl möglicher Kombinationen. Wenn du zum Beispiel sofort nach dem dir unangenehmen Wort ein Feedback gibst, dann in der Regel mündlich vor Ort. Dabei hast du die Wahl, das Publikum aktiv oder passiv einzubinden. Bevorzugst du die zeitversetzte Variante, kannst du dich beim Kommunikationsweg zwischen allen vier Optionen entscheiden und beim Publikum zwischen dreien. Auf diese Weise kannst du je nach Vorfall und Person die für dich stimmigste Variante wählen.

Die Wahl der passenden Feedbackform in Abhängigkeit der drei Faktoren

Zeitpunkt	Kommunikationsweg	Publikum
▪ nach dem Wort ▪ nach dem Satz ▪ nach dem Wortbeitrag ▪ am Ende des Meetings ▪ zeitversetzt	▪ mündlich vor Ort ▪ telefonisch ▪ schriftlich digital ▪ schriftlich analog	▪ keins ▪ passiv ▪ aktiv

7.6 Zusammenfassung

In diesem Kapitel hast du gelernt, was gutes Feedback ausmacht. Zunächst haben wir uns sieben Thesen zur Wichtigkeit aber auch Schwierigkeit von Feedback angeschaut und dabei gesehen: Feedback lohnt sich. Die sieben Thesen noch einmal im Überblick:

- Feedback ist alternativlos, denn eine Nichtreaktion ist unmöglich.
- Feedback ist deine Verantwortung, denn Mama und Papa sind nicht mehr da.
- Feedback ist riskant, denn das Leben lässt sich weder planen noch kontrollieren.
- Aktives Feedback bedeutet Entwicklung, denn auch ein Rückschritt kann ein Fortschritt sein.
- Feedback ist Beziehungspflege, denn ohne Austausch keine gemeinsame Entwicklung.
- Feedback formuliert Wünsche, keine Erwartungen. Denn Erwartungen machen unfrei.
- Feedback ist nicht dein letztes Mittel, denn es gibt noch die 2L.

Wir haben uns im zweiten Schritt mit fünfzehn Feedback-Erfolgsfaktoren befasst, die du idealerweise in allen Situationen parat hast. Für ein schrittweises Aneignen nach den drei Schwierigkeitskategorien »Very easy«, »Not so easy« und »Not at all easy« sortiert.

Zudem hatten wir in diesem zweiten Schritt auch ein Augenmerk auf die Struktur gelegt. Denn Inhalt ist das eine, Form das andere. Wenn du guten Inhalt in eine passende Form bringst, hast du gute Aussichten auf ein erfolgreiches Feedback. Die fünf Anregungen für eine gute Struktur noch einmal im Überblick:

- Dreistufiger Ansatz mithilfe der »3W« (Wahrnehmung, Wirkung und Wunsch)

- Vierstufiger Ansatz mithilfe der »4B« (Beobachtung, Befindlichkeiten, Bedürfnis, Bitte)
- Fünfstufiger Ansatz mithilfe einer einleitenden Erlaubnisfrage und einer abschließenden Okay-Frage
- Dialog statt Monolog
- Sandwich statt Peitsche

Doch was machst du, wenn du mit diesem konstruktiven und wertschätzenden Aufklären dein Gegenüber nicht erreichst? Wenn trotz deiner Klarheit und trotz deiner Behutsamkeit dein Gegenüber einfach mauert und blockiert? Dann ist es Zeit für den nächsten Schritt. Kapitel 7.3 hat dir insgesamt fünfundzwanzig Schlagfertigkeitstechniken vorgestellt, vom Ablenken und Abweisen über das Kontrastieren und Loben bis hin zum Wartenlassen und Zurückdrohen.

Mit diesen Ansätzen wirst du so manchen Angreifer aufhalten können, doch was machst du, wenn er oder sie dir sprachlich überlegen ist? Wenn weder das sachliche Aufklären noch das schlagfertige Kontern weiterhelfen, erlaube dir als letzte Maßnahme, ganz auf Worte zu verzichten. Lass dein Gegenüber auflaufen, indem du eine der folgenden sieben Irritationsstrategien wählst (siehe Kapitel 7.4):

- Einfrieren: Denn es ist plötzlich so eiskalt hier.
- Imitieren: Denn ein Spiegel lügt nie.
- Amplifizieren: Denn der Vergrößerungsspiegel ist noch genauer.
- Kontrastieren: Denn Love is in the Air.
- Ignorieren: Denn plötzlich musst du ganz dringend mal.
- Pausieren: Denn jeder muss mal Luft holen.
- Isolieren: Denn niemand möchte allein gelassen werden.

Unabhängig davon, für welche Strategie du dich entscheidest, du hast immer die Wahl, wann (Zeitpunkt), wie (Kommunikationskanal) und vor wem (Publikum) du dein Feedback gibst. Kapitel 7.5 hat dir diese drei Rahmenbedingungen vorgestellt. Je nach Vorfall und Person wirst du die für dich stimmigste Variante wählen können (siehe auch Tabelle auf Seite 245).

Wenn weder das sachliche Aufklären (Kapitel 7.2) noch das schlagfertige Kontern (Kapitel 7.3) noch das Nonverbale Irritieren (Kapitel 7.4) deinen Ärger auflösen können, hast du glücklicherweise noch eine weitere Option. Es ist die letzte Phase im Anti-Ärger-Modell: das Positionieren. Es ist Zeit, loszulassen, wenn es de facto nichts mehr zu tun gibt.

8.
Positionieren (Phase 5): Loslassen, wenn es nichts mehr zu tun gibt

5. Positionieren

Loslassen, wenn es nichts mehr zu tun gibt

AKZEPTIEREN
Schon okay

TOLERIEREN
Echt doof

EXILIEREN
Da: Tür

VERDÜNNISIEREN
Es reicht

In Phase 4 des Anti-Ärger-Modells hast du maximal attackiert. Erst verbal, dann nonverbal. Auf jeden flexibel. Bei manchen Menschen hat das sachliche Aufklären geklappt, bei manchen das schlagfertige Kontern, bei manchen das nonverbale Irritieren. In den meisten Auseinandersetzungen konntest du dich behaupten. Doch was machst du, wenn dein Gegenüber nicht kooperieren will? Wenn du alles versucht hast, ihn aber nicht erreichst?

Wenn deine Konfliktpartner ein Minimum an Vernunft und Fairness zeigen, dann muss der Prozess am Ende erfolgreich sein. Früher oder später wirst du ihn erreichen. Bei manchen Gesprächspartnern gibt es aber leider kein später. In solchen Situationen kommen die Kommunikationsmodelle und die meisten Konfliktratgeber an ihre Grenzen.

Die Botschaft des Anti-Ärger-Modelles für solche Konstellationen lautet: Wenn du dich über einen längeren Zeitraum gewissenhaft und allumfassend gewehrt hast, deine Attacke-Strategien aber nicht wirksam waren, dann ist es Zeit aufzugeben. Nicht, weil du verloren hast oder gar gescheitert bist, sondern weil es de facto nichts mehr zu tun gibt.

In diesen sicherlich seltenen Momenten kannst du deine Ohnmacht uneingeschränkt annehmen. Das komplette Loslassen als anhaftungsfreies Umarmen von Ohnmacht gelingt jedoch meist nur dann, wenn du absolut sicher bist, dass du wirklich alles getan hast, was getan werden kann. Sobald du daran den leisesten Zweifel hast, wirst du nicht bereit sein für positive Ohnmacht. Denn Ohnmacht verlangt die Gewissheit, dass du jedes Steinchen umgedreht hast. Jedes einzelne. Ohnmacht erlaubt keine Restzweifel.

Ohnmacht ist die friedliche und entspannende Einsicht, dass du in einem bestimmten Augenblick tatsächlich ohne Macht bist. Du willst durchsetzungsstark sein, du willst etwas erreichen, du willst die Situation in den

Griff bekommen, aber es klappt nicht. Es klappt nicht, weil es nicht klappen kann. Weil der andere einfach Nein sagt – trotz besseren Wissens.

Wenn sich dein Gegenüber allen deinen Wirkungsmechanismen permanent entzieht, dann bist du letztlich hilflos. Es ist die finale Einsicht am Ende eines langen, abgeschlossenen Prozesses. Wehre dich gegen diese Einsicht, und du bist ignorant. Mache dir Ohnmacht jedoch zu einer deiner neuen Kernkompetenzen, und du bist intelligent. In dieser Logi ist Ohnmacht keine Schwäche, sondern eine Stärke.

Von Ohnmachtskompetenz spreche ich, wenn du weder zu früh aufgibst noch zu lange festhältst. Wenn du die Ohnmacht vollumfänglich begrüßen kannst, befreist du dich zugleich von Resignation und Frustration. Und damit von selbst verschuldeter Energie- und Zeitverschwendung. Weil es thematisch gerade sehr gut passt, zwei Zitate zu Ohnmacht:

Wohl dem Menschen, wenn er gelernt hat, zu ertragen, was er nicht ändern kann, und preiszugeben mit Würde, was er nicht retten kann.

Friedrich Schiller (1759–1805); Arzt, Dichter, Philosoph und Historiker

Gib mir die Gelassenheit, Dinge hinzunehmen, die ich nicht ändern kann, den Mut, Dinge zu ändern, die ich ändern kann, und die Weisheit, das eine vom anderen zu unterscheiden.

Reinhold Niebuhr (1892–1971), Theologe

Es sagt sich so leicht, weil es einfach so ist: Es gibt keinen schlauen Grund, sich Sorgen zu machen. Es sei denn, du genießt Ärger als Ausdruck von Lebendigkeit und scheinbare Überlegenheit über andere. Aber wenn das so wäre, würdest du dieses Buch wahrscheinlich nicht lesen. Zumindest nicht bis hierhin.

Was kannst du konkret mit deiner Ohnmacht anfangen? Aus meiner Sicht gibt es vier Strategien im Leben, wie du dich verhalten kannst. Sie wurden im Kapitel 1 *Zehn Tipps für Ärgernotfälle* bereits kurz angesprochen und lauten.

- Akzeptieren – Love it (1)
- Tolerieren – Love it (2)
- Exilieren – Leave it (1)
- Verdünnisieren – Leave it (2)

Love it entspricht der Haltung: *Ich finde das Verhalten meines Gegenübers nicht gut, aber ich kann es aushalten. Gerade noch so.*

Leave it entspricht der Haltung: *Ich finde das Verhalten meines Gegenübers nicht gut und kann es auch nicht mehr aushalten: Einer von uns beiden muss gehen.*

8.1 Akzeptieren – Love it (1/2): Schon okay!

Du schätzt das Verhalten des anderen zwar nicht, aber du kannst es noch ganz gut aushalten. Keine Freude, aber auch kein Groll: Du spürst eine gewisse Gleichgültigkeit. Und das ist gut so. Denn du haderst nicht mehr und kannst dich anderen Dingen zuwenden.

Du akzeptierst die Situation, wie sie ist, da du deine Erwartungen an die Situation anpasst hast. Schon okay! Das funktioniert so lange, wie deine Werte und dein Selbstwertgefühl es aushalten. Ob diese Strategie wirklich passt, spürst du über die Zeit. Wenn du nämlich vom Kopf her loslassen möchtest, aber dich doch immer wieder ärgerst, dann bist du nicht im Love-it-Modus. Vielleicht ist dann die nächste Strategie ein Weg.

8.2 Tolerieren – Love it (2/2): Echt schade!

Wenn du das Verhalten des anderen nicht mehr gut, sondern nur noch gerade so aushalten kannst, bist du beim Tolerieren angelangt. Du haderst mit der Situation; sie beschäftigt dich, sie schmerzt. Du bist nicht wirklich frei für andere Dinge. Aber du hältst es aus.

Nach Abwägung aller Vor- und Nachteile schluckst du die Kröte. Du leidest, aber woanders würdest du mehr leiden. Der Preis zu gehen, wäre zu hoch, denn du würdest zu viel zurücklassen. Echt schade!

Wenn du die Wahl hast zwischen Akzeptanz und Toleranz, wähle die Akzeptanz. Denn Akzeptanz tut weniger weh als Toleranz. Die emotionalen Kosten sind einfach niedriger. Doch was tun, wenn du weder akzeptieren noch tolerieren kannst?

Wenn dir beide Love-it-Optionen schwerfallen, dann bleiben dir glücklicherweise noch zwei Leave-it-Optionen: Option 1: Der andere verschwindet. Option 2: Du verschwindest. Bemühe dich zuerst um Option 1, das Exilieren.

8.3 Exilieren – Leave it (1/2): Da ist die Tür!

Du entscheidest: »Ich bringe den anderen dazu, zu gehen.« Denn auch du hast unverrückbare Grenzen. Ja, das klingt zunächst vielleicht hart und auf den ersten Blick egozentrisch. Tatsächlich ist es aber ein Ausdruck von Stärke und Integrität. Wie jeder Mensch besitzt auch du unverhandelbare Werte, die du für eine aufrichtige Lebensführung benötigst und entsprechend verteidigst. Es geht also um Kampf. Wie vermittelst du dem anderen dein Anliegen dennoch gewaltfrei?

Eine kurze Erklärung sollte reichen. Sie könnte etwa so lauten: »Ich habe alles in meiner Macht stehende versucht, dich zu bitten, künftig … (dieses oder jenes zu tun beziehungsweise zu lassen). Du hast dich offensichtlich entschieden, mir diesen Wunsch nicht zu erfüllen. Weder akzeptiere ich dein Verhalten, noch toleriere ich es. Und für eine Unterwerfung stehe ich nicht zur Verfügung. Ich sehe nur zwei Möglichkeiten: Entweder gehst du, oder ich gehe. Was ziehst du vor? Ich bin dafür, dass du gehst.«

Falls du Einwände gegen diese scharfe Konfrontation hast und sie für unsozial hältst, überlege dir, woher das kommt. Sind deine Bedenken begründet, oder entstammen sie einer diffusen Angst vor Auseinandersetzung? Liegt es vielleicht daran, dass du ein starkes Bedürfnis nach Harmonie und Zugehörigkeit hast, das dich immer wieder veranlasst, zu Dingen »Ja« zu sagen, obwohl ein »Nein« angebracht wäre?

Wenn du dich aus guten Gründen gegen das Exilieren entscheidest oder dein Gegenüber die Ausladung nicht annimmt, bleibt dir noch die vierte Positionierungsstrategie, das Verdünnisieren. Und bei der kann dich glücklicherweise niemand aufhalten. Außer du selbst natürlich.

8.4 Verdünnisieren – Leave it (2/2): Es reicht!

Exilieren hat also nicht geklappt? Freiwillig will der andere nicht gehen, und Gewalt kommt für dich nicht infrage. Also gehst du selbst: erhobenen Hauptes und mit einem wissenden Lächeln!

Du gehst als Entscheider, nicht als Verlierer. Aus Selbstliebe und Selbstfürsorge, nicht aus Wut oder Verachtung. Weil du es dir wert bist, dir eine bedürfnisfreundlichere Umgebung zu suchen – die es ganz sicher gibt. Denn das Leben ist einfach zu kurz für dauerhafte Ärgernisse und unkooperative Zeitgenossen.

Bedenke: Wenn du in Phase 5 angelangt bist, hast du einen langen Weg zurückgelegt. Du hast erst deeskaliert, dann analysiert, dann minimiert, dann attackiert und jetzt bist zu dabei dich zu positionieren. Wenn für dich weder Akzeptanz noch Toleranz infrage kommen und dein Gegenüber sich nicht exilieren lässt, dann bleibt dir (nur) das Verdünnisieren. Ganz am Ende gewinnst du. Und wenn es nur Freiheit ist. Freiheit im Sinne der Befreiung von »Ärgerangebietern«.

8.5 Zusammenfassung

In diesem Kapitel hast du vier Positionierungsstrategien kennengelernt, die du anwenden kannst, wenn alle deine Bemühungen gescheitert sind, ein Ärgernis zu beseitigen oder einen Konflikt zu lösen. Die folgende Tabelle gibt einen abschließenden Überblick über die vier Strategien zum Umgang mit Ohnmacht:

Die vier Positionierungsstrategien im Überblick

	Kategorie	Strategie	Kurzerläuterung
1	**Aushalte-strategie**	Akzeptieren (Love it 1)	Du kannst ganz gut aushalten, was du nicht magst. Du machst einen Haken dran.
2		Tolerieren (Love it 2)	Du kannst gerade noch aushalten, was du nicht magst. Du haderst (im Stillen).
3	**Auflösungs-strategie**	Exilieren (Leave it 1)	Du kannst nicht mehr aushalten, was Du nicht magst. Du bringst den anderen dazu, zu gehen.
4		Verdünnisieren (Leave it 2)	Du kannst nicht mehr aushalten, was du nicht magst und du kannst den anderen nicht dazu bewegen, zu gehen. Daraufhin gehst du selbst. Dein Leben ist einfach zu kurz, um dich endlos zu ärgern.

Mit dem Ende der Phase 5 sind wir auch am Ende des Anti-Ärger-Modells angelangt. Falls du dich schon gut gewappnet fühlst für die teils bekannten und teils unbekannten Ärgerangebote, kannst du jetzt das Buch zuklappen und dich bereithalten für das anfängliche Deeskalieren.

Falls du noch ein wenig trainieren willst, blicke ins nächste Kapitel, das dir fünf exemplarische Konfliktfälle nennt. Du kannst dir dann entweder gleich meine Lösungsansätze anschauen oder du überlegst zunächst kurz, wie du vorgehen würdest, um den Ärger aufzulösen. Wie auch immer du dich entscheidest, das Kapitel hilft dir, deine Lernfortschritte praxisnah zu prüfen.

9.
Was würdest du tun?
Üben am Beispiel

9.1 Fallbeispiel 1: Das Sommerfest und die Diva

In einer NGO. Mona und ihre Kollegin Birgit bereiten das Einladungsplakat zum Sommerfest vor. Auch im Intranet soll eine Ankündigung erscheinen. Mit Birgit zusammenzuarbeiten ist für Mona leider eine Tortur. Und das ist noch eine Untertreibung. Mona schätzt zwar Birgits Sachverstand für ästhetische Fragen. Auf der anderen Seite ähnelt sie jedoch einer kleinen Diva. Manchmal auch einer großen. Was Mona konkret nervt: Birgit prescht meist sofort los mit ihren Ideen. Mona hat kaum die Chance, etwas mitzuentwickeln. Zudem ist Birgit stark fixiert auf das, was sie will. Selbst kleinste Abweichungen von ihrer Idealvorstellung kann sie nicht hinnehmen. Hinzu kommt ihre Ausdrucksweise, wenn ihr etwas nicht passt. Gestern raunzte sie Mona an: »Kann man das nicht anders machen? Das sieht man doch, dass das nicht gut aussieht!« Bei solchen Sätzen kommt sich Mona einfach nur doof vor. Die Zusammenarbeit macht ihr aus all diesen Gründen keinen Spaß. Mona wünscht sich, sie hätte sich nie auf das Projekt mit Birgit eingelassen.

Wie würdest du dich mithilfe des Anti-Ärger-Modells in dieser Situation behaupten? Gehe ganzheitlich vor, indem du alle fünf Phasen des Modells Schritt für Schritt durchläufst:

- Deeskalieren
- Analysieren
- Minimieren
- Konfrontieren
- Positionieren

Überlege zunächst selbstständig, wie du die fünf Phasen anwenden würdest. Auf der nächsten Seite kannst du prüfen, inwieweit du ähnlich vorgehen würdest wie ich. Du findest dort – exemplarisch für jede Phase – ein paar ausgewählte Lösungsansätze.

Phase 1: Deeskalieren

Mona spürt das Ärger-Angebot von Birgit. Sie hört dieses unpersönliche »man« – für sie eine klare Reizformulierung. Und sie nimmt Birgits aufgerissene Augen wahr und den Singsang in ihrer Stimme. Sie könnte jetzt sofort etwas sagen, aber sie weiß: Selten war ein reflexhaftes Wort günstig. Mona erinnert sich an ihre einzige Aufgabe in diesem heiklen Moment des Ärger-Angebots. Und die lautet: Bloß nicht verschlimmern! Nicht den Konflikt verstehen wollen, geschweige denn ihn weg haben wollen. Einfach nur nicht verschlimmern. Und so entscheidet sie sich für ein temporäres Schweigen, eine Sekunde lang, maximal zwei, und sie atmet dabei ganz tief und langsam, ohne dass Birgit dies wahrnehmen könnte. Währenddessen …

Phase 2: Analysieren

… macht sich Mona an die Ursachenforschung. Ihre stille Frage an sich selbst: Woran könnte sich der Konflikt entzündet haben? Mona erkennt, dass sie und Birgit eine unterschiedliche Zielvorstellung haben. Während Birgit will, dass der Titel oben mittig erscheint, möchte Mona ihn lieber oben linksbündig platzieren – beides geht nicht. Und ihr wird bewusst, dass zudem auch ein Rollenkonflikt vorliegt, denn Birgit meint, es sei ihre Aufgabe, die Farben auszuwählen, während sie meint, es sei eine gemeinsame Aufgabe.

Phase 3: Minimieren

Die Erkenntnis, wieso der Konflikt entstanden ist, beruhigt Mona bereits ein wenig. Doch der Ärger sitzt noch tief. Sie hält Birgit für egoistisch, und dieses Urteil plagt sie. Glücklicherweise erinnert sich Mona in diesem Moment an das Entwicklungsquadrat. Nach dieser Ärgerminimierungsstrategie war es doch so, dass hinter einer unerwünschten Verhaltensweise (in diesem Fall: egoistisch), eine Kompetenz schlummern soll? Eine wünschenswerte Kompetenz, die aufgrund einer fehlenden Schwesterntugend sich ungehemmt entfalten und ein im Ergebnis unschönes Ausmaß einnehmen konnte. Mona fragt sich also, was Birgit (im Kern) kann, was überoptimiert zu Egoismus werden konnte. Mona erkennt: Birgits egoistische, dominante Art fußt auf einem hohen Maß an Selbstsicherheit, Mut und Freiheit, was sie alles bewundert, wenn sie ehrlich zu sich selbst ist. Und sie muss sich eingestehen: Ihr eigenes Leben wäre deutlich schöner und erfolgreicher, wenn auch sie mehr Selbstsicherheit und Mut hätte – nicht so viel wie Birgit, denn Birgit hat in Monas Augen zu viel davon, aber ein Scheibchen, ein klitzekleines Scheibchen vom Selbstsicherheits- und Mut- und Freiheitskuchen würden Mona gut tun. Da sie das jetzt sehen kann, kann sie Birgits Zuviel davon besser ertragen. Durch diesen Perspektivwechsel wird Birgit vom Arsch (Du bist egoistisch) zum Arschengel (Ich lehne dein egoistisches Verhalten zwar weiterhin ab, aber ich gebe zu, dass ich die zugrunde liegende Selbstsicherheit bewundere). Und Monas Ärger über Birgit geht ein Stück zurück.

Phase 4: Konfrontieren

Wenn nach Durchlaufen aller Ärgerminimierungsstrategien Restärger verbleibt, wird Mona erstmals im Außen aktiv. Bisher verlief ja alles im Innen. Die Aufgabe heißt jetzt: kommunizieren, um Grenzen zu setzen. Es liegt an Birgit, wie weit Mona hier geht. Vielleicht reicht schon das sachliche Aufklären, indem Mona etwa sagt: »Du hast mich gerade zum dritten Mal unterbrochen. Ich merke, dass mich das stört. Bitte lass mich aussprechen, ich fasse mich auch kurz.« Oder mithilfe einer Frage: »Bist du daran interessiert zu hören, welche Einwände ich habe?« Schlägt Birgit diesen Ansatz aus, wechselt Mona zur nächsten Konfrontations- beziehungsweise Eskalationsstufe, dem schlagfertigen Kontern. Und wenn bei Birgit auch das nicht wirkt, erlaubt sich Mona das nonverbale Irritieren.

Phase 4: Positionieren

Sollte Birgit mit keiner der drei Feedbackstrategien erreichbar sein, lässt Mona am Ende los. Sie kann sich für Akzeptanz entscheiden und sich innerlich sagen: So ist sie halt, die Birgit, ich habe alles versucht, sie will sich nicht ändern, ich kann das aushalten. Und im Extremfall kann Birgit auch einfach gehen, indem sie sich verdünnisiert. Selbst wenn sie verbeamtet ist, niemand zwingt sie an einem Ort zu bleiben. Niemand kann Mona daran hindern, sich versetzen zu lassen oder zu kündigen, außer sie selbst. Am Ende ist Mona frei, das zu tun, was für sie selbst dauerhaft am günstigsten ist …

9.2 Fallbeispiel 2: Der Abteilungsleiter und die Fremdsprache

In der Pharma-Industrie. Laborleiter Karl legt Abteilungsleiter Paul einen Berichtsentwurf vor. Der Bericht ist auf Englisch. Karl hasst Englisch. Er fühlt sich einfach unsicher. Vor allem weil Pauls Englisch tausendmal besser ist. Paul überfliegt den Entwurf, und Karl sieht, wie Paul die Stirn runzelt, den Oberkörper zurückzieht und den Kopf neigt. Und Karl ahnt, dass sein Vorgesetzter gleich etwas Abfälliges sagen wird. Warum? Weil Karls Englisch noch lange nicht fehlerfrei ist. Karl, eigentlich Karesz und geboren in Ungarn, kam erst vor wenigen Jahren nach Deutschland und hadert noch mit der Sprache.

Was Karl befürchtet hat, tritt ein. »Was ist das denn für ein Englisch?«, raunzt ihn Paul ziemlich laut an, ohne ihn eines Blickes zu würdigen. Karl spürt einen Stich in seiner Brust, und Scham macht sich breit. Und Ärger darüber, dass Paul so kühl und verletzend ist. Bei aller Aufgebrachtheit, kann Karl dennoch einen Joker aus dem Ärmel ziehen: »Sie haben wohl gedacht, das wäre mein Englisch? Weit gefehlt! Ich habe es extra dem Dolmetscher gegeben, der noch ein paar Ungenauigkeiten rausgenommen hat. Also ist alles einwandfrei.« Auch wenn Karl einen kleinen Sieg davongetragen hat, so richtig gut geht es ihm nicht. Der Ärger über Pauls Kommentar sitzt tief. Wie würdest du dich als Karl mithilfe des Anti-Ärger-Modells in dieser Situation behaupten? Gehe wieder ganzheitlich vor, indem du alle fünf Phasen des Modells Schritt für Schritt durchläufst. Überlege zunächst selbstständig, wie du die fünf Phasen anwenden würdest. Auf der nächsten Seite kannst du prüfen, inwieweit du und ich ähnlich vorgehen würden.

Phase 1: Deeskalieren

Wie Mona beginnt auch Karl mit der Nicht-Reaktion. Denn wer sich erst einmal kurz auf die Zunge beißt, davon ist Karl überzeugt, vermeidet unbedachte Äußerungen. Äußerungen, die den Konflikt verschlimmern, statt ihn zu lösen. Wie Mona begnügt sich Karl – in seiner ersten Reaktion – aufs Atmen und Klappe halten.

Phase 2: Analysieren

Während der selbstbestimmten Stille fragt er sich bereits nach möglichen Ursachen. Er weiß, dass er später deutlich leichter minimieren und konfrontieren kann, wenn er erst einmal versteht, was passiert ist und warum er sich ärgert. Er geht die acht möglichen Konfliktursachen Schritt für Schritt durch und beginnt mit Nummer 1, dem Zielkonflikt: Haben er und sein Chef unterschiedliche Vorstellungen hinsichtlich des Umgangs mit Sprachgenauigkeit? Oh ja, während Paul Dinge einfach raushaut, wünscht sich Karl einen einfühlsamen und fragenden Umgang. Kritik würde er schon aufnehmen, aber nicht auf diese Art, insofern stellt Karl auch einen Methodenkonflikt vor. Und natürlich fußt dieser auf der Art und Weise wie Paul kommuniziert, wir können den Streit also auch als Kommunikationskonflikt begreifen. Was Karl besonders trifft ist, dass seine Bedürfnisse nach Wahrnehmung und Wertschätzung nicht erfüllt sind. Wenn Paul sagt »Was ist das denn für ein Englisch?«, fühlt Karl sich nicht gesehen, und er erlebt diese Frage nicht auf wohlwollender Augenhöhe.

Phase 3: Minimieren

Bevor Karl in Phase 4, dem Konfrontieren, seinen Mund aufmachen wird, widmet er sich erst den eigenen Anteilen am entstandenen Ärger. Er fragt sich: Was hat der Ärger über Paul mit mir selbst zu tun? Oder auch: Welche Anteile des Ärgers haben nichts mit Karl zu tun, sondern liegen allein bei mir? Schon die erste Strategie, die Peter-und-Paul-Strategie hilft ihm, denn er erkennt: Paul hat offensichtlich schlechte Laune und will sie an ihm auslassen. Es hat also nichts mit Karl zu tun, sondern mit Paul. Karl ist einfach gerade ein Ärger-Ventil für Paul, das dieser sicher auch bei anderen Menschen suchen würde. Karl erkennt: Paul ist in Not, und Karl kann sich über Anteilnahme an dieser Not aus der Schusslinie nehmen.

Weil das jedoch noch nicht ausreicht, um den Ärger komplett aufzulösen, geht Karl über zur zweiten Ärgerminimierungsstrategie, dem Reframing, und er fragt sich: Was lerne ich, Karl, hier gerade (von Paul beziehungsweise vom Leben)? Welchen Entwicklungsschritt habe ich noch nicht zurückgelegt beziehungsweise welche Kompetenz habe ich noch nicht erlangt? Karl wird klar, dass abwertende Äußerungen über seine Sprache ihn leider immer noch sehr treffen. Er kann einsehen und hierdurch lernen, wie viel Macht er anderen (noch) gibt. Das muss so nicht bleiben. Er kann sich von dieser Machtübergabe befreien und unabhängig werden. Plötzlich kann er sogar so etwas wie Dankbarkeit gegenüber Paul empfinden: Als Ärger-Anbieter hilfst du mir heute (unbewusst), meine Unabhängigkeit und Resilienz gegenüber schroffen Äußerungen zu entwickeln. Dank weiterer Anti-Ärger-Strategien wie dem Situationsmodell, der Positiven Absicht, dem Entwicklungsquadrat und The Work minimiert Karl seinen Ärger auf ein Minimum.

Phase 4: Konfrontieren

Wenn Karl nach Phase 3 noch Restärger spürt, geht er über zum Setzen von Grenzen mithilfe von Feedback. Wie Mona klärt Karl zunächst sachlich auf, in der Annahme, dass Paul an einem für beide Seiten guten Miteinander interessiert ist. Er könnte sagen: »Ich schäme mich, wenn du meine fehlende

Sprachgenauigkeit ansprichst. Zumal es in diesem Fall ja nicht einmal berechtigt war.« Oder indem er versachlichend nachhakt: »Welcher Passus genau ist sprachlich betrachtet nicht perfekt?« Falls Paul darauf wohlwollend eingeht, wunderbar. Falls nicht geht Karl zum schlagfertigen Kontern über, zum Beispiel: »Das ist vom Dolmetscher« (mit Freude im Gesicht und Liebe in der Stimme) oder »Was verstehen Sie genau unter Englisch?« und wenn Karl völlig befreit ist, könnte er auch fragen: »Welche Gefühle hast du, wenn du mich das fragst?« Sollte Paul die Souveränität und die Ironie erkennen und einlenken, wunderbar. Falls nicht, falls Paul weiter attackiert oder sogar eskaliert, bleibt Karl immer noch das nonverbale Irritieren. Er könnte einfrieren, sodass Paul nicht den Gewinn hat, in seinem Gesicht eine Kränkung zu sehen. Oder er könnte dem Blick ausweichen und so tun, als müsste er sich gerade die Nase putzen, in der Schublade nach etwas suchen oder das Fenster öffnen, allein mit dem Ziel, Paul mit Ignoranz zu versorgen.

Phase 5: Positionieren

Sollte Paul alle drei Konfrontationsstrategien parieren und einfach so weitermachen, trifft Karl eine Entscheidung, wie er trotz des nicht erreichten Konfrontationsziels obenauf bleiben kann. Ob er es akzeptiert oder toleriert oder Karl exiliert oder sich selbst verdünnisiert, Karl entscheidet am Ende es fünfstufigen Anti-Ärger-Modells völlig autonom, wie sein Leben weitergeht. Und das ist gut so.

9.3 Fallbeispiel 3: Die Helikopter-Mami und die Note 2

An einer Schule. Während der großen Pause klopft es an der Tür des Lehrerzimmers. Ohne auf ein »Herein« zu warten, reißt die Mutter einer Drittklässlerin die Tür auf und bäumt sich grußlos vor der Klassenlehrerin ihrer Tochter auf: »Warum haben Sie mir nicht mitgeteilt, dass meine Tochter in Mathematik nicht mehr auf einer guten 2 steht?« Ohne eine Reaktion abzuwarten oder die übrigen Lehrer zu beachten fährt die Mutter wild gestikulierend und in lautem Ton fort: »Wie kann das sein?«

Lehrerin Leni ist völlig perplex. Sie kennt die Mutter, und ahnte, dass sie ganz schön hart sein kann, doch dass sie derart loslegen würde, das war nicht abzusehen. Zudem kann sie den Vorwurf überhaupt nicht nachvollziehen. Die Tochter hat halt in der letzten Arbeit nur eine 2– geschrieben. Nicht mehr und nicht weniger.

Wie würdest du dich mithilfe des Anti-Ärger-Modells in dieser Situation behaupten? Gehe wieder ganzheitlich entlang der fünf Phasen vor. Überlege zunächst selbstständig, wie du die fünf Phasen anwenden würdest und vergleiche dann deine Lösungsansätze mit meinen.

Phase 1: Deeskalieren

Wie Mona und Karl beginnt auch Leni mit der Technik der Nicht-Verschlimmerung. Atmen und Klappe halten, mehr gibt es nicht zu tun. Und zwar so lange wie nötig und so kurz wie möglich. Denn wer zu lange schweigt, könnte ungewollt den Eindruck erwecken, er hätte nichts dagegen. Nach dem Motto: Schweigen ist Zustimmung. Leni schweigt also nur für einen kurzen Augenblick und atmet dabei unmerklich – idealerweise tief und langsam.

Phase 2: Analysieren

Während Leni also für einen klitzekleinen Moment inne hält, fragt sie sich nach der Konfliktursache. Was fehlt Leni (was die Mutter nicht tut) beziehungsweise was stört Leni (was die Mutter tut)? Ihr wird bewusst, dass es sich um einen Zielkonflikt in Verbindung mit einem Kommunikationskonflikt handelt. Die Mutter reißt nicht nur die Tür auf, sondern auch ihre Augen. Leni selbst würde vorher klopfen, auf ein »Herein« warten und dann um ein Gesprächsmöglichkeit bitten, statt vor allen loszulegen – ohne Rücksicht auf Verletzte. Die Mutter ist anders: Sie hat das Ziel einzutreten, ohne auf eine Erlaubnis zu warten und sie kommuniziert verbal, stimmlich und körpersprachlich aggressiver als es Leni tun würde.

Auch auf Haltungsebene vermutet Leni einen Konflikt. Die Mutter scheint zu glauben, sie habe das Recht, einfach loszuplappern und die Lehrerin habe zu dienen. Leni hingegen bevorzugt ein vorsichtiges Annähern und eine Begegnung auf Augenhöhe, bei der Positionen ausgetauscht und ein gemeinsames Verständnis angestrebt werden.

Phase 3: Minimieren

Wie kann Leni hinter ihrem vordergründigen Ärger über die Mutter den Ärger auf sich selbst erkennen? Sie probiert es mit Reframing. Leni erkennt, dass sie diesen Helikoptermüttern generell – leider – noch (!) nicht gewachsen ist. Gut, dass diese Mutter sie heute daran erinnert, dass es noch etwas zu tun gibt, damit Leni heute daran arbeiten kann, um morgen nicht mehr angreifbar zu sein. Mit anderen Worten: Heute eine Schlappe, dafür morgen die Freiheit, sich nicht mehr in die Knie zwingen zu lassen.

Auch das Situationsmodell hilft Leni, denn sie kann sich fragen, was der Mutter (heute Morgen oder vor langer Zeit) Unangenehmes widerfahren sein muss, dass sie jetzt so auftritt? Haben andere Lehrer sie links liegen gelassen und sie hat Angst vor Wiederholung? Oder musste sie als Schülerin mal sitzen bleiben, wurde deshalb gehänselt und hat Angst, dass ihrer Tochter gleiches widerfahren könnte? Was auch immer es ist, die aufgebrachte Mutter ist gerade nicht im Vollbesitz ihrer Kräfte – um nicht zu sagen im Vollbesitz ihrer (gütigen) Liebe. Kommt in den besten Familien vor.

Phase 4: Konfrontieren

Falls Restärger verbleibt, setzt Leni gekonnt Grenzen. Zum Beispiel mithilfe des sachlichen Aufklärens: »Wir können uns gern über den Fall unterhalten, aber nicht in dieser Lautstärke. Danke für Ihr Verständnis.« Oder:

»Lassen Sie uns an einen ruhigen Ort gehen, da stören wir niemanden.« Oder auch so: »Wenn Sie einfach so reinkommen und so laut mit mir vor allen sprechen, fühle ich mich überrumpelt. Bitte klopfen Sie beim nächsten Mal an.«

Sollte die Mutter für diese Rückmeldungen nicht empfänglich sein, erlaubt sich Leni das schlagfertige Kontern, indem sie etwa fragt: »Welchen guten Grund könnte es für die 2– geben?« (in Verbindung mit einem fragenden Blick), oder liebevoll-ironisch »Geht das bitte noch etwas lauter?« (mit einem souveränen Lächeln) oder auch »Ich habe Ihr Anklopfen gar nicht gehört!« (lächelnd). Verfehlt dies alles sein Ziel, erlaubt sich Leni abschließend das nonverbale Irritieren. Wie oben bereits angedeutet, kann sie einfrieren, kontrastieren, ignorieren oder auch isolieren.

Phase 5: Positionieren

Lässt sich die Mutter mit keiner Konfrontationsstrategie aufhalten, fragt sich Leni, ob sie ein solches Verhalten tatsächlich akzeptieren oder tolerieren kann. Die Mutter (aus dem Lehrerzimmer) zu exilieren wäre sinnvoll und machbar, auf der anderen Seite sicher nicht leicht, angesichts ihrer Aufgebrachtheit. Sich zu verdünnisieren wäre schließlich auch einen Versuch wert: Die Mutter einfach stehen lassen oder sie mit einer souveränen Handbewegung einladen, gemeinsam das Lehrerzimmer zu verlassen.

9.4 Fallbeispiel 4: Der Busfahrer und die Münzen

An der Bushaltestelle. Toni träumt wieder mal vor sich hin und daddelt mit seinem Smartphone rum. Der Bus hat längst vor ihm gehalten, und Busfahrer Bernd kocht bereits innerlich, weil Toni keine Anstalten macht einzusteigen. Stattdessen klickt Toni völlig versunken weiter auf seinem Bildschirm rum. Da platzt dem Fahrer der Kragen: »Ey, Alter, willste jetzt mitfahren oder was?«

Toni erschrickt. Und liefert. Zumindest hat er das vor. Verängstigt und gehetzt kramt er in der Tasche nach dem nötigen Kleingeld, doch er findet keins. Ein Kuli, ein Schlüssel, ein Taschentuch, alles da – doch wo sind die blöden Münzen?

Dem Busfahrer geht das alles viel zu langsam. Er raunzt Toni ein zweites Mal an: »Mann ey, watt soll das? Such deinen Fahrschein gefälligst vorher!« Und das so laut, dass es der ganze Bus hört. Zur Angst gesellen sich jetzt auch noch Scham und Wut. Toni wird knallrot, stammelt irgendetwas vor sich hin und möchte am liebsten im Boden versinken.

Wie würdest du nun an Tonis Stelle in dieser Situation mithilfe des Anti-Ärger-Modells auftreten? Gehe wieder alle fünf Phasen durch und prüfe anschließend, inwieweit sich dein Vorgehen mit meinem deckt.

Phase 1: Deeskalieren

Toni erinnert sich, dass sich zunächst alles um die »Nicht-Verschlimmerung« dreht. Und das geht mit langsamem, tiefen Atmen und erst mal Klappe halten. Maximal eine bis zwei Sekunden, mit dem Ziel, sich etwas zu stabilisieren und die Phase 2 gut beginnen zu können.

Phase 2: Analysieren

Während Toni schweigt und atmet, fragt er sich, weshalb der Busfahrer so aufgebracht ist und was ihn selbst am Auftreten des Busfahrers stört. Ganz klar: Aufseiten des Busfahrers handelt es sich um einen Zielkonflikt in Verbindung mit einem Bedürfniskonflikt. Der Zielkonflikt: Toni soll möglichst schnell einsteigen. Der Bedürfniskonflikt darunter: Toni soll dieses Ziel möglichst effektiv und effizient verfolgen und ihn, den Busfahrer, dabei wahrnehmen. Aus Tonis Sicht liegt ein Kommunikationskonflikt in Verbindung mit einem Bedürfniskonflikt vor. Der Kommunikationskonflikt: Die Stimme des Busfahrers soll weniger »amplitudenhaft« daherkommen und auf Reizformulierungen wie »Ey, Alter« und »gefälligst« soll er verzichten. Der darunter liegende Bedürfniskonflikt: Toni wünscht sich Wertschätzung. Mit dieser neuen Erkenntnis (über unerfüllte Bedürfnisse) geht Toni über zur nächsten Phase.

Phase 3: Minimieren

Mithilfe von »Peter und Paul« und dem Situationsmodell kann sich Toni schlagartig schützen. Das Beschämungsangebot des Busfahrers sagt nichts über ihn – Toni – aus, sondern allein etwas über ihn selbst – den Busfahrer. Er muss gerade ungeduldig oder gestresst sein, vielleicht ist er mit dem falschen Bein aufgestanden. Möglicherweise trägt er eine Frustration aber auch schon länger mit sich rum. Was auch immer bei ihm los ist, es ist bei ihm selbst los. Toni ist nur eine beliebige Zielscheibe.

Dank der Zirkularität erkennt Toni auch sofort seinen Eigenanteil. Natürlich hätte er etwas aufmerksamer sein und den herannahenden Bus zumindest hören können. Dann wäre das alles nicht passiert. Indem Toni Verantwortung für die Konfliktentstehung übernimmt, lindert er sein Ärgergefühl in Bezug auf den Busfahrer.

Phase 4: Konfrontieren

Auf sachliches Aufklären verzichtet Toni angesichts der Aufgeregtheit des Busfahrers. Er nickt kurz (eine Form des Kontrastierens), vermeidet Augenkontakt (eine Form des Ignorierens) und sucht währenddessen so schnell er kann nach den Münzen. Falls der Busfahrer nicht aufhören sollte, kann Toni schlagfertig kontern, etwa mit »Sind Sie sich bewusst, dass Sie doppelt so laut mit mir sprechen wie Ihr Kollege gestern?« Diese irritierende Frage sollte den Busfahrer erst einmal so lange beschäftigen, bis sich Toni im hinteren Teil des Busses einen Platz gesucht hat.

Phase 5: Positionieren

Im schlimmsten Fall schmeißt der Busfahrer Toni aus dem Bus. Ein solches Exilieren sollte Toni einkalkulieren und es nicht als Niederlage verbuchen. Ist Toni nicht bereit, diesen Worst Case einzuplanen, sollte er auf jegliche Schlagfertigkeit verzichten. Denn Schlagfertigkeit erweckt oft den Eindruck einer Provokation.

9.5 Fallbeispiel 5: Der Latte und die Tanne

Auf der Terrasse. Endlich Samstag, endlich 15:30 Uhr, endlich Latte Macchiato in der Sonne. Einer der Höhepunkte für Thorsten am Wochenende: Wenn der leckere Kaffee seinen Gaumen hinunterfließt und die Sonnenstrahlen seine Wange wärmen. Genau diese so vertraute Situation hat er vor Augen, als er auf dem Weg in den Garten ist. Dass es anders kommen könnte, ist für ihn unvorstellbar, denn er sah sie schon durchs Küchenfenster blinzeln, die Sonne. Voller Vorfreude nähert er sich also seinem Lieblingsplatz auf der Terrasse, bereit das Glas zu heben, die Augen zu schließen und die warmen Sonnenstrahlen zu empfangen.

Doch irgendetwas scheint heute anders zu sein. Die Wange will einfach nicht warm werden, obwohl die Sonne doch hoch oben am wolkenlosen Himmel scheint. Verwirrt und enttäuscht setzt Thorsten das Glas ab und traut seinen Augen nicht: Sein Nachbar Nandor hat offensichtlich in einer Nacht-und-Nebel-Aktion bei sich im Garten eine Riesentanne gepflanzt – und das ohne ihn zu fragen. Die gesetzlich vorgeschriebenen drei Meter Abstand zum Nachbargrundstück hat der Sack zwar eingehalten, dagegen kann Thorsten kaum etwas einwenden. Aber ist diese völlig überdimensionierte Höhe wirklich nötig gewesen? Und hätte Nandor die Tanne nicht wenigstens ein Stückchen näher an sein eigenes Haus setzen können?

Oder zumindest ihn, Thorsten, in die Aktion einbinden – in welcher Form auch immer?

Nein, Nandor macht einfach, was ihm gut tut, und nimmt dabei offenbar keine Rücksicht auf andere. »Und ich«, stellt Thorsten selbstmitleidig fest, »muss jetzt die Kosten alleine tragen. Das Gesicht im Schatten mit meinem wohlverdienten Latte Macchiato am Samstagnachmittag. So ein Sack, dieser Nandor.«

Wie würdest du an Thorstens Stelle in dieser Situation mithilfe des Anti-Ärger-Modells auftreten? Gehe wieder alle fünf Phasen durch und prüfe anschließend, inwieweit du und ich ähnliche Ansätze wählen.

Phase 1: Deeskalieren

Thorsten weiß: Das Beste, was er jetzt tun kann, ist, in Ruhe weiterzuatmen und erst mal nichts zu sagen. Denn in diesem Moment, bei all seiner Aufgebrachtheit, käme nichts Gutes heraus. Er atmet also erst mal tief durch und trinkt seinen Latte Macchiato, heute halt im Schatten. Und falls ihn die schattige Variante zu sehr nervt, dann kann er ja immer noch ein Stück zur Seite rücken. Dorthin, wo die Sonne scheint.

Phase 2: Analysieren

Thorsten ist noch weit davon entfernt, Nandor souverän und gelassen anzusprechen. Aus Erfahrung weiß er, dass er vor dem Konfrontieren erst einmal seinen Ärger minimieren sollte. Und dass er vor dem Minimieren erst einmal verstehen sollte, worüber er sich überhaupt ärgert. Und da muss er nicht lange überlegen. Sein Ziel ist, dass die Tanne nicht genau dort steht. Sie soll keinen Schatten auf seinen bevorzugten Kaffeeplatz werfen. Nandors Ziel hingegen lautet: Neue große Tanne maximal nah an der Grundstücksgrenze zwecks bestmöglicher Verschönerung des eigenen Gartens.

Hinter dem Zielkonflikt erkennt Thorsten auch einen Bedürfniskonflikt. Es geht ihm um Wahrnehmung (*Warum informierte Nandor mich nicht?*), um Partizipation (*Warum fragte Nandor mich nicht, welcher Orte für mich okay wären?*) und um Gerechtigkeit (*Warum soll allein ich die Nachteile tragen und Nandor die Vorteile genießen?*)

Phase 3: Minimieren

Jetzt schon was sagen? Lieber nicht, denkt sich Thorsten. Zu oft schon hat er sich im Ton vergriffen, weil er zu schnell etwas sagte. Er hält also noch einmal inne und fragt sich, worum es tatsächlich geht, wenn er annimmt, es ginge nur um Nandor.

Auf der Suche nach der Projektion auf Nandor stellt Thorsten fest, dass sich Nandor etwas erlaubt, was er selbst sich nie beziehungsweise kaum erlauben würde: Sich einfach um sich zu kümmern, ohne an das Wohl anderer zu denken. Nandor will eine Tanne, also holt sich Nandor eine Tanne. Basta. Nach ihm die Sintflut. Er, Thorsten, ist leider deutlich weniger frei. Letzte Woche noch, beim Geburtstag von Tante Annika, da war doch dieses eine Kuchenstückchen übrig. Er hätte es sich gerne genommen, aber nein, er wartete sozial verträglich so lange, bis jemand anderes dann selbstfürsorglich genug war, es aufzuessen. Es war zwar nicht Nandor, aber so ein Nandor-Typ. Kümmern sich halt um sich. Genau das wünscht sich Thorsten auch: Dass auch er künftig öfter an sich denkt, wenn es etwas zu verteilen gibt. Mit dieser neuen Betrachtung kann Thorsten seinen Ärger über Nandor wandeln – von anfänglicher Ablehnung bis hin zu letztlicher «Teildankbarkeit»: Danke Nandor, dass du mir heute indirekt(!) gezeigt hast, wie oft ich anderen den Vorrang lasse und mich dabei unterwerfe. Ich will auf keinen Fall ein gefühlskalter Ego werden, der nur an sich denkt, aber auch kein treuherziger Depp (bleiben), der sich immer nur brav hinten anstellt, während sich die anderen bedienen. Gut, dass ich das heute noch einmal so intensiv erleben durfte. Denn erst jetzt, durch diese erneute Frustration, ist mir bewusst geworden, welche Verhaltensänderung für mich ansteht.

Phase 4: Konfrontieren

Mit der Erkenntnis aus Phase 4 beschließt Thorsten, aus dem Anti-Ärger-Modell auszusteigen. Und zwar komplett ärgerbefreit. Er hat gesehen, worum es eigentlich geht. Nämlich die eigene Entwicklung, ja, Befreiung. Nandor war lediglich ein Spiegel beziehungsweise ein Arschengel für ihn. Die Tanne steht da, wo sie steht; sie hat einen legalen Ort gefunden. Alles andere ist ungünstige, weil Zeit und Energie verschwendende Ärgerkonstruktion.

Phase 5: Positionieren

Wenn Thorsten Phase 4 auslässt, weil er sie nach Phase 3 nicht mehr braucht, entfällt automatisch auch Phase 5. Denn wer nicht konfrontiert, kann auch nicht scheitern. Und wer nicht scheitert, braucht schließlich auch kein Positionieren.

10.
Fazit und Ausblick: Was jetzt ansteht und möglich ist

Was mich ärgert, entscheide ich. Und was dich ärgert, entscheidest du – nach diesem Buch ist klar: Du bist den zahlreichen Ärgerangeboten nicht länger ausgeliefert. Die Kapitel 1 bis 8 haben dir drei Strategie-Ansätze vermittelt, wie du dich von ungünstigem Ärger befreien kannst und so weniger Energie und Zeit verschwendest. Fassen wir die drei Ansätze noch einmal einzeln zusammen:

1. Auf die schnelle Tour: Zehn Tipps für Ärgernotfälle (Kapitel 1)

Du kannst dich einfach quick and dirty entziehen. Ob du dich wegorientierst (zum Beispiel zu Hause bleibst), den Ärger wegnihilierst (zum Beispiel kurzzeitig auf etwas verzichtest) oder den Ärgeranbieter wegvisualisiert (ihn ignorierst): Mit den insgesamt zehn Strategien schützt du dich unmittelbar, weil du nicht zum Opfer wirst. Damit löst du zwar das Problem in der Regel nicht, aber du umgehst es erst einmal. Das wird nicht immer die schlaueste und nachhaltigste Variante sein, doch es wird dir so manches Mal helfen, wenn es einfach nur darum geht, dem Ärger schnell aus dem Weg zu gehen.

2. Das Warum hinter dem Ärger und die Kunst loszulassen (Kapitel 2)

Du kannst – auf einen Schlag – alle noch übrig gebliebenen Ärgerangebote auflösen, indem du deine Interpretation und deine Bewertung änderst. Das, was bis eben noch nervte, einfach nur betrachten als das, was es ist. Reine Physik, keine Deutung. Bloßes Betrachten, kein Reagieren. Ein Beispiel für eine solche Physikalisierung: Wenn jemand die Augen rollt, muss er nicht sauer sein und selbst wenn, muss es dich ja nicht ärgern. (Es heißt lediglich, dass er nicht tot ist und dass seine Augen sich bewegen, und zwar kreisförmig und mit einer Kreisgeschwindigkeit von einer Umdrehung pro drei Sekunden, umgerechnet: 1.200 Umdrehungen pro Stunde). Ich behaupte: Du wirst fast alle bisherigen Ärgerquellen zurücklassen können, wenn du diese Strategie radikal anwendest. Nur in ganz wenigen, lebensentscheidenden Fragen, wenn deine Kernbedürfnisse dauerhaft bedroht sind, wirst du bewusst an deiner Bewertung festhalten wollen und damit den Ärger auch begrüßen können.

3. Ein Modell, fünf Phasen und der Ärger ist weg: Das Anti-Ärger-Modell (Kapitel 3 bis 8)

Du kannst alle noch verbliebenen Ärgerangebote mithilfe des fünfstufigen Anti-Ärger-Modells auflösen: Deeskalieren (Entschärfen, was explodieren könnte) – Analysieren (Versehen, was vorgefallen ist) – Minimieren (Auflösen, was sich auflösen lässt) – Konfrontieren (Grenzen setzen, wo sich Grenzen setzen lassen) – Positionieren (Loslassen, wenn es nichts mehr zu tun gibt). Wie sehr auch immer du dich ärgern solltest, wenn du diese fünf Schritte sorgfältig durchläufst, muss der Ärger am Ende weg sein. Hierfür bietet das Modell eine hundertprozentige Sicherheit! Denn spätestens das Positionieren raubt dem Ärger jegliche Überlebensfähigkeit. Wenn es noch besser läuft, hat er schon nach dem Konfrontieren verloren. Und wenn es richtig gut läuft für dich, ist der Ärger schon nach dem Minimieren aufgelöst. Wie weit auch immer du im Anti-Ärger-Modell gehen musst, am Ende siegt die Gelassenheit über den Ärger. Weil es kein anderes Ende geben kann: Denn das Anti-Ärger-Modell ist ein Prozessmodell mit Ärgerauflösungsgarantie.

Betrachte das Anti-Ärger-Modell also als Prozessmodell, das dir in Momenten von Unruhe und Überwältigung wichtigen Halt und Orientierung geben kann. Betrachte es jedoch nicht zu schematisch oder schablonenhaft. Entscheide in jedem Einzelfall, welche der zahlreichen Einzelkompetenzen gerade passen (siehe Abbildung auf den Seiten 288 bis 289). Und lass alle anderen getrost liegen. Es geht nicht um das Modell, geschweige denn um dessen vollständige Anwendung. Es geht immer wieder allein um eine selektive, situationsgerechte Anwendung.

Du wirst künftig immer wieder die Wahl haben: So weitermachen wie bisher und weiter schön Energie und Zeit verschwenden. Indem du immer wieder grübelst und interpretierst und bewertest und urteilst, ohne etwas zu tun. Indem du dich im Ärger suhlst und dich als Opfer bemitleidest. Indem du deinem von dir erzeugten Ärger immer wieder neue Aufmerksamkeit schenkst. Und dich täglich vom Murmeltier grüßen lässt.

Oder du wählst eine der in diesem Buch vorgeschlagenen Strategien und befreist dich. Ärger ist dann nicht mehr ärgerlich, sondern nur eine kurzzeitige Unterbrechung deiner hohen Lebensqualität. Temporär auftretender Ärger als kleine Erinnerung, dass du etwas noch nicht gelernt hast, was du – genau jetzt – nachholen kannst. Wenn du so denken kannst, ist jeder Konflikt willkommen.

Diese demütige und dankbare Haltung wird jedoch nicht immer leicht sein. Wann auch immer du in alte Muster verfällst, erinnere dich an die folgenden drei Grundsätze des Anti-Ärger-Modells:

Grundsatz 1: In der Logik des Anti-Ärger-Modells gibt es günstigen und ungünstigen Ärger

Günstiger Ärger ist dein notwendiger Katalysator zur Selbstbehauptung. Jene Kraft, die dich antreibt, dich zu wehren. Ungünstiger Ärger hingegen ist die reinste Energie- und Zeitverschwendung. Ob du dich versteckst oder ausflippst, finde immer wieder den goldenen Mittelweg zwischen Schweigen im Sinne von Unterwerfen und Schreien im Sinne von Durchsetzen. Entscheide dich für das Prinzip der Selbstbehauptung, bei der du und dein Gegenüber eure Würde bewahrt. Selbst wenn keiner gewinnen kann, muss noch lange keiner verlieren.

Grundsatz 2: In der Logik des Anti-Ärger-Modells gibt es keine Konflikte, nur Konfliktangebote

Es liegt allein an dir, ob du aus den zahlreichen Angeboten auch zahlreiche Konflikte machst. Entscheide bei jedem Angebot, ob und warum du es annimmst. Erkenne deine (teils verborgenen) Erwartungen und die daraus resultierenden Bewertungen und Abhängigkeiten und befreie dich von ihnen. Und genieße, wie daraufhin deine Enttäuschungen und damit das Konfliktaufkommen massiv zurückgehen.

Grundsatz 3: In der Logik des Anti-Ärger-Modells gibt es keine nervigen Konflikte, sondern nur nützliche Konflikte

Konflikte sind wunderbare Chancen zur Persönlichkeitsentwicklung. Wachse an demjenigen, über den du dich ärgerst, statt ihn abzuwerten. Halte dein Gegenüber nicht für einen Arsch, sondern erkenne in ihm den Arschengel, der dir einen unliebsamen Spiegel vorhält. Und das meist unbewusst – was dich noch mehr auf die Palme bringen könnte. Erkenne in jedem Ärger die Chance, über dich selbst hinauszuwachsen und unterentwickelte Facetten deiner Persönlichkeit abzustreifen. Erkenne ungünstigen Ärger als kostenlose Fortbildungsveranstaltung.

Wenn du das Anti-Ärger-Modell und die drei obigen Annahmen in dein Leben integrieren willst, werden dir immer wieder Fallen begegnen, die deine alten Muster aktivieren. Muster der Abwertung, der Ablehnung, der Verachtung. Welche Gefahren und Risiken lauern? Ich sehe im Wesentlichen drei Herausforderungen:

Herausforderung 1: Teilverantwortung

Vergiss das emotionalisierende Konzept der einseitigen Schuld und wende dich dem versachlichenden Konzept der individuellen Teilverantwortung zu. Denke in der Kategorie »Du und ich, wir sind beide Täter«.

Herausforderung 2: Eigenes Zukurzgekommensein

Verzichte auf reflexhaftes Weghaben-Wollen unangenehmer Zustände und wende dich dem reflektierten Innehalten zu. Schau nach innen statt nach außen und finde die Ursachen deiner Not. Der andere ist nicht das Problem. Er hat dich meist nur an deine innere Not beziehungsweise deinen inneren Mangel erinnert. An dein Zukurzgekommensein.

Herausforderung 3: Emotionen als Hinweisgeber

Lebe Emotionen nicht ungehindert aus, sondern erkenne sie als interne Hinweisschilder. Als Bio-Indikatoren teilen sie dir mit, wenn bestimmte Bedürfnisse gerade nicht erfüllt sind. Mach deine Emotionen zu deinen

Verbündeten, die dir in schwierigen Situationen den Weg weisen. Den Weg zu deiner Bedürfnisbefriedigung. Versuche nicht, sie wegzudrücken oder weghaben zu wollen, sondern wende dich ihnen zu und erkenne, was sie dir sagen wollen.

Wenn wir die oben genannten drei Grundsätze und die drei Herausforderungen zusammennehmen und noch einmal verdichten, ergeben sich am Ende drei ganz einfache Fragen, die dir in jeder noch so überwältigenden Situationen zur Seite stehen können:

- Was *erlaubt* sich der andere gerade, was du dir nicht beziehungsweise selten (so) erlaubst? Was neidest beziehungsweise bewunderst du?
- Was *kann* der andere, was du gerne auch können würdest? Was neidest beziehungsweise bewunderst du?
- Was *spiegelt* dir der andere, was du an dir selbst auch nicht magst? Was lehnst du in dir selbst auch ab?

So lukrativ dies alles klingen mag, der Weg dahin ist beschwerlich. Ich unterscheide hier gerne zwischen »einfach« und »leicht«. Alles, was dir dieses Buch vermittelt hat, ist einfach zu verstehen. Du brauchst keinen Doktortitel, du musst noch nicht mal lange zur Schule gegangen sein. Es braucht allein ein prinzipielles Problembewusstsein (Ja, ich ärgere mich über meinen Ärger.) und tägliche Hartnäckigkeit (Mist, hat noch immer nicht geklappt. Egal, morgen probiere ich es wieder!). Wenn du dranbleibst und die hier beschriebenen Strategien ein paar Wochen konsequent von morgens bis abends anwendest, werden sie nicht spurlos an dir vorübergehen. Ähnlich wie beim Erlangen des Führerscheins werden sie dir nach und nach immer schneller und wirksamer zur Verfügung stehen. Was am Anfang noch rumpelt und stockt, wird sich nach und nach verselbstständigen.

Eine Warnung: Es kann gut sein, dass dein Umgang mit Ärger nach der Lektüre dieses Buches erst einmal schwieriger wird. Denn wer sich neues Wissen aneignet, durchläuft sehr oft vier Stufen:

Stufe 1 nennt sich *unbewusste Inkompetenz*. In dieser Stufe warst du vorm Lesen dieses Buchs. Du warst so unwissend, dass du noch nicht mal wusstest, was dir (alles) fehlt. Eine gar nicht so unangenehme Stufe, denn wer nicht weiß, dass er selbst Teil des Problems ist, kann andere leichtfertig verurteilen und ein Leben in fröhlicher Ignoranz führen.

Stufe 2 nennt sich *bewusste Inkompetenz*. Nach Lektüre dieses Buchs hast du ein Bewusstsein entwickelt für all das, was es in den fünf Phasen des Anti-Ärger-Modells zu beachten gilt. Das Wissen um diese Komplexität kann einen schon erschlagen. Zu merken, was du alles (noch) übersiehst, weil es einfach zu neu ist, kann enorm frustrieren. Wut und Ohnmacht werden daher immer mal wieder auftauchen. Manche geben dann vielleicht auf, manche verteufeln vielleicht sogar dieses Buch.

Wer das tut, verpasst Stufe 3, die *bewusste Kompetenz*. Wenn du in Stufe 2 dranbleibst und vertraust, wirst du – früher oder später – das Stadium erreichen, in dem du bewusst tief atmen und die Klappe halten wirst (Phase 1: Deeskalieren), bewusst die Konfliktursache identifizierst (Phase 2: Analysieren), bewusst mit Ärgerminimierungsstrategien deinen Ärger reduzierst (Phase 3: Minimieren), bewusst Grenzen setzt (Phase 4: Konfrontieren) und dich schließlich in Phase 5 (Positionieren) bewusst entziehst und es als selbstbestimmten Ausdruck von Freiheit und Unabhängigkeit feierst.

Und wenn dir das oft genug gelingt, winkt Stufe 4, die *unbewusste Kompetenz*. Jene Stufe, in der du die Kompetenzen einsetzt, ohne es bewusst zu wollen. Ähnlich wie beim Autofahren, wenn du dir nicht mehr vornimmst, Gänge zu wechseln, Gas zu geben oder zu bremsen, sondern wenn dies alles automatisiert abläuft. Wenn andere dich fragen »Wie hast du das gerade gemacht, warum ärgert dich das nicht?« und du erst einmal überlegen musst, was du gemacht hast, bist du in dieser Stufe angelangt. Ein langer Weg, aber er lohnt sich.

Dieser Weg wird nicht ohne Rückschläge verlaufen. Wann auch immer du einen Rückfall erleidest (neudeutsch: Ehrenrunde) oder manchmal ganz den Glauben an das Anti-Ärger-Modell verlierst, erinnere dich an diese vier Stufen. Wie bei allen anderen Wissensgebieten gilt auch hier: Ein Meister ist noch nicht vom Himmel gefallen. Umgekehrt: Wer nicht aufhört, muss Fortschritte machen. Und da es sich bei der Ärgerminimierung weder um Nanotechnologie noch um Raketenwissenschaft handelt, liegt es allein an dir, wie weit du kommst.

Wie weit du kommst, wird vor allem davon abhängen, wie viel du in den nächsten Tagen und Wochen investierst. Wenn dich das Anti-Ärger-Modell begeistert und du es im Alltag anwenden willst, kannst du folgende drei Anregungen aufgreifen:

Anregung 1: Der Wochen-Check

Erinnere dich einmal wöchentlich, ohne ins Buch zu schauen, an die aus deiner Sicht wesentlichen Kompetenzen. Schaue dann gezielt im Buch nach, um dich noch einmal abzusichern. Benutze hierfür auch gezielt die Übersichten im Anhang. Einmal pro Woche zwanzig bis dreißig Minuten, mehr braucht es hierfür nicht.

Anregung 2: Die Anti-Ärger-Strategie des Tages

Wähle jeden Morgen auf dem Weg zur Arbeit eine oder zwei Kompetenzen aus als eine Art Anti-Ärger-Kompetenz des Tages (ähnlich wie in manchen Supermärkten, wo es den Mitarbeiter der Woche gibt). Diese Kompetenz begleitet dich über den ganzen Tag. In jedem Ärgermoment wendest du sie an, so gut es geht. Lässt sie sich anwenden im Sinne der Ärgerminimierung, prima. Lässt sie sich nicht anwenden, auch prima. In jedem Fall hast du sie aktiviert und damit als eine zur Verfügung stehende Kompetenz gestärkt. Ob du nur eine oder zwei oder sogar drei Strategie des Tages auswählst – wähle nur so viele, dass sie dich nicht überfordern.

Anregung 3: Der tägliche Rückblick

Bilanziere jeden Abend, bevor du einschläfst, wie dein Anti-Ärger-Tag verlaufen ist. Feiere, was dir gelungen ist (zum Beispiel »Gut, dass ich heute Morgen erst einmal KANALisiert habe, als mein Chef zu mir sagte, dass …«) und registriere, was dir heute (noch) gefehlt hat (zum Beispiel »Schade, dass mir in jenem Moment nicht das Entwicklungsquadrat einfiel, denn sonst hätte ich …«). Über diese tägliche Sowohl-Als-Auch-Evaluation gelingt dir zweierlei: Du entwickelst dich weiter, indem du erkennst, was noch fehlte und zugleich bekommst du keine deprimierend schlechte Laune, weil du eben beides reflektierst: Die Schon-Erfolge und die Noch-Nicht-Erfolge.

Wofür auch immer du dich entscheidest: Ob du dich ärgerst, entscheidest allein du. Ich wünsche dir schnelle Fortschritte und zugleich einen gnädigen Umgang mit Misserfolgen. Oder mit den Worten Samuel Becketts: »Immer versucht. Immer gescheitert. Einerlei. Wieder versuchen. Wieder scheitern. Besser scheitern.« Auf ein fröhliches Scheitern und beständiges Dranbleiben. Für ein Leben mit möglichst wenig ungünstigem Ärger.

Anhang

Das Anti-Ärger-Modell und seine fünf Phasen

1. DEESKALIEREN

Entschärfen, was explodieren könnte

ABKÜHLEN IM KANAL
Fünf Strategien zur Beruhigung

Klappe halten • Atmen • Nicken • Aufstehen • Lächeln

SIGNALE RICHTIG DEUTEN
Sechs Konfliktmerkmale

Intern: körperlich • geistig • emotional
Extern: verbal • paraverbal • nonverbal

STÖRUNGEN WAHRNEHMEN
Neun Eskalationsstufen

Stufen 1–3:
Verhärtung • Debatte • Taten statt Worte

Stufen 4–6:
Koalitionen • Gesichtsverlust • Drohstrategien

Stufen 7–9:
Begrenzte Vernichtung • Zersplitterung • Gemeinsam in den Abgrund

2. ANALYSIEREN

Verstehen, was vorgefallen ist

ZIELKONFLIKTE
Das Was

METHODENKONFLIKTE
Das Wie

ROLLENKONFLIKTE
Das Wer

RESSOURCENKONFLIKTE
Das Womit

BEDÜRFNISKONFLIKTE
Die Motive

GLAUBENSSATZKONFLIKTE
Die Annahmen

HALTUNGSKONFLIKTE
Der Status

KOMMUNIKATIONSKONFLIKTE
Die Reizformulierungen

3. MINIMIEREN

Auflösen, was sich auflösen lässt

PETER UND PAUL
Erkenne die Not des anderen

BIBER
Prüfe deine Konstruktionen

REFRAMING
Wechsle deine Perspektive

SITUATIONSMODELL
Finde die Laus und die Leber

POSITIVE ABSICHT
Zieh die Matroschka aus

ENTWICKLUNGSQUADRAT
Erkenne Yin und Yang

ZIRKULARITÄT
Siehe die Henne und erblicke das Ei

THE WORK
Schau in den Spiegel an der Wand

NEGATIVITÄT
Mach Schluss mit der Empathie

4. KONFRONTIEREN

Grenzen setzen, wo sich Grenzen setzen lassen

DIE KONSTRUKTIVE STRATEGIE
Sachlich aufklären

Ich-Botschaft statt Du-Botschaft • Einzelfall statt Verallgemeinerung • Konkret statt vage • Soll statt Ist • Positiv statt negativ • Punkt statt Ausrufezeichen • Bedürfnis statt Strategie • Beobachtung statt Bewertung • Neutral- statt Reizformulierungen • Prägnant statt redundant • Verhalten statt Person • Auslöser statt Ursache • Emotion statt Pseudoemotion • Kongruent statt inkongruent • Bildhafte Vergleiche statt schlichte Worte

DIE PROVOKATIVE STRATEGIE
Schlagfertig kontern

Ablenken • Abweisen • Bedanken • Bedeutung erfragen • Beobachtung erfragen • Beschwichtigen • Bestätigen • Dummheit vorgaukeln • Emotion erfragen • Fangfrage stellen • Kontrastieren • Neid aufdecken • Sarkasmus entlarven • Rationalisieren • Übersetzen • Übertreiben • Vertrösten • Verwirren • Zurückdrohen

DIE OFFENSIVE STRATEGIE
Nonverbal irritieren

Einfrieren • Imitieren • Amplifizieren • Kontrastieren • Ignorieren • Pausieren • Isolieren

5. POSITIONIEREN

Loslassen, wenn es nichts mehr zu tun gibt

AKZEPTIEREN
Schon okay

TOLERIEREN
Echt doof

EXILIEREN
Da: Tür

VERDÜNNISIEREN
Es reicht

Ein Modell, fünf Phasen, zweiundvierzig Symbolbilder. Da kann man schon mal den Überblick verlieren. Damit das nicht passiert, findest du auf den nächsten Seiten noch einmal alle Symbolbilder aus diesem Buch, und zwar sortiert nach den fünf Phasen des Anti-Ärger-Modells:

Phase 1: DEESKALIEREN mithilfe von drei Strategien		
KANAL besteigen (49) 	**Merkmale wahrnehmen** (55) 	**Eskalationsstufe erkennen** (64) 

Phase 2: ANALYSIEREN anhand von acht Konfliktursachen

Ziel (78)

Methode (82)

Rolle (84)

Ressource (87)

Bedürfnis (90)

Glaubenssatz (95)

Haltung (101)

Kommunikation (107)

Phase 3: MINIMIEREN entlang von neun Strategien

Peter und Paul (118) 	**BIBER** (122) 	**Reframing** (127)  
Situationsmodell (133) 	**Positive Absicht** (138) 	**Entwicklungsquadrat** (145) 
Zirkularität (156) 	**The Work** (161) 	**Negativität** (170) 

Phase 4: KONFRONTIEREN (Sachliches Aufklären)

Ich- statt Du-Botschaft (186)

Einzelfall statt Verallgemeinerung (188)

Konkret statt vage (189)

Soll statt Ist (191)

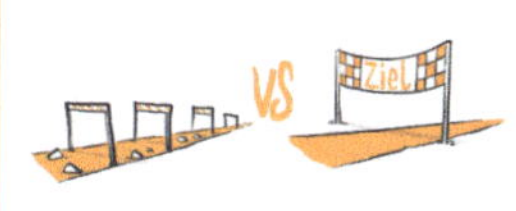

Positiv statt negativ (192)

Punkt statt Ausrufezeichen (193)

Bedürfnis statt Strategie (195)

Beobachtung statt Bewertung (197)

Neutral- statt Reizformulierung (199)

Phase 4: KONFRONTIEREN (Sachliches Aufklären)

Prägnant statt redundant (200)

Verhalten statt Person (202)

Auslöser statt Ursache (203)

Emotion statt Pseudoemotion (205)

Kongruenz statt Inkongruenz (207)

Bildhafte Vergleiche statt schlichte Worte (208)

Phase 4: KONFRONTIEREN (Nonverbales Irritieren)

Einfrieren (230)

Imitieren (231)

Amplifizieren (232)

Phase 4: KONFRONTIEREN (Nonverbales Irritieren)

Konstrastieren (232)

Ignorieren (233)

Pausieren (233)

Isolieren (234)

Phase 5: POSITIONIEREN

Akzeptieren (253)

Tolerieren (254)

Exilieren (255)

Verdünnisieren (256)

Reflexionsfragen

Prüfe, welche der folgenden Fragen du aus dem Stegreif beantworten kannst und bei welchen du erst einmal in dich gehen musst. Bei Bedarf vertiefe dein Wissen auf den jeweils angegebenen Seiten.

Grundlagen

- An welche der zehn Tipps für Ärgernotfälle erinnerst du dich? (Seite 19 ff.)
- Warum gibt es nach dem Anti-Ärger-Modell keine Konflikte, sondern nur Konfliktangebote? (Seite 32 ff.)
- Welche drei Voraussetzungen müssen erfüllt sein, damit ein Konflikt vorliegt? (Seite 33)
- Welchen Zusammenhang gibt es zwischen Erwartungen, Abhängigkeiten und Enttäuschungen? (Seite 35 ff.)
- Was hat der BIBER mit der Entstehung von Konflikten zu tun? (Seite 37 ff.)
- Was ist der Unterschied zwischen Beobachtungen und Bewertungen? (Seite 38)
- Aus welchen Phasen setzt sich das Anti-Ärger-Modell zusammen? (Seite 45 ff.)

Phase 1: Deeskalieren

- Aus welchen Einzelkompetenzen setzt sich Phase 1 zusammen? (Seite 48)
- Wofür steht die Abkürzung KANAL? (Seite 50)
- Auf welchen sechs Ebenen kannst du Konfliktmerkmale wahrnehmen? (Seite 57 ff.)
- Warum sollten aufkommende Konflikte möglichst zeitnah gelöst werden? (Seite 70 ff.)

Phase 2: Analysieren

- Aus welchen acht Einzelkompetenzen setzt sich Phase 2 zusammen? (Seite 74)

- Woran kann sich in der Küche ein Zielkonflikt entzünden? Nenne ein Beispiel. (Seite 78)
- Inwieweit kannst du Methodenkonflikte mit Bedürfniskonflikten verwechseln? (Seiten 82, 90)
- Was ist der Unterschied zwischen Rollen- und Haltungskonflikten? (Seiten 84, 105)
- Um welche Konfliktursache ging es beim Einräumen der Spülmaschine? Kleine Hilfe: Denke an Pfanne und Brotbox. (Seite 87 ff.)
- Welche Konfliktursache könnte sich hinter dem Widerstreit zwischen Ökologie und Ökonomie verbergen? (Seite 91 ff.)
- Was ist der Unterschied zwischen Bedürfnis- und Glaubenssatzkonflikten? (Seite 99 ff.)
- Wenn es die ersten sieben Konfliktursachen nicht sind: welche dann? (Seite 107 ff.)

Phase 3: Minimieren

- Aus welchen neun Einzelkompetenzen setzt sich Phase 3 zusammen? (Seite 116)
- Wie kann dir Spinoza im Konfliktfall helfen? (Seite 119 ff.)
- Warum solltest du deinen Telefongesprächspartner nicht gleich kritisieren, nur weil er für ein paar Minuten mal schweigt? (Seite 122 ff.)
- Warum kann es sich lohnen, gelegentlich auch mal einen Baumarkt aufzusuchen, um einen neuen Rahmen zu kaufen? (Seite 128 ff.)
- Wieso kann es sich lohnen, an eine Laus zu denken, wenn der Ärger hochkommt? (Seite 133 ff.)
- Was haben die Absichten von Batman mit den Matroschka-Figuren zu tun? (Seiten 143 ff.)
- Wenn jemand überheblich wirkt, dann ist er nur zu ...? (Seite 149)
- Wie können dir die Henne und ihr Ei beim Ärgerminimieren zur Seite stehen? (Seite 156 ff.)
- »Spieglein, Spieglein an der Wand« An welche Strategie erinnert dich das? (Seite 161 ff.)
- Wie kannst du Restärger verarbeiten, wenn du die ersten acht Strategien angewendet hast? (Seite 170 ff.)

Phase 4: Konfrontieren

- Warum ist Feedback alternativlos? (Seite 178)
- Was hat Feedback mit Verantwortung zu tun? (Seite 179)
- Was hältst du von der Aussage: »Feedback ist nicht risikofrei!« (Seite 180)
- Inwieweit trägt Feedback zu (deiner) Entwicklung bei? (Seite 181)
- Was hat Feedback mit Beziehungspflege zu tun? (Seite 181)
- Was ist der Unterschied zwischen Wunsch und Erwartung? (Seite 182)
- Warum bist du nicht gescheitert, auch wenn dein Feedback (scheinbar) verpufft ist? (Seite 183)
- Welche fünfzehn Erfolgsfaktoren gilt es bei beim Feedbackgeben zu beachten? (Seiten 185; 212 ff.)

Was könnte an folgenden fünf Feedback-Formulierungen kritisch sein:

- Du verärgerst mich, wenn du unpünktlich bist. (Seite 187)
- Du bist immer unpünktlich. (Seite 189)
- Bitte sei nicht unpünktlich. (Seite 193)
- Bitte sei zur Abwechslung mal pünktlich. (Seite 199)
- Du bist ein Zuspätkommer. (Seite 203)

- An welche der fünfundzwanzig Schlagfertigkeitsstrategien erinnerst du dich noch? (Seite 222 ff.)
- Welche sieben nonverbalen Irritationsstrategien gibt es dem Anti-Ärger-Modell zufolge? (Seite 228 ff.)

Phase 5: Positionieren

- Aus welchen vier Einzelkompetenzen setzt sich Phase 5 zusammen? (Seite 250)
- Was ist der Unterschied zwischen Akzeptanz und Toleranz? (Seite 254)
- Was unterscheidet Exilieren von Verdünnisieren? (Seite 256)

Literaturverzeichnis

Barrett, Lisa Feldman (2017): How Emotions are made. The Secret Life of the Brain. Houghton Mifflin Harcourt, Boston, USA.

Berking, Matthias (2008): Training emotionaler Kompetenzen. Springer, Berlin.

Boerner, Moritz (1999): Byron Katies The Work. Der einfache Weg zum befreiten Leben. Goldmann, München.

Brinkman, Dr. Rick; Dr. Rick Kirschner (2012): Dealing with people you can't stand. How to bring out the best in people at their worst. Mc Graw Hill, New York, USA.

Cohn, Ruth (2009): Von der Psychoanalyse zur Themenzentrierten Interaktion. Klett-Cotta, Stuttgart, https://www.ruth-cohn-institute.org/tzi-konzept.html, abgerufen am 18. September 2018.

Czypionka, Stefan (2005): Umgang mit schwierigen Partnern. Kunden – Mitarbeiter – Kollegen – Vorgesetzte. Redline Wirtschaft, München.

Fisher, Roger; William Ury, Bruce Patton (2004): Das Harvard-Konzept. Der Klassiker der Verhandlungstechnik. Campus, München.

Fuchs, Helmut; Andreas Huber (2005): Gefühlsterroristen erkennen, durchschauen, entwaffnen. dtv, München.

Glasl, Friedrich (2002): Konfliktmanagement. Ein Handbuch für Führungskräfte, Beraterinnen und Berater. Haupt, Bern, Schweiz.

Hart, William (2010): Die Kunst des Lebens. Vipassana-Meditation nach S.N. Goenka. dtv, München.

Hüther, Gerald (2005): Bedienungsanleitung für ein menschliches Gehirn. Vandenhoeck & Ruprecht, Göttingen.

Iacoboni, Marco (2009): Woher wir wissen, was andere denken und fühlen. Die neue Wissenschaft der Spiegel-Neuronen. DVA, München.

Insam, Dr. Alexander; Uwe Achterholt; Andreas Reiman (2009): Konfliktkostenstudie. Die Kosten von Reibungsverlusten in Industrieunternehmen. KPMG AG Wirtschaftsprüfungsgesellschaft, Frankfurt am Main. https://www.kpmg.de/Publikationen/11479.asp, abgerufen am 18. September 2018.

Katie, Byron: The Work. http://thework.com/sites/thework/deutsch, abgerufen am 19. September 2018.

Knapp, Peter (Hrsg.) (2013): Klärende und deeskalierende Methoden für die Mediations- und Konfliktmanagement-Praxis im Business. managerSeminare, Bonn.

Mehrabian, Albert (1981): Silent messages: Implicit communication of emotions and attitudes. Wadsworth, Belmont, USA. http://www.kaaj.com/psych/smorder.html, abgerufen am 18. September 2018.

Murphy, Dr. Tim; Loriann Hoff Oberlin (2005): Overcoming Passive-Aggression. How to stop hidden anger from spoiling your relationships, career and happiness. Da Capo Life Long, Boston, USA.

Nink, Marco (2014): Engagement Index. Die neuesten Daten und Erkenntnisse aus 13 Jahren Gallup-Studie. GALLUP, Berlin. http://www.gallup.de/183104/engagement-index-deutschland.aspx, abgerufen am 18. September 2018.

Pletzer, Marc A. (2010): Emotionale Intelligenz. Das Trainingsbuch. Haufe, Freiburg im Breisgau.

Schulz, Rolf (2010): Toolbox zur Konfliktlösung. Konflikte schnell erkennen und erfolgreich bewältigen. Eichborn, Frankfurt am Main.

Schulz von Thun, Friedemann; Johannes Ruppel, Roswitha Stratmann (2010): Miteinander reden. Kommunikationspsychologie für Führungskräfte. rororo, Reinbek.

Thomann, Christoph (2004): Klärungshilfe 2. Konflikte im Beruf: Methoden und Modelle klärender Gespräche. rororo, Reinbek.

Tries, Joachim; Rüdiger Reinhardt (2008): Konflikt- und Verhandlungsmanagement. Konflikte konstruktiv nutzen. Springer, Heidelberg.

Wassmann, Claudia (2010): Die Macht der Emotionen. Wie Gefühle unser Denken und Handeln beeinflussen. primus, Darmstadt.

Glossar

Akzeptieren | Positionierung (Strategie 1/4): Wenn du den Ärger am Ende des fünfstufigen Prozesses ganz gut aushalten kannst. Siehe auch *Tolerieren*. (Seite 253)

Bedürfniskonflikt | Konfliktursache (5/8): Wenn unterschiedliche Werte oder Motive aufeinanderprallen. (Seite 90)

Beobachten versus Bewerten | Wer bewertungsfrei beobachtet, nimmt nur wahr, was ist. Wer jedoch zusätzlich bewertet, ergänzt ein »Mag-ich« oder »Mag-ich-nicht« – und schafft damit erst die Voraussetzung für Konflikte. Keine Konfliktentstehung ohne (vorherige) Bewertung. (Seite 38)

BIBER | Fünfstufiges Reizreaktionsmodell zur Überprüfung des Wahrheitsgehalts. (Seite 35 und 122)

Entwicklungsquadrat | Minimierungsstrategie (6/9): Leitfrage: Welche Stärke versteckt sich hinter dem unerwünschten Verhalten? (Seite 145)

Eskalationsstufen | Konflikte haben die Eigenschaft zu eskalieren und durchlaufen dabei bis zu neun Stufen. Wer nicht einschreitet, kalkuliert die Verschlimmerung mit ein. (Seite 64)

Feedback-Thesen | Sieben Grundannahmen zur Relevanz und Komplexität von Feedback. (Seite 178 und 246)

Glaubenssatzkonflikt | Konfliktursache (6/8): Wenn unterschiedliche Annahmen oder Überzeugungen aufeinanderprallen. (Seite 95)

Haltungskonflikt | Konfliktursache (7/8): Wenn sich jemand aufgrund soziodemografischer Merkmale wie Geschlecht, Nationalität oder Alter überlegen und deshalb nicht zuständig fühlt. (Seite 101)

KANAL | Deeskalationsstrategie: Akronym für fünf Entspannungstechniken wie Klappe halten oder Atmen. Je nach Situation zu variieren. (Seite 49)

Konstruktion prüfen – BIBER | Minimierungsstrategie (3/9): Leitfrage: Kannst du zu 100 Prozent sicher sein, dass deine Interpretation stimmt oder könnte es (theoretisch) eine andere Erklärung geben? (Seite 122)

Kommunikationskonflikt | Konfliktursache (8/8): Wenn Reizformulierungen fallen oder unangenehme stimmliche oder körpersprachliche Veränderungen auftreten. (Seite 107)

Konfliktdefinition | Wenn bei einer Interaktion ein Unterschied eintritt, den mindestens eine beteiligte Partei als Beeinträchtigung wahrnimmt. Der Beeinträchtigung geht stets eine Bewertung voraus, die ihrerseits auf eine unerfüllte Erwartung zurückgeht. (Seite 32)

Konfliktmerkmale | Deeskalationsstrategie: Konflikte zeigen sich auf bis zu sechs Ebenen. Auf der körperinternen Ebenen sind es Körperempfindungen, Gedanken und Gefühle. Auf der körperexternen Ebene sind es Worte, Stimme und Körpersprache. (Seite 55)

Methodenkonflikt | Konfliktursache (2/8): Wenn unterschiedliche Vorstellungen über den Weg zum gemeinsamen Ziel aufeinanderprallen. (Seite 82)

Negativität | Minimierungsstrategie (9/9): Leitgedanke: Der Restärger entzieht sich deinem Zugriff. Es ist Zeit loszulassen, denn die Minimierungsarbeit ist getan. (Seite 170)

Nonverbales Irritieren | Konfrontationsstrategie (3/3): Wortloses Setzen von Grenzen durch überraschende Mimiken und Gesten, falls Gegenüber mit Schlagfertigem Kontern nicht zu erreichen ist. (Seite 228)

Peter und Paul | Minimierungsstrategie (1/9): Leitfrage: Welche Not hat dein Gegenüber gerade und was projiziert er auf dich, das zu ihm gehört? (Seite 118)

Positive Absicht | Minimierungsstrategie (5/9): Leitfrage: Welches Motiv versteckt sich hinter dem unerwünschten Verhalten? (Seite 138)

Sachliches Aufklären | Konfrontationsstrategie (1/3): Wertschätzende und konstruktive Rückmeldung entlang von insgesamt fünfzehn Erfolgsfaktoren. (Seite 184)

Schlagfertiges Kontern | Konfrontationsstrategie (2/3): Humorvolle, ironische Bemerkungen, falls Gegenüber mit Sachlichem Aufklären nicht erreichbar ist. (Seite 220)

Reframing | Minimierungsstrategie (3/9): Leitfrage: Welchen Nutzen hat das Problem für dich und was lernst du gerade? (Seite 127)

Ressourcenkonflikt | Konfliktursache (4/8): Wenn benötigte Mittel (wie Geld, Zeit, Mitarbeiter etc.) knapp sind. (Seite 87)

Rollenkonflikt | Konfliktursache (3/8): Wenn beteiligte Parteien sich nicht einigen können, wer welche Aufgabe übernimmt. (Seite 84)

Situationsmodell | Minimierungsstrategie (4/9): Leitfrage: Welche Laus ist dem Gegenüber über die Leber gelaufen? (Seite 133)

The Work | Minimierungsstrategie (8/9): Leitfrage: Verhält er/sie sich manchmal nicht auch ganz anders (positiv) und verhältst du dich nicht manchmal genauso (negativ) wie er/sie? (Seite 161)

Tolerieren | Positionierungsstrategie (2/4): Wenn du den Ärger am Ende des fünfstufigen Prozesses gerade noch so aushalten kannst. Siehe auch *Akzeptieren*. (Seite 254)

Verdünnisieren | Positionierungsstrategie (4/4): Wenn du dein Gegenüber nicht mehr aushalten kannst, ihn aber nicht zum Gehen bewegen kannst und du daraufhin selbst gehst. Siehe auch *Exilieren*. (Seite 256)

Wegorientieren, -pausieren, -visualisieren | Vermeidungsstrategien: Zehn Quick-and-Dirty-Ansätze zur schnellen Ärgervermeidung in brenzligen Situationen. Wenn das Anti-Ärger-Modell zu komplex erscheint. (Seite 20)

Zielkonflikt | Konfliktursache (1/8): Wenn unterschiedliche Vorstellungen zur erwünschten Zukunft aufeinanderprallen. (Seite 78)

Zirkularität | Minimierungsstrategie (7/9): Leitfrage: Wie hast du zum Konflikt beigetragen beziehungsweise was ist dein Anteil? (Seite 156)

Und danken möchte ich

Ein Buch kann nicht alleine entstehen. Am Ende möchte ich noch einigen Menschen danken, die mich bei der Erstellung dieses Buchs tatkräftig unterstützt haben.

Allen voran meiner Lektorin Katja Hille, die mit ihrer unfassbaren Genauigkeit und ihrer unerschütterlichen Hartnäckigkeit so manche Formulierung entscheidend nach vorne brachte. Ich danke Sebastian Mai, Designer und freier Art Director aus Halle, der die Anti-Ärger-Modell-Grafik entwickelte, wie auch schon vorher das Layout meiner Website. Und Daniel Stieglitz, einem Regisseur, Autor und Illustrator aus Kassel, der mit den eigens für diese Publikation entwickelten Symbolbildern das Buch auch ästhetisch voranbrachte.

Ich möchte auch jenen Menschen danken, die dieses Buch indirekt ermöglicht haben. Zuallererst meiner Frau und meinen beiden Kindern, die mich in den letzten Monaten nicht so viel gesehen haben.

Mein Dank gilt auch Walter Bott, Mentor und Freund, der mich seit Jahren immer wieder erdet und liebevoll konfrontiert und von dessen Wissen und Weisheit hier viel eingeflossen ist.

Aus ganzem Herzen danke ich auch Klaus Frey, dessen Arbeit als Seminarleiter ich sehr schätze und dessen Initiative-Seminar im Sommer 2007 meine berufliche Neuorientierung als Coach, Trainer und Speaker maßgeblich beeinflusste (siehe auch hier Fortbildungsideen auf Seite 305). Auch von ihm steckt viel in diesem Buch.

Abschließend gilt mein Dank auch allen Seminarteilnehmern, die mit ihren interessierten und teils auch sehr kritischen Fragen die Entwicklung des Anti-Ärger-Modells maßgeblich ermöglicht haben.

Nach dem Buch ist vor dem Onlineportal

Ich freue mich über Feedback zu diesem Buch. Lass mich wissen, was dir gefallen hat und noch wichtiger: Schreib mir (mail@philipp-karch.de) oder ruf mich an (0175/5955595), wenn du Anregungen hast, was ich bei einer Überarbeitung berücksichtigen kann.

Das Buch und zwei weitere Bände, die ich noch plane, werden perspektivisch in einem interaktiven Anti-Ärger-Onlineportal aufgehen. Ein Portal nicht nur als moderne, leicht zugängliche Datenbank mit einer Mischung aus Texten, Hörbuch-Auszügen und Mini-Videos, sondern auch als Ort für praktisches Üben und individuelles Reflektieren der eigenen, ganz individuellen Herausforderungen. Das Portal hat kein kleineres Ziel als dieses: Du kommst mit Ärger und gehst mit Gelassenheit.

Fordbildungsperspektiven

http://neuewege.de/seminare/initiative-seminar
Für alle, die sich (noch mehr) auf die Schliche kommen wollen: Weg von der Angst, weg vom Ego. Hin zur Freiheit und zur Verbundenheit. Im viertägigen Initiative-Seminar werden hemmende Konditionierungen und Verhaltensweisen erkannt und abgebaut. Teilnehmer*innen lernen, Ängste, Probleme und Stresssituationen zu meistern. Ein achtsamer Umgang mit sich und anderen öffnet neue Wege zu mehr Aufmerksamkeit, Initiative und Leichtigkeit.

https://www.mkp-deutschland.de/nwta.html
Für alle Männer, die immer mal wieder mit der eigenen Männlichkeit hadern. Weg von Härte und Schwäche, hin zu Stärke und Weichheit. Das NWTA ist eine moderne, männliche Initiation und Selbsterfahrung. Zugrunde liegt die Überzeugung, dass eine solche Erfahrung unersetzlich für die Entwicklung eines gesunden und erwachsenen männlichen Selbst ist. Es ist die »Reise des Helden« der klassischen Literatur und Mythen, die in unserer modernen Kultur fast ganz verschwunden ist. Das Wochenende ermutigt Männer, ihr Leben nicht mehr stellvertretend durch Filme, Fernsehen, Süchte oder Ablenkungen zu leben, sondern ihr eigenes Abenteuer zu erleben.

https://www.dhamma.org/de/schedules/schdvara
In der zehntägigen Achtsamkeitsmeditation (Vipassana) erleben sich Teilnehmer*innen in »edler Stille« ohne Kontakt mit den anderen Meditierenden. Es geht um eine neue Form von Achtsamkeit: Weg vom permanenten Denken und Interpretieren, hin zum bewertungsfreien Beobachten und gleichmütigen Innehalten. Ziel ist es, sich im Hier und Jetzt aufhalten zu können, ohne reflexhaftes Reagieren auf äußere und innere Reize.

Team-Resilienz

Brigitte Hettenkofer
Team-Resilienz
Das Geheimnis robuster, optimistischer und lösungsorientierter Teams
1. Auflage 2023

258 Seiten; 29,95 Euro
ISBN 978-3-86980-678-5; Art-Nr.: 1158

Erfolgreiche Teams sind in der Lage mit unerwarteten Situationen umzugehen, ihre Prozesse aufrecht zu erhalten, lösungsorientiert zu agieren und so handlungsfähig zu bleiben. Wie werden Teams aber so stark und widerstandsfähig? Wie lässt sich die Team-Resilienz stärken?

Antworteten darauf liefert Brigitte Hettenkofers neues Buch. Es zeigt, wie sich das Resilienzpotenzial eines Teams aktivieren lässt. Denn Team-Resilienz ist kein Selbstläufer. Damit sie ihre volle Wirkung entfaltet, muss sie täglich gelebt werden.

Wie das gelingt, illustriert dieses Buch. Es ist eine Reise durch die Kompetenzfelder der Team Resilienz. Mit Strategien und Übungen für den Teamalltag unterstützt dieses Buch Entfaltung von Team Resilienz. So lassen sich stürmische Zeitung erfolgreich meistern, Krisen besser bewältigen um letztlich gestärkt daraus herauszugehen.

www.BusinessVillage.de

Leben und Lernen mit Köpfchen

Michael Kühl-Lenjer
Leben und Lernen mit Köpfchen
Potenzial nutzen, Leichtigkeit gewinnen
1. Auflage 2024

226 Seiten; 22,95 Euro
ISBN 978-3-86980-744-7; Art-Nr.: 1171

Eine Gebrauchsanleitung fürs Gehirn.

Alles beginnt im Kopf. Unser menschliches Gehirn ist das wunderbarste und komplexeste Organ. Ob im Alltag, im Beruf oder beim Lernen – es ist unverzichtbar. Dennoch wissen wir viel zu wenig über die Möglichkeiten, die uns innewohnen.

Das neue Buch von Michael Kühl-Lenjer liefert eine Gebrauchsanleitung fürs Gehirn und gibt faszinierende Einblicke in die Arbeitsweise. Es illustriert, wie wir pessimistische Denkweise überwinden, den mentalen Akku aufladen, wie wir Körper und Geist fit halten und so konzentriert und gehirnfreundlich unsere eigene Zukunft gestalten.

Agile Games

Christian Böhmer
Agile Games
Das Spielebuch für agile Trainer,
Coaches und Scrum Master
1. Auflage 2023

254 Seiten; 19,95 Euro
ISBN 978-3-86980-543-6; Art-Nr.: 1102

Komplexe Fragen und Problemstellungen lassen sich auch spielerisch angehen. Gerade agile Spiele machen den Wandel greifbar, eröffnen neue Perspektiven und ermöglichen es, Erkenntnisse und kreative Ideen in einem geschützten Spielraum zu entwickeln.

Wie lassen sich agile Spiele gezielt einsetzen? Welche agilen Spiele gibt es? Wie lassen sich agile Spiele (weiter-) entwickeln? Wie funktioniert agiles Online-Gaming?

Antworten darauf liefert Böhmers Buch. Anschaulich zeigt es, wie agile Spiele gezielt eingesetzt werden und welche neuen Möglichkeiten sich im spielerischen Umgang mit Herausforderungen ergeben. Böhmers Buch liefert ein umfassendes Set an agilen Spielen inklusive praktischer Tipps zur Anwendung. Von Kick-off-Spielen über Spiele zur Vermittlung agiler Mindsets bis hin zu Strategiespielen.

Das Buch Agile Games ist die praktische Toolbox für agile Workshop-Macher.

www.BusinessVillage.de